ICH GLAUB' MEIN SCHWEIN PFEIFT!

Die bekanntesten Redensarten und was dahintersteckt

Christa Pöppelmann

Compact Verlag

Chefredaktion: Dr. Angela Sendlinger
Redaktion: Julia Przeplaska
Produktion: Wolfram Friedrich
Illustrationen: Doris Oppenauer
Titelabbildung: Compact Verlag, München
Gestaltung: textum GmbH
Umschlaggestaltung: Axel Ganguin

ISBN: 978-3-8174-6604-7
5466042

Besuchen Sie uns im Internet: www.compactverlag.de

Vorwort

Gratulation, Sie haben sich dieses Buch nicht durch die Lappen gehen lassen! Aber warum eigentlich „durch die Lappen“ …?

Tag für Tag sind sie in aller Munde: Redewendungen bringen Farbe in unser alltägliches Sprechen, mit vielen bildhaften Vergleichen sorgen sie für mehr Anschaulichkeit und Pepp. Dabei sind sie uns jedoch häufig so sehr in Fleisch und Blut übergegangen, dass wir gar nicht mehr so recht wissen, was wir eigentlich sagen, wenn wir etwa „auf dem Holzweg“ sind, „durch die Blume sprechen“, oder warum uns etwas ausgerechnet „an die Nieren“ geht. Vielfach transportieren diese sprichwörtlich gewordenen Wendungen kulturhistorische Hintergründe, die verblüffen.

Schwungvoll und elegant werden über 700 der spannendsten und interessantesten Redewendungen präsentiert. Neben wissenswerten geschichtlichen und sprachhistorischen Hintergrundinformationen über gängige Idiome bietet dieses Buch auch die Möglichkeit, jede Menge ausgefallener Sprichwörter neu zu entdecken.

Damit Sie „nicht lange fackeln“ müssen, wenn Sie eine spezielle Redewendung nachschlagen wollen, machen das umfangreiche Register und die alphabetische Sortierung das Buch besonders benutzerfreundlich und übersichtlich. Sie werden jedoch schnell feststellen, wie leicht man sich dem Lesestrom ergibt und aus dem Schmökern gar nicht mehr herauskommt. Viele originelle Illustrationen machen das Buch darüber hinaus zum Augenschmaus.

Also: „Hauen Sie auf den Putz“ und packen Sie dieses Buch „am Schlafittchen“, Sie werden „Bauklötze staunen“!

Ab durch die Mitte!

Wer ab durch die Mitte geht, der verdrückt sich nicht zur Seite, sondern macht einen selbstbewussten Abgang. Genauso war es auch im Theater. Dort bekamen die Schauspieler Anweisungen, wie sie nach einer Szene die Bühne zu verlassen hatten. Nebenfiguren gingen eher „ab nach links“ oder „ab nach rechts“, aber der Held schritt nach einer starken Szene meistens „ab durch die Mitte“ von der Bühne.

Ab nach Kassel!

In diesem Appell schwingt meist einiger Nachdruck mit. Das Kind soll endlich ins Bett gehen, in die Schule aufbrechen oder Ähnliches. Oft ist es die letzte Ermahnung im Guten, nachdem schon einige Aufforderungen vorher nichts gefruchtet haben. Die Bürger von Aachen dagegen waren eher schadenfroh, als sie im Jahr 1870 dem in der Schlacht von Sedan gefangen genommenen, französischen Kaiser Napoleon III. (1808–73) zuriefen: „Ab nach Kassel!“ Im dortigen Schloss Wilhelmshöhe wurde der Kaiser nämlich unter Arrest gestellt. Später durfte er dann nach Großbritannien emigrieren. Gelegentlich liest man auch, der Spruch habe mit dem Verkauf hessischer Soldaten nach Amerika zu tun. Dies gilt jedoch als widerlegt, da sich die Sammellager für diese Soldaten anderswo befanden.

ABBLITZEN LASSEN

Unter Abblitzen verstand man eigentlich ein blitzartiges Abbrennen des Pulvers in der Pulverpfanne eines altertümlichen Gewehrs (vergleiche: Etwas auf der Pfanne haben), ohne dass sich anschließend ein Schuss löst. Irgendwann wurde dann aus dem vergeblichen Schussversuch eine harsche, „blitzende“ Absage.

Abgefeimt sein

Feim ist ein altes Wort für Schaum, und von einer Sache, die abgefeimt ist, wurde der Schaum entfernt. In einer Zeit, in der man noch nicht in Schaumbädern schwelgte, war Schaum eher etwas Störendes, was bei verschiedenen Prozessen, etwa beim Kochen, Brauen oder Schmelzen von Glas, entfernt werden musste. Was abgefeimt war, war also eigentlich gereinigt oder geklärt. Warum das Wort eine so negative Bedeutung im *Sinne* von bösartig durchtrieben bekam, liegt im Dunkeln. Aber auch andere Wörter, die eigentlich einen Reinigungsprozess umschreiben, wie raffiniert oder abgerieben, bekamen im Lauf der Zeit eine leicht negative Nebenbedeutung, wenn auch nicht so extrem wie im Fall von abgefeimt. Bescheuert hat dagegen wahrscheinlich nichts mit Scheuern zu tun, sondern leitet sich von der Pflegeanstalt für geistig Behinderte in Nassau-Scheuern her.

Abklappern

Wer etwas abklappert, der zieht etwa systematisch durch die Geschäfte, um nach einer bestimmten Sache zu suchen. Oder er geht der Reihe nach alle seine Bekannten um ein Darlehen oder eine Spende an. Oder er geht von einem Arzt zum nächsten, um Hilfe zu erhalten. So systematisch ging es auch bei der Treibjagd zu. Die Treiber mussten ihr Gebiet wortwörtlich „abklappern", um wirklich alles Wild, das sich dort aufhielt, aufzuscheuchen und den Jägern zuzutreiben. Schließlich wollten die hohen Herrschaften reiche Beute machen.

Abkupfern

Etwas abkupfern hat heutzutage einen ziemlich negativen Beigeschmack, denn es bedeutet, dass jemand versucht, etwas, das ein anderer geschaffen hat, einfach nachzumachen. Früher war das anders. Da übertrugen Künstler Bilder oder Schriften auf Kupferplatten, um dann Abzüge davon herzustellen. Zu den ersten bedeutenden Kupferstechern gehörte Albrecht Dürer (1471–1528). Von der Kupferplatte ließen sich dann im Gegensatz zum Gemälde beliebig viele Drucke desselben Motivs anfertigen. Und schon damals wurden beliebte Motive, die sich auch besonders gut verkauften, schon von weniger kreativen Künstlern „abgekupfert".

Abwarten und Tee trinken

Über die Entstehung dieses Ratschlags kann nur spekuliert werden. Eine Mutmaßung ist, dass er schon in Zeiten entstand, in denen Kräutertees noch eine dominante Rolle bei der Heilung von Krankheiten spielten – aber natürlich nicht umgehend ihre Wirkung entfalteten. Aber es ist auch denkbar, dass er in x-beliebigen Situationen fiel, in denen bei einer Tasse Tee Probleme erörtert wurden, und sich dann verbreitete.

Ach du grüne Neune!

Mit diesem Ausruf werden Dinge kommentiert, die sowohl unerwartet kommen als auch unangenehm sind. Die grüne Neun ist die Pik-Neun aus dem Kartenspiel. Beim Kartenlegen galt sie als Unglückskarte. Sicherlich wurde so mancher Schreckensschrei getan, wenn sie aufgedeckt wurde. Es gibt jedoch noch andere Deutungen für diese Redewendung: Grüne Neune könnte eine bewusste Verballhornung von „krumme Not" sein. Falls dies zutrifft, verwendete man den Ausruf früher vor allem in einer Mischung aus Entsetzen und Mitleid, wenn man verkrüppelte Menschen sah. Auch über ein altes Berliner Vergnügungslokal am Grünen Weg mit der Hausnummer neun wird als Ursache für die grüne Neune spekuliert.

Ach du lieber Himmel!

Der Himmel steht als Ersatz für das Wort „Gott", das man sich früher oft nicht auszusprechen traute, da die Bibel höchste Ehrfurcht vor dem Namen Gottes gebietet. Wer diesen Ausruf tat, war ursprünglich so überrascht und erschreckt, dass er spontan den „lieben Gott" zu Hilfe rief. Gleiches gilt für ähnliche Wendungen wie „gütiger Himmel", „um Himmels willen" oder „das weiß der Himmel".

Alle Brücken hinter sich abbrechen

Wer das tut, kann nicht mehr zurück. Das Abbrechen der Brücken nach dem Überqueren eines Flusses oder Abgrundes ist eine Militärtaktik, allerdings eine zweischneidige. Der Feind kann einem nicht oder nur schwer folgen, aber man selbst kann auch nicht mehr zurück auf die andere Seite. Deshalb will das Abbrechen der Brücken gut überlegt sein. Noch radikaler, aber selten benutzt, ist die Wendung „Die Schiffe verbrennen". Wer – nach der Landung natürlich – die Schiffe am Ufer verbrennt, muss zwangsläufig in diesem Land bleiben.

Alle Fäden in der Hand halten

Vermutlich stammt diese Redewendung aus dem Bereich der Weberei, wo es wichtig war, nicht den Faden zu verlieren (siehe dort), denn lose Fäden können dazu führen, dass das Gewebe sich an dieser Stelle zu lockern beginnt und schließlich kaputtgeht. Auf jeden Fall aber wird auch Bezug auf das Marionettenspiel genommen, wo der Spieler über die Fäden in seiner Hand die ganze Puppe und damit das Stück kontrolliert. Noch aktiver formuliert das die Wendung „Alle Strippen ziehen".

Alle Register ziehen

Wer alle Register zieht, setzt alle Mittel ein, die ihm zur Verfügung stehen. Auch ein Organist, der alle Register zieht, verwendet alles, was seine Orgel an Tönen erzeugen kann. Die Register sind Gruppen von Pfeifen, die zwar die gleiche Klangfarbe, aber unterschiedliche Tonhöhen haben. So gibt es Register, die in ihrem Klang an Flöten erinnern, und andere, die Geigen oder Zimbeln ähneln. Vor dem Spielen entscheidet sich der Organist, welche Register er diesmal verwenden möchte, und aktiviert sie dann durch das Herausziehen eines Stabes. Große Orgeln können über 100 verschiedene Register haben.

Alles in Butter

Butter war früher ein Luxusgut, das sich viele Leute nur in geringen Mengen leisten konnten. Wenn dann das Essen förmlich in Butter schwamm, war die Welt in Ordnung. Vor allem als um 1870 die billigere Margarine aufkam, die in ihren Frühzeiten wirklich keine Delikatesse gewesen sein muss, war „Alles in Butter" eine kulinarische Verheißung. Doch vermutlich kommt die Redensart gar nicht daher. Man verwendete Butter nämlich zuweilen auch, um sehr wertvolle, aber zerbrechliche Gegenstände sicher zu transportieren. Eingegossen in Butter konnte einer unersetzbaren Porzellanfigur unterwegs wirklich nichts passieren. Wenn man es sich also leisten konnte, alles in Butter zu packen, war alles bestens geregelt und man brauchte sich keine Sorgen mehr zu machen.

Alles ist Essig!

Eigentlich ist Essig ja ein unverzichtbarer Bestandteil jedes Lebensmittelvorrats, aber sprichwörtlich steht er für Dinge, die rettungslos schiefgelaufen sind. Das kommt daher, dass Wein, der so sauer geworden ist, dass er nur noch Essig ist, als Wein wirklich nicht mehr zu gebrauchen ist. Dass sich eventuell noch eine Zweitverwertung als Essig anbietet, ist in dem Augenblick, in dem sich der edle Tropfen als verdorben herausstellt, meist bedeutungslos.

Alles ist im Lot

Das Lot oder Senkblei ist ein Gewicht an einer Schnur. Mit diesem sehr einfachen Instrument konnten Handwerker schon in der Frühgeschichte messen, ob ein Bauwerk gerade steht. Befand sich die Mauer in gerader Linie zum Lot, war alles in Ordnung; bildete sich dagegen ein Winkel, hatte man schief gebaut.

Alles über einen Leisten schlagen

Der Leisten ist ein Holzmodell, um das herum ein Schuh gefertigt wird. Bei maßgefertigten Schuhen wird für jeden einzelnen Kunden erst ein Leisten hergestellt, der genau seiner Fußform entspricht. Natürlich war das auch früher nicht für jeden erschwinglich. Also hatte ein Schuhmacher verschiedene Leisten und suchte dann für weniger betuchte Kunden den heraus, der am ehesten passte. Je weniger Leisten zur Verfügung standen, desto weniger passgenau wurden die Schuhe. Wer dementsprechend wie im Sprichwort alles über einen Leisten schlagen will, benutzt immer dasselbe Lösungsverfahren, auch wenn es nicht oder nur sehr grob zu der jeweiligen Situation passt.

Als Strohmann fungieren

Ein Strohmann ist bloß eine Marionette, die im Auftrag eines anderen handelt. In früheren Zeiten dienten Strohpuppen oft als symbolische Stellvertreter für Menschen. So wurden z. B. nach der Abschaffung der Menschenopfer in vielen Kulturen noch Strohpuppen rituell verbrannt oder ertränkt.

Alte Vettel!

Dieses Schimpfwort ist eigentlich eine Tautologie, denn vetus heißt auf Lateinisch alt und vetula ist eine alte Frau. Doch ab dem 15. Jahrhundert wurde es zum Schimpfwort für hexenhafte Frauen. Als Vettel wurde beschimpft, wer als alt, hässlich, ärmlich gekleidet, ungepflegt und abstoßend, aber auch als unmoralisch und liederlich betrachtet wurde.

Alter Schwede!

Ob ursprünglich wirklich alte Schweden mit diesem anerkennenden Ausruf gemeint waren, ist fraglich. Eine Möglichkeit ist, dass schwedische Veteranen des Dreißigjährigen Krieges gemeint waren. Der Brandenburger Kurfürst Friedrich Wilhelm I. (1620–88) jedenfalls versuchte, im Land gebliebene schwedische Soldaten wegen ihrer guten militärischen Ausbildung für sein Heer zu gewinnen. Die „alten Schweden" trugen so zum Aufbau der preußischen Armee bei, die in der Folge die beste Europas wurde. Es könnte aber auch sein, dass der Ausdruck eine Verballhornung von „Suitier" ist. Ein Suitier war in der Studentensprache des 18. Jahrhunderts ein Draufgänger, der sich mehr mit Streichen und Eskapaden als mit seinem Studium beschäftigte.

Altes Waschweib!

Wer so gescholten wird, hat Dinge ausgeplaudert, die eigentlich vertraulich sind. Wäschewaschen war im Mittelalter und weit darüber hinaus keine einsame Beschäftigung, die die Hausfrau bzw. ihre Wäscherin alleine für sich durchführte. Gewaschen wurde an einem öffentlichen Waschplatz im Dorf oder in der Stadt. Dieser lag entweder an einem Fluss oder einem Brunnen und es gab dort große freie Flächen, wo man die Wäsche zum Bleichen auslegen konnte. Bei schönem Wetter trafen sich natürlich immer viele Frauen an diesen Plätzen und während der langwierigen Prozedur des Waschens wurde allerhand Tratsch ausgetauscht. Die Waschplätze waren damit Nachrichtenumschlagplatz Nummer eins, viel mehr als etwa die Schlange beim Bäcker, in der man weit kürzere Zeit verbrachte.

Am Boden zerstört sein

Die Wendung stammt ursprünglich aus der Kriegsberichterstattung und bezog sich auf Flugzeuge, die schon am Boden und nicht während eines Kampfes in der Luft zerstört wurden. Menschen können eigentlich nur am Boden Schaden nehmen, doch vermutlich wurde der Ausdruck für sehr schwere Unglücksfälle deshalb übernommen, weil „am Boden" und „zerstört sein" hier eine Doppelung darstellt und damit die besondere Tragik der Situation zum Ausdruck bringt.

Am Gängelband führen

Auch in der Zeit der Kutschen war der Straßenverkehr nicht ungefährlich, und so pflegte man kleine Kinder früher an die Leine zu nehmen. Entweder schnallte man ihnen ein Geschirr um oder nähte zwei lange Bänder hinten an der Kleidung fest. Mit diesen Bändern wurden die Kinder dann gegängelt, also ihr Gang kontrolliert. Im 18. Jahrhundert nahm das Ganze ziemlich extreme Formen an. Kinder wurden nicht nur von Gefahren ferngehalten, sondern oft bis zum siebten Lebensjahr an Gängelbändern geführt. Man brachte ihnen wie Hunden an der Leine bei, artig bei Fuß zu gehen, nicht zu schnell und nicht zu langsam und immer aufrecht zu schreiten. Einer der ersten, der diese Praxis vehement kritisierte, war der Philosoph Jean-Jacques Rousseau (1712–78). Er meinte, es gebe nichts Lächerlicheres als den Gang von Leuten, die als Kind zu lange am Gängelband geführt worden seien.

Am grünen Tisch entscheiden

Dinge, die am grünen Tisch entschieden werden, löst man im Gespräch und nicht mit anderen Mitteln. Früher war diese andere Alternative meist der Krieg. Was am grünen Tisch entschieden wurde, wurde also in Verhandlungen ausdiskutiert und nicht ausgefochten. Heute sind Entscheidungen am grünen Tisch oft negativer besetzt. Man betont mit dieser Wendung, dass die Sache zwar beschlossen wurde, aber sich erst in der Praxis beweisen muss, ob sie wirklich funktioniert. Scheinbar waren Beratungstische früher meist mit grünem Samt bespannt, wie beispielsweise der Tisch im Alten Rathaus zu Regensburg, wo von 1663 bis 1806 der Immerwährende Reichstag des römisch-deutschen Kaiserreiches tagte.

Am Hungertuch nagen

In der Fastenzeit war es früher Brauch, zumindest das Kruzifix, manchmal aber auch den ganzen Altarraum, mit einem Tuch zu verhüllen. Im extremen Fall konnten die Gläubigen die Messe dabei nur hören, aber nicht mehr sehen, da sie hinter dem Tuch stattfand. Damit sollte die Gottesferne des sündigen Menschen demonstriert und zur Buße aufgerufen werden. Angesichts des kirchlich verordneten Fastens in dieser Zeit – das Fleisch, Butter und Eier verbot –, nannte man im Volk die Fastentücher auch Hungertücher (oder Schmachtlappen) und seit dem 16. Jahrhundert verwendete man dann den Ausdruck „Am Hungertuch flicken/nähen", wenn jemand von Hunger bedroht war. Irgendwann ist aus dem Nähen dann das eindrucksvollere Nagen geworden.

Am Schlafittchen packen

Das Schlafittchen ist eigentlich der Flügel (Schlagfittich) eines Vogels. Gänse fing man meist, indem man versuchte, einen ihrer Flügel zu packen. Übertragen war das Schlafittchen dann ein Hemdkragen oder Rockzipfel, an dem man einen flüchtenden Menschen am leichtesten packen konnte. Doch es muss nicht zu Handgreiflichkeiten kommen, wenn jemand einem anderen droht, er werde ihn „schon noch am Schlafittchen kriegen". Dies kann auch einfach heißen, dass der andere beabsichtigt, den Angesprochenen bei irgendetwas zu „erwischen" und die Oberhand über ihn zu bekommen. Übrigens: Wer droht, den anderen am Wickel zu fassen, der hat es – in ursprünglichem Sinne – auf dessen Haarschopf abgesehen.

An den Haaren herbeiziehen

Argumente zu verwenden, die nicht gerade auf der Hand liegen, sondern erst hergeleitet werden müssen, ist das eine. Doch an den Haaren herbeigezogene Argumente passen so wenig, dass ihre Verwendung ziemlich absurd ist. Um im Bild zu bleiben, sträuben sie sich sozusagen gegen ihre Verwendung.

An die Kandare nehmen

Eine Kandare ist ein Gebiss für Pferde, also derjenige Teil des Zaumzeuges, der ins Maul des Tieres geschoben wird. Über das Anziehen bzw. Lockerlassen der daran befestigten Zügel wird das Tier dann gelenkt. Im Gegensatz zu anderen Gebissformen gilt die Kandare als besonders „scharf". Die Kommandos über die Zügel werden schneller schmerzhaft für das Tier. Deshalb wird eine Kandare auch nur für Pferde verwendet, die auf sanften Druck nicht reagieren. Eine Kandare ist also eine harte Disziplinierungsmaßnahme für sture Gäule.

Im übertragenen Sinne ist damit auch ein strenges Reglement gemeint, das dem Opfer weder Freiraum noch Eigeninitiative gestattet.

An die Nieren gehen

In der Sprache des Alten Testaments galten die Nieren als Sitz der Emotionen. In den Sprüchen Salomos etwa heißt es: „Mein Sohn, meine Nieren sind froh, wenn deine Lippen reden, was recht ist." Und aus den Psalmen stammt der Ausdruck „Auf Herz und Nieren prüfen". Es gibt allerdings auch die Vermutung, dass die Nieren im Alten Testament eine schamhafte Umschreibung für die Hoden sind und eher für Zeugungskraft denn für zarte Gefühle stehen. Immerhin ist im Spruch Salomos vom Stolz auf den Sohn die Rede. Später aber wurden die Nieren sprachlich mit dem Gemüt oder der Seele gleichgesetzt. Was an die Nieren geht, schlägt massiv auf das Gemüt oder bedrückt die Seele.

An einen toten Punkt gelangen

Der tote Punkt ist der Punkt, an dem nichts mehr geht. Die Kräfte sind am Ende, alle Argumente in einer Diskussion ausgetauscht, alle Lösungsvorschläge zu einem Problem erwogen. Ursprünglich kommt das Bild aus der Mechanik. Dort befindet sich ein Antriebsmechanismus an einem Totpunkt, wenn die Gelenke auf der Linie liegen, auf die die auf sie einwirkenden Kräfte zielen. Die Gelenke werden also vom Antrieb vorwärtsgedrückt, obwohl sie sich nicht in diese Richtung bewegen können. Sie bräuchten einen Impuls zur Seite, um den toten Punkt zu überwinden.

Andere Saiten aufziehen

Manchmal liest man auch „andere Seiten", doch das ist falsch. Ursprünglich sind nämlich die Saiten eines Musikinstruments gemeint. Je nachdem, welche Saiten man aufspannt und wie straff man sie zieht, erhält man unterschiedliche Töne. Früher verglich man die Änderung des Tonfalls in einem Gespräch mit einem Aufziehen anderer Saiten. Das konnte jedoch auch eine Wendung hin zu einem sanfteren Ton sein. Heute wird die Redensart dagegen nur noch als Drohung verstanden: Wer ankündigt, andere Saiten aufzuziehen, plant, in Zukunft strenger und rigoroser vorzugehen.

Anrüchig sein

Nein, es ist kein übler Geruch, den anrüchige Dinge um sich verbreiten. Das Wort kommt von einem alten Wort namens „ruchte", das für „Ruf" oder „Leumund" steht. Eine anrüchige Sache hat damit einen Anstoß erweckenden Ruf. Berüchtigte Dinge und Personen sind allen zumindest dem Ruf nach bekannt. Was ruchbar wird, verliert den Schutz des

Schweigens und bekommt einen Ruf. Und das Gerücht schließlich ist ein Ruf, der überall verbreitet wird.

Ans Ruder kommen

Hat man eine Galeere vor Augen, auf der der Kapitän das Sagen hat und die Galeerensklaven sich im Akkord in die Ruder legen müssen, dann scheint es nicht unbedingt ein erstrebenswertes Ziel zu sein, ans Ruder zu kommen. Doch das Ruder, von dem in der Wendung die Rede ist, ist das Steuerruder. Wer das in der Hand hat, bestimmt den Kurs.

Apothekerpreise

Lange Zeit haben die Krankenkassen einen Großteil der Apothekenrechnungen beglichen, sodass man in der Regel gar nicht wusste, wie viel die mitgenommenen Medikamente denn nun wirklich kosten. Inzwischen aber, wo die Kassen immer weniger zahlen und man oft immense Summen für ein paar Pillen zahlen muss, macht der Begriff „Apothekerpreise" wieder Sinn. Er stammt aus einer Zeit, in der man auf dem Markt nach Zentnern, Kilos oder mindestens Pfund einkaufte, während beim Apotheker auf der besonders fein messenden Apothekerwaage die wertvollen Substanzen grammweise abgewogen wurden und trotzdem Unsummen kosteten. Apothekerpreise sind also Preise, die so hoch sind, dass man sich nur winzige Mengen davon leisten kann.

Arbeiten wie ein Kuli

Als Kulis wurden asiatische Vertragsarbeiter bezeichnet, die im 19. Jahrhundert in großen Mengen vor allem für Plantagenarbeit – auch in Afrika und Amerika – verpflichtet wurden. Die Kulis unterschrieben meist Knebelverträge, die pro Tag mindestens zehn Stunden harte Akkordarbeit vorsahen. Kulis galten als besonders zuverlässige, zähe und damit für die Anwerber profitable Arbeiter. Woher das Wort kommt, weiß man nicht. Es werden Herleitungen aus dem Chinesischen, dem Tamil, aber auch dem Niederländischen (keulen: hart arbeiten) diskutiert.

Arm wie eine Kirchenmaus

Eigentlich ist die Kirche ja nie eine arme Institution gewesen. Im Gegenteil: Im Pfarrhaus und im Bischofspalast gab es für Mäuse sicher auch viel zu holen. Doch in der Kirche selbst ist für eine Maus wenig Gehaltvolles zu finden: ein wenig an Büchern oder an Holzbänken knabbern oder ein paar Samen von vertrocknetem Blumenschmuck abbekommen. Eine Kirchenmaus hat also tatsächlich ein armseliges Leben, das nicht weit vom Hungertod entfernt ist.

Auf dem Holzweg sein

Holzwege sind Pfade, die nur angelegt wurden, um Holz zu schlagen. Sie enden also mitten im Wald. Ein Reisender, der einen Holzweg einschlägt, in der Hoffnung, dieser führe ihn ins nächste Dorf, steht also ganz schön blöd da. Ein Holzweg ist folglich eine Richtung, in der man zu keinem Ziel kommt. Das Einzige, was hilft, ist, umzukehren oder – im übertragenen Sinn – ein Problem ganz neu zu überdenken und einen völlig anderen Lösungsansatz auszuprobieren.

Auf dem Olymp thronen

Auf dem Berg Olymp haben in der griechischen Mythologie die Götter ihren Sitz, aber nicht einmal alle, sondern nur die zwölf olympischen Hauptgötter, angeführt von Zeus. Im alten Griechenland herrschte die Vorstellung, dass sich die olympischen Götter auf ihrem Berg relativ wenig um die Menschen scheren und sich stattdessen vor allem ihren eigenen Angelegenheiten widmen. Der Olymp steht deshalb im übertragenen Sinne für Abgehobenheit, Überheblichkeit und Arroganz.

Auf den Hund kommen

Wer auf den Hund gekommen ist, hat abgewirtschaftet. Die Redewendung kommt vermutlich daher, dass man früher gerne den Boden von Geldtruhen mit dem Bild eines Hundes schmückte. Schließlich gelten Hunde als treu und wachsam. Sehen konnte man das Bild allerdings erst, wenn die Truhe schon ziemlich leer war. Wer also auf den Hund in der Geldtruhe gekommen war, hatte nicht mehr viel darin. Es gibt jedoch noch eine andere mögliche Quelle: Früher gab es eine Ehrenstrafe, bei der der Verurteilte mit einem Hund auf den Schultern durch die Stadt gehen oder dreimal die Kirche umrunden musste. Auch bei Hinrichtungen kam es vor, dass man neben einem Verurteilten, den man als besonders ehrlos betrachtete, einen Hund erhängte und beide anschließend bis zur Verwesung nebeneinander hängen ließ.

Auf den Keks gehen

Im Drogenjargon steht „Keks" für LSD, das besonders während der Hippie-Ära in den 1960er- und 1970er-Jahren in Mode war. Die Droge wird oft auf Träger wie Papierstückchen, Tabletten oder Zuckerwürfel aufgetragen, die dann geschluckt werden. Während des Trips kommt es zu besonders intensiven, irrealen Sinneserfahrungen, und wer jemandem auf den Keks geht, stört dabei. Allerdings können diese Trips auch oft ohne jede Störung albtraumhafter Natur sein.

Auf den Plan treten

Wer auf den Plan tritt, greift in das Geschehen ein. Doch mit der Redewendung ist nicht gemeint, dass jemand nun eine Rolle in einem vorher festgelegten Plan spielt. Als Plan bezeichnete man im Mittelalter vielmehr eine freie ebene Fläche, also z. B. einen Turnierplatz, ein Spielfeld oder einen Marktplatz. Auf den Plan tritt man, um als nächster Kämpfer am Turnier teilzunehmen, sich an einem Spiel zu beteiligen oder in eine Auseinandersetzung bzw. Diskussion einzugreifen, die auf einem öffentlichen Platz im Gange ist.

Auf den Putz hauen

Wer auf den Putz haut, schlägt so heftig zu, dass der Putz von den Wänden bröckelt. Im übertragenen Sinne sind damit meist besonders ausgelassene Feiern, sehr wütende, wilde Proteste oder ein extrem großspuriges, protziges Angeberverhalten gemeint.

Auf den Schlips treten

Unter Schlips versteht man heute eine Krawatte, und auf eine solche zu treten, ist ziemlich schwierig, wenn jemand dieselbe um den Hals hat. Eigentlich war der Schlips aber ein Rockschoß, Hemdzipfel oder Rocksaum. Und da konnte man schon mal drauf treten, z. B. wenn man bei einem Fest eine Bierbank übersteigt. Oder man ging jemanden an den Schlips, indem man den Kleidungszipfel aus Unachtsamkeit irgendwo einklemmte. Eine solche Unachtsamkeit ist natürlich ein gewisser Affront und genauso unachtsam, im Sinne von nicht absichtlich, sind Bemerkungen, von denen sich der andere „auf den Schlips getreten" fühlt.

Auf den Senkel gehen

Nicht von den Schnürsenkeln ist hier die Rede, sondern vom Senkblei oder Lot. Wer einem anderen auf den Senkel geht, stört ihn beim richtigen Umgang mit dem Senkblei und bringt ihn also aus dem Lot.

Auf den Strich gehen

Diese Umschreibung für Prostitution kommt vermutlich aus der Jägersprache: Männliche balzende Schnepfen pflegen ganz bestimmte Wege zurückzulegen und an diesem Schnepfenstrich können ihnen die Jäger gut auflauern. Später wurde dann die Straßenprostitution ebenfalls als Schnepfenstrich bezeichnet, wobei es – genau genommen – auch hier die Männer, die Freier sind, die auf den Strich gehen, wo die Prostituierten warten. Manche Sprachforscher meinen deshalb auch, der „Strich" komme gar nicht vom Schnepfenstrich, sondern aus dem Rotwelsch, wo er für einen Landstrich stand, in dessen Grenzen Bettler, Hausierer oder auch Nutten tätig waren.

Auf den Wecker gehen

Es kann sein, dass diese Umschreibung für „auf die Nerven fallen" einfach daher rührt, dass die meisten Menschen das Klingeln ihres Weckers gewaltig nervt. Eine andere Möglichkeit ist, dass das jiddische Wort „weochar" (es regt mich auf) zugrunde liegt, das vom nicht jiddisch sprechenden Teil der Bevölkerung nicht verstanden und zum Wecker verballhornt wurde.

Auf der Abschussliste stehen

Jäger schießen meist nicht einfach das Tier, das ihnen gerade vor die Flinte kommt. In einem gut gemanagten Jagdrevier wird der Gesamtbestand der Tiere erfasst und dann eine Abschussliste erstellt. Es sollen weder so viele Tiere einer Art geschossen werden, dass der Bestand gefährdet ist, noch so wenige, dass Überbesatz, Nahrungsmangel und eine Schädigung der Bäume drohen. Im übertragenen Sinn spielen hier meist persönliche Motive eine Rolle. Nicht nur überflüssige Mitarbeiter, die man loswerden möchte, stehen auf der Abschussliste, sondern auch Menschen, die einem unbequem sind oder die Karriere gefährden.

Auf der faulen Haut liegen

Der römische Schriftsteller Tacitus (um 55–116) schrieb in seinem Werk *Germania,* die Germanen würden, wenn sie nicht gerade im Krieg seien, meist faulenzen und alle Arbeit rund um Haus und Hof ihren Frauen und Sklaven überlassen. Außerdem erzählte er, dass sie sich bevorzugt in die Haut wilder Tiere kleideten. Daraus entstand die Vorstellung von faul auf Bärenfellen herumliegenden (und Met trinkenden) Germanen.

Auf der Walz sein

Den Ausdruck benutzen heute vor allem noch die wandernden Handwerksgesellen. Er hat dieselbe Wurzel wie die Walze, das Wälzen oder der Walzer, nämlich das althochdeutsche Wort „walzan", das für eine ständige Fortbewegung stand. Wer auf der Walz ist, ist also nicht nur von A nach B unterwegs, sondern zieht ständig weiter.

Auf der Wartburg sitzen

Mit Martin Luther (1483–1546), der von 1521 bis 1522 auf der Wartburg bei Eisenach in Schutzhaft saß und sich dort die Zeit damit vertrieb, die Bibel ins Deutsche zu übersetzen, hat die Wendung nur am Rande etwas zu tun. Die Wartburg steht eigentlich nur scherzhaft für „warten müssen". Aber natürlich saß auch Luther auf der Wartburg in Wartestellung, bis die unmittelbare Gefahr, verhaftet und als Ketzer hingerichtet zu werden, abgewendet war. Verwendet wird die Redensart von der Wartburg in manchen Gegenden vor allem für hochschwangere Frauen, die auf die Geburt warten.

Auf derselben Wellenlänge sein

Vor 100 Jahren war dies noch ein sehr moderner Vergleich für zwischenmenschliche Sympathie, der sich auf den neu entdeckten Funkverkehr bezog. Nur wenn Sender und Empfänger auf dieselbe Wellenlänge eingestellt waren, konnten sie einander verstehen.

Auf die hohe Kante legen

Wer heute etwas sparen will, der bringt sein Geld in der Regel auf die Bank. Früher, als man entweder noch kein Vertrauen in Banken hatte oder keine in Reichweite, mussten die Ersparnisse gut versteckt werden. Ein beliebter Platz war die „hohe Kante", der obere Abschlussbalken eines Himmelbettes. An der Innenseite dieser Balken wurden gerne gut versteckte, schwer zugängliche Geheimfächer eingebaut, in denen die Eheleute ihre Ersparnisse horten konnten.

Auf die leichte Schulter nehmen

Genauso wie eine Hand zum Schreiben und Arbeiten bevorzugt wird, nehmen die meisten Menschen instinktiv eine Last immer auf dieselbe Schulter. In Zeiten, in denen es noch üblich war, Dinge auf der Schulter oder Achsel zu tragen, unterschied man deshalb zwischen der guten Schulter oder Achsel, die man bevorzugte, und der „leichten", auf die man nur leichtere Lasten lud bzw. die man erst in zweiter Linie benutzte, um die „gute Schulter" mal zu entlasten. Eine Last, die man gleich auf die leichte Achsel lud, wurde also nicht so recht ernst genommen.

Auf die Schliche kommen

In der Jägersprache sind die Schliche die (Schleich-)Wege der Tiere. Hat man diese regelmäßigen Wege herausgefunden, kann man dem Wild leicht auflauern. Übertragen sind die Schliche meist Geheimnisse, in der Regel solche, die negativ für andere sind, also kriminelle Vorhaben, Tricks, Lügen etc.

Auf Draht sein

Wer auf Draht ist, der ist aufmerksam und erkennt seinen Vorteil, wenn er sich bietet. Ursprünglich war damit der telegrafische oder Telefondraht gemeint. Wer auf Draht war, war über einen Fernschreiber oder Fernsprecher mit der Welt verbunden und konnte sich so Informationsvorteile verschaffen.

Auf etwas Bock haben

Mit Ziegenböcken hat diese Redewendung gar nichts zu tun. Sie kommt aus dem Rotwelsch, einer Geheimsprache, die sich im späten Mittelalter unter den „Fahrenden", den Nichtsesshaften und gesellschaftlichen Außenseitern, entwickelte. Dabei übernahmen deutschsprachige Kriminelle viele Ausdrücke aus dem Romani oder Jiddischen, um von ihren potenziellen – ebenfalls deutschsprachigen – Opfern nicht so leicht verstanden zu werden. Bokh z. B. ist ein Romani-Wort für Hunger.

Auf etwas erpicht sein

Das Wort „erpicht" kommt von „verpicht", und das bedeutet mit Pech überzogen. Das ist zwar nicht gerade ein erstrebenswerter Zustand, aber Pech ist sehr klebrig, sodass man mit einer Sache, mit der man verpicht ist, fest zusammenklebt. Heute verwendet man das Wort aber, wenn man einen sehr heftigen Wunsch nach etwas verspürt.

Auf etwas scharf sein

Scharfe Hunde, die begierig auf Kampf und Beute sind, führten dazu, dass „scharf sein" allgemein zum Synonym für heftige Begierden wurde. In der Regel wird die Wendung jedoch für sexuelles Verlangen gebraucht. Häufig werden ihr noch erläuternde Ergänzungen hinzugefügt, wie etwa „scharf wie eine Rasierklinge". „Scharf (oder spitz) wie Nachbars Lumpi" dürfte aber ursprünglich ziemlich abwertend gemeint gewesen sein, da Nachbars Lumpi normalerweise eher ein Schoßhündchen ist. Aber die Sache ist in Vergessenheit geraten, sodass der Vergleich mit Nachbars Lumpi heute durchaus nicht selten als sexuelle Prahlerei benutzt wird.

Auf etwas versessen sein

Versessen leitet sich von dem altertümlichen, nicht mehr verwendeten Wort „versitzen" ab. Wer sich bei irgendetwas versitzt, bleibt viel länger als geplant bei dieser Sache und vergisst darüber alles andere. In manchen Dialekten ist das Wort noch als „verhocken" zu finden. Wer zum Beispiel einen kurzen Plausch auf drei Stunden ausdehnt und dann völlig im Zeitplan durcheinanderkommt oder wer nur mal was im Internet nachschauen will und dann die ganze Nacht am Computer verbringt, der hat sich versessen. Während man damals noch sagte, jemand habe sich wegen etwas versessen, so spricht man heute davon, versessen auf etwas zu sein. Außerdem ist das Ganze vom langen Sitzen unabhängig geworden. Wer z. B. versessen auf Süßigkeiten ist, der frönt seiner Begierde in der Regel ohne stundenlang irgendwo herumzusitzen. Möglicherweise dachte man bei der modernen Verwendung von versessen auch daran, besessen von etwas zu sein.

Auf großem Fuß leben

Schnabelschuhe waren im Spätmittelalter der letzte Schrei, und jeder wollte seine Treter mit noch längeren Schnäbeln zieren als der andere. Doch da schoben die Behörden einen Riegel vor. In Kleiderordnungen wurde ganz genau geregelt, wie lang die Schnäbel für Angehörige der einzelnen Standesgruppen sein durften. Je reicher und einflussreicher, desto länger. Die Spitzenwerte sollen über 2 Fuß, also über 60 Zentimeter, betragen haben. Solche Schnäbel mussten dann mit Ketten an den Beinen festgebunden werden. Wer reich war, lebte also eigentlich auf langem Schuh. Sprichwörtlich wurde daraus aber der große Fuß, obwohl die Füße der Reichen in ihren langschnäbeligen Umhüllungen natürlich auch nicht größer waren als die normaler Leute.

Auf Rosen gebettet sein

Die Rose gilt zwar als die Königin der Blumen, doch schlafen möchte man weder auf den stacheligen Zweigen noch auf den knolligen Blütenköpfen. Doch mehrere Superreiche der Antike wie der Tyrann Dionysos von Syrakus (um 430–367 v. Chr.) oder der römische Politiker Verres (um 115–43 v. Chr.), der durch die schamlose Ausplünderung Siziliens bekannt wurde, sollen sich ihre Betten mit Rosenblättern ausgestopft haben, was natürlich eine extrem kostspielige Angelegenheit war. Deshalb war „iacere in rosa" (auf Rosen liegen) schon in der Antike eine Umschreibung für ein sorgloses Leben in größtmöglichem Luxus.

Auf Teufel komm raus

Wer etwas auf Teufel komm raus tut, tut es ungeachtet der schlimmsten Konsequenzen. Und das Schlimmste war für die Leute früher nun mal die Vorstellung, dass der Teufel aus der Hölle kommen und ihnen schaden könne. Man stellte sich auch vor, dass der Teufel angelockt würde, wenn er irgendwo ein potenzielles Opfer witterte. Dazu brauchte man zunächst gar nichts Schlimmes anstellen. Es genügte, wenn jemand sehr riskant oder leichtsinnig handelte, denn dann konnte er ins Unglück geraten und Unglück verleitet zum Sündigen.

Auf tönernen Füßen stehen

Im alttestamentarischen Buch Daniel träumt der babylonische König von einer gewaltigen Bildsäule aus Edelmetall, deren Füße jedoch nur aus leicht zerbrechlichem Ton sind, der dem Gewicht des Metalls nachzugeben droht. Der Prophet Daniel deutet diesen Koloss auf tönernen Füßen als das große und prächtige Weltreich Babylon, das jedoch im Inneren ausgehöhlt, dekadent geworden und vom Verfall bedroht ist. Auf tönernen Füßen stehen deshalb alle Projekte, bei denen die Fundamente sehr schwach und knapp bemessen sind, sodass kleine Probleme in diesem Bereich das ganze Unternehmen zum Einsturz bringen können.

Auf Vordermann bringen

Wenn man heute sagt, dass jemand etwas auf Vordermann bringt, dann wird diese Sache gründlich in Ordnung gebracht. Da wird unter Umständen geputzt, repariert und neu sortiert. Ursprünglich bedeutete „auf Vordermann" lediglich eine schnurgerade Ausrichtung von Soldaten beim Appell. Damit die Reihen kerzengerade waren, musste jeder exakt in der Linie stehen wie der Soldat vor ihm. Schiefe Reihen wurden also auf den Vordermann ausgerichtet.

Aufgedonnert sein

Auch wenn ein Donner zweifelsohne etwas Beeindruckendes ist, stand er vermutlich nicht Pate für diese Redewendung, sondern wohl eher die Donna, die noble Italienerin, vielleicht aber auch die Primadonna, die erste Tänzerin, Schauspielerin oder Opernsängerin an einemTheater. Denn besonders die Künstlerinnen kleideten sich für den bürgerlichen Geschmack oft zu grell und zu auffallend.

***

Aufgeputzt wie ein Pfingstochse

An Pfingsten wurde früher vielerorts das Vieh zum ersten Mal auf die Weide gebracht. Das geschah im Rahmen einer feierlichen Prozession, die vom Pfingstochsen angeführt wurde. Dieser wurde mit Bändern, Blumengirlanden usw. prächtig aufgeputzt. Schließlich wollte jedes Dorf den schönsten Pfingstochsen haben. Mit kritischen Augen betrachtet, muss der arme Ochse manchmal recht lächerlich ausgesehen haben, weswegen der Vergleich mit einem Pfingstochsen auch eine ziemliche Herabwürdigung eines Aufputzes ist. Im Übrigen durfte der unglückliche Ochse mit seinem ganzen Staat nicht mit auf die Weide, sondern wurde meist geschlachtet und gegessen. Vielerorts war er der Preis für den Schützenkönig.

Aufgetakelt sein

Takelagen sind die Aufbauten eines Segelschiffs, die zum Aufziehen der Segel dienen. Auftakeln meint das Aufziehen der Segel und ein voll aufgetakeltes Schiff hat alle Segel gesetzt. Bei einem Schiff ist das zweifellos ein imposanter Anblick, wohingegen ein aufgetakelter Mensch mit seiner Aufmachung übertrieben hat. Andererseits ist es immer noch besser, von den Mitmenschen als aufgetakelt eingeschätzt zu werden denn als abgetakelt. Da das nämlich nicht nur für eine bescheidene, unauffällige Aufmachung steht, sondern für etwas Unansehnliches oder Hässliches.

Auflaufen lassen

In der Sprache der Fechter bedeutet diese Wendung, die Klinge des Gegners an der eigenen abgleiten zu lassen. Wer jemanden im übertragenen Sinne auflaufen lässt, der reagiert nicht wirklich auf dessen Vorstoß – egal, ob es sich um einen Angriff oder eine versuchte Kontaktaufnahme handelt. Er lässt die Aktion des anderen mit einer kleinen Geste oder Bemerkung ins Leere laufen.

Aufmöbeln

Möbel waren früher viel zu kostbar, um sie einfach auf den Sperrmüll zu geben und sich neue zu kaufen, wenn die alten unansehnlich geworden waren. Also ließ man sie aufmöbeln, etwa mit neuen Polstern beziehen, Oberflächen abschleifen oder ein paar Schmuckelemente anbringen, um eine etwas andere Optik zu bekommen. Danach waren die aufgemöbelten Stücke – falls die Möbelschreiner und Polsterer ihr Handwerk verstanden – wieder fast wie neu.

Aufpäppeln

Papp war früher eine Bezeichnung für Kinderbrei. Wer aufgepäppelt wird, wird also wie ein Kind umsorgt, das noch gefüttert werden muss, damit er wieder zu Kräften kommt. Doch um wirklich groß und stark zu werden, braucht man mehr als Kinderbrei, und folglich ist auch eine wirklich starke Leistung „nicht von Pappe".

Aufpassen wie ein Schießhund

Ein Schießhund ist ein Jagdhund, der das Wild aufstöbern muss, das der Jäger anschließend schießt. Da der Jäger bereits schussfertig sein muss, wenn der Hund mit dem Stöbern beginnt, muss der Schießhund sehr genau aufpassen, wann er sein Zeichen zum Loslegen bekommt. Ein gut trainierter Schießhund versteht es also, besonders aufmerksam und gleichzeitig auf das Höchste gespannt zu sein, um im richtigen Augenblick zu reagieren.

Aufs Korn nehmen

Wer jemanden aufs Korn nimmt, wählt ihn als Opfer aus, etwa durch permanenten Spott und Hohn. Ein Jäger dagegen, der Wild aufs Korn nimmt, will es sogar töten. Das Korn ist zusammen mit der Kimme eine Zieleinrichtung am Gewehr. Wenn der Schütze den Punkt, den er treffen will, genau oberhalb des Korns seiner Zielvorrichtung sieht, dann ist der Zeitpunkt zum Abdrücken gekommen.

Aus allen Wolken fallen

Wolken standen schon früher für einen weltfernen, entrückten Zustand. Man sprach etwa vom „Wolkenkuckucksheim", ein Begriff aus einer antiken griechischen Komödie, wenn jemand Vorstellungen hegte, die völlig realitätsfern waren. Aus den Wolken fällt, wer sehr plötzlich wieder auf den Boden der Tatsachen zurückgeholt wird. Heute wird der Begriff aber allgemein für sehr große, meist unangenehme Überraschungen gebraucht, ohne dass die vorherigen Überzeugungen besonders entrückt, weltfremd und naiv gewesen sein müssen.

Aus dem ff können

Wer eine Sache aus dem ff kann, erledigt sie perfekt und sehr schnell. Aber wofür steht das „ff"? Genau weiß man es nicht. Eine Erklärung ist, dass ff bei italienischen Kaufleuten früher als Abkürzung für „finissimo" üblich war, also für Ware feinster Qualität. Eine Leistung aus dem ff wäre damit also die feinste Leistung. Es gibt aber auch die Erklärung, dass „ff" eine falsche Schreibweise für den griechischen Buchstaben „π" (Pi) ist, der beim Zitieren römischer Rechtsgrundsätze benutzt wurde. Eine Leistung aus dem ff wäre damit eine Leistung, die so korrekt ist wie aus einem römischen Rechtsbuch.

Aus dem Häuschen sein

Wer in so aufgedrehter, aufgekratzter Stimmung ist, dass er „schier aus dem Häuschen" ist, wird sich vielleicht auch getrieben sehen, sein Haus zu verlassen, um möglichst viele andere an seiner Begeisterung teilhaben zu lassen. Doch die eigenen vier Wände sind mit dieser Redewendung nicht gemeint. Stattdessen wurde der Körper früher als Gehäuse oder Behausung der Seele angesehen. Auch heute noch sagt man, jemand, der in besonders extremer Stimmung ist, gerate „außer sich" oder „fahre aus der Haut", wenn er besonders zornig ist. In diese Kategorie gehört auch die überschäumende Freude, die einen glatt aus dem Häuschen treibt.

Aus dem Leim gehen

Heute wird diese Wendung meist auf jemanden angewendet, der deutlich dicker wird, und zwar nicht nur um die Hüften herum, sondern überall. Ursprünglich bezog sich die Redensart auf alle geleimten Dinge, z. B. Möbel, die auseinanderfielen, wenn der Leim, mit dem die Verbindungen geklebt waren, nicht mehr hielt. Im erweiterten Sinn waren dann alle Dinge gemeint, die irgendwie den Halt oder Zusammenhalt verloren, auch wenn sie nicht in einzelne Teile zerfielen wie die geleimten Möbel, sondern nur unförmig wurden.

Aus dem letzten Loch pfeifen

Vermutlich spielt die Redewendung auf eine Flöte an. Wer eine Tonleiter spielt und am letzten Loch angelangt ist, kann nicht mehr weiter. Zudem hört sich der höchste Ton einer Flöte, für sich alleine genommen und nicht in eine Melodie eingebunden, doch oft recht kläglich an. Im übertragenen Zustand steht dieser letzte Flötenton dann für eine klägliche Situation, in der jemand alle seine Ressourcen ausgeschöpft hat.

Aus dem Schneider sein

Wer aus dem Schneider ist, hat die gröbsten Probleme überstanden. Früher galt dieser Spruch dem 30. Geburtstag, denn mit mehr als 30 Punkten ist man auch beim Skat „aus dem Schneider". Das heißt, man verliert, ohne noch zusätzliche Strafpunkte aufgebrummt zu bekommen. Mit 30 waren früher auch oft die kargen Lehrjahre oder die ähnlich kümmerliche Studentenzeit überstanden. Vermutlich wurde der Begriff „Schneider" für das Skatspiel gewählt, weil Schneider oft als besonders arm galten.

Aus dem Stegreif sprechen

Welches Schulkind hat sich nicht damit herumgeschlagen, dass die Stegreifaufgabe ohne „h" geschrieben wird? Aber warum eigentlich? Das „h" ist nicht irgendwann weggefallen, sondern hat nie existiert, da Stegreif weder etwas mit Stehen noch mit Greifen zu tun hat. Vielmehr handelte es sich dabei ursprünglich um einen Steig-Reifen, einen Steigbügel am Pferdesattel. Nachrichten oder amtliche Verlautbarungen wurden aus dem Stegreif verkündet, wenn der Bote sich nicht einmal die Zeit dazu nahm, von seinem Pferd abzusitzen.

Aus der Reihe tanzen

Früher tanzte man in Reihen, jedenfalls bei feinen Leuten. Rundtänze galten als „Ländler", also etwas bäurisches, Paartänze waren noch verpönt. Oft gab es einen Tanzmeister, der dafür sorgte, dass sich die Reihen der Tanzenden auch wirklich ordentlich und in strengen Mustern bewegten. Wer aus der Reihe tanzte, fiel also wirklich unangenehm auf.

***

Aus der Schule plaudern

Wer aus der Schule plaudert, verrät Interna. Aber solche Geheimnisse gibt es in einer gewöhnlichen Schule eigentlich nicht. Die Redewendung spielt auch nicht auf eine Unterrichtsanstalt für Kinder und Jugendliche an, sondern auf eine Künstler-, Philosophen- oder Gelehrtenschule, also auf eine Gruppe von Künstlern oder Wissenschaftlern, die einer gemeinsamen Richtung anhängen. Heute veröffentlichen solche Schulen ihr Wissen meistens und sind eher bemüht, Anhänger zu finden, als Geheimnisse zu wahren. Früher war das anders. Da gaben beispielsweise Malerschulen ihr Wissen um bestimmte neue Techniken nur intern weiter oder Ärzteschulen wahrten ihre Geheimnisse vor der Konkurrenz.

Aus die Maus

Und wieder ist die *Sendung mit der Maus* am Sonntagvormittag vorbei. Doch auch wenn viele Eltern mit diesem Spruch den Fernseher ausschalten und so dem Nachwuchs deutlich machen, dass jetzt nicht weiter geglotzt wird, hat der Spruch ursprünglich nichts mit der

Fernseh-Maus zu tun. Vielmehr war er als lapidarer Kommentar zu toten Mäusen in der Mausefalle verbreitet. Heute benutzt man ihn auch, um das Ende von Dingen anzuzeigen, ohne dass Mäuse dabei eine Rolle spielen.

Aus einer Sache keinen Hehl machen

Hehl bedeutet verhüllt. Wer eine Sache verhehlt, versucht, sie zu vertuschen; ein Hehler agiert im Verborgenen, während unverhohlene Freude offen und ohne jede Zurückhaltung gezeigt wird. In diesem Sinne macht jemand, der aus einer Sache keinen Hehl macht, kein Geheimnis daraus.

Aussehen wie das Leiden Jesu

Es gibt Phasen in der christlichen Kunst, in denen die Maler Jesus grundsätzlich hoheitsvoll darstellten, auch dann noch, wenn er am Kreuz hing, und es gab andere, in denen sie versuchten, die Qualen des Gekreuzigten besonders drastisch darzustellen, wovon sich dann der Vergleich mit dem Leiden Jesu ableitete, wenn jemand besonders elend aussah. Auch viele Marienbilder zeigen die Madonna mit einem besonders qualvollen Gesichtsausdruck, sodass es regionale Varianten gibt, etwa „ein Gesicht ziehen wie die Muttergottes von Schmerlenbach".

Außer Rand und Band sein

Rand und Band sind die Randeinfassung und die Metallbänder, die ein Fass zusammenhalten. Ohne Rand und Band fällt das Fass auseinander. Menschen, die außer Rand und Band geraten, kommen glimpflicher davon. Oft wird nur übermütige Partystimmung damit ausgedrückt, bei kleinen Kindern aber auch heftige Anfälle von Jähzorn und Trotz.

Bammel haben

Bammeln kommt von dem Verb baumeln und steht deshalb für innere Unruhe. Wer Bammel hat, fühlt sich ein wenig wie ein aufgehängtes Ding, das hilflos im Wind hin und her baumelt, ohne etwas dagegen tun zu können. Es gibt jedoch noch eine zweite Erklärung: Bammel könnte sich auch noch von den hebräischen Wörtern „baal" (Herr) und „ema" (Furcht) herleiten und eine jiddische Verballhornung für einen furchtsamen Menschen gewesen sein.

Bananenrepublik

Vermutlich war es der US-Schriftsteller O. Henry (William Sydney Porter, 1862–1910), der erstmals den Begriff „Bananenrepublik" benutzte. Er bürgerte sich schnell für kleine lateinamerikanische Staaten mit

einem instabilen politischen System und einer großen Abhängigkeit vom Bananenexport ein. Tatsächlich trugen die US-Bananenfirmen erheblich zu den prekären Verhältnissen in diesen Staaten bei, indem sie die Bevölkerung ausbeuteten, Reformen behinderten, Diktatoren stützten und sogar missliebige Regierungen militärisch stürzten, wie 1954 in Guatemala. Dieser Einfluss der Bananenfirmen geriet jedoch in Vergessenheit und Bananenrepublik wurde zum Schimpfwort für alle Staaten, in denen Misswirtschaft und Korruption blühen. In der Regel unterstellt man der Bevölkerung dabei, grundsätzlich unfähig zu sein und selbst die Schuld an den chaotischen Verhältnissen zu tragen.

Bauklötze staunen

Die Wendung entstand im frühen 20. Jahrhundert in Berlin. Staunen wurde damals oft mit „Glotzaugen machen" umschrieben. Irgendwelche Spaßvögel verwandelten dann die „Glotzer" in die fast gleich klingenden „Klötze". Ähnliche Ersetzungen gab es sowohl im Berliner Dialekt als auch schon in der Jugendsprache vergangener Tage, beispielsweise bei „Pustekuchen", „Damit kannst du keinen Blumentopf gewinnen", „Mir geht ein Seifensieder auf".

BECKMESSERN

Der Pate für die Beckmesserei, das kleinliche Festhalten an Regeln, ist ein gewisser Sixtus Beckmesser, der in Richard Wagners Oper *Die Meistersinger von Nürnberg* vorkommt. Er ist Stadtschreiber und ein engstirniger, pedantischer Kleinkrämer, der versucht, seinen Konkurrenten im Gesangswettbewerb wegen angeblicher Regelverstöße disqualifizieren zu lassen. Angeblich soll Richard Wagner (1813–83) mit dieser Figur einen Musikwissenschaftler aufs Korn genommen haben, der sich wiederholt abschätzig über seine Musik äußerte.

Bei der Stange bleiben

Die Stange, von der hier die Rede ist, ist die einer Regimentsfahne oder eines Feldzeichens. Wer bei der Stange bleibt, der kämpft also weiter und desertiert nicht.

Bei ihm ist der Groschen gefallen

Wenn ein Geldstück in den Automaten fällt, dann löst es einen Mechanismus aus, der schließlich zum Ausdruck einer Fahrkarte oder dem Auswerfen eines Kaugummis führt. Das funktioniert nicht immer ganz reibungslos. Das Geld kann sich verklemmen oder vom Münzenprüfer als fehlerhaft eingestuft und zurückgegeben werden. Wenn bei jemandem bildlich der Groschen gefallen ist, dann sind die Schwierigkeiten beim Begreifen überwunden. Es hakt nicht mehr, sondern es hat sich ein Erkenntnisautomatismus in Gang gesetzt, der zum richtigen Ergebnis führt.

Bei ihm ist ein Rad ab

Oder eine Schraube locker. Früher stellte man sich den menschlichen Verstand auch gerne wie das Räderwerk einer Uhr oder wie ein Getriebe vor. Gebärdete sich jemand gar zu verrückt, unterstellte man ihm, dass der Mechanismus in seinem Gehirn irgendeinen Schaden hätte.

Bei ihm ist Hopfen und Malz verloren

Hopfen, Malz und Wasser sind laut dem bayerischen Reinheitsgebot die einzigen Zutaten, die ein Bier enthalten darf. Wenn das Produkt am Ende nichts taugt, sind Hopfen und Malz verloren. Derjenige, bei dem Hopfen und Malz verloren sind, ist also ein ähnlich hoffnungsloser Fall wie ein Brauer, dem es wiederholt nicht gelingen will, aus Hopfen und Malz ein anständiges Bier zu brauen.

Bei jemandem auf den Busch klopfen

Das heißt, eine Sache vorsichtig zu erkunden, ohne dass der Betreffende merkt, worum es geht. Auf die Büsche klopften früher die Treiber, um bei einer großen Jagd das Wild für die Jäger aufzuscheuchen. Dabei dürften sie nicht allzu vorsichtig vorgegangen sein. Aber genau wie ein Jäger erst mal die Treiber ausschickt, um das Wild vor die Flinte zu bekommen, wählt jemand, der auf den Busch klopft, Umwege, um zu erfahren, was er wissen möchte.

Bei jemandem einen Schlag haben

Eigentlich müsste es heißen, „bei jemandem einen guten/besonderen Schlag haben", denn die Redewendung spielt darauf an, dass jemand bei der Essenszuteilung einen besonders großen Schlag

Suppe oder Gulasch auf den Teller bekommt, weil der Austeilende ihn sympathisch findet.

Bei jemandem gut angeschrieben sein

Früher konnte man in vielen Geschäften anschreiben lassen, doch dabei ging es ausschließlich um die Höhe der Schulden, nicht um einen guten oder schlechten Ruf. Deshalb bezieht sich diese Wendung vermutlich eher auf die Vorstellung aus der biblischen Offenbarung des Johannes, in der berichtet wird, dass Gott alle guten und schlechten Taten in einem „Buch des Lebens" vermerkt.

Beleidigte Leberwurst

Angeblich, so erzählt eine Geschichte, stammt der Ausdruck „beleidigte Leberwurst" daher, dass Leberwürste beim Kochen sehr empfindlich sind und besonders leicht platzen, wenn sie zu lange oder zu heiß gebrüht werden. Doch diese Erklärung wurde wohl erst erfunden, als man nicht mehr wusste, was es ursprünglich mit der Leberwurst auf sich hatte, denn die Leber galt von der Antike bis in die Neuzeit hinein als Sitz der Gefühle, vor allem des Zorns. Beleidigtsein interpretierte man demzufolge als ein Problem der Leber, etwa indem man sagte: „Ihm ist etwas über die Leber gelaufen." Irgendwann gegen Ende des 19. Jahrhunderts wurde aus der beleidigten Leber die scherzhafte Variante der beleidigten Leberwurst.

Besoffen wie eine Strandhaubitze

Schon im 18. Jahrhundert verglich man Menschen, die viel Alkohol in sich hineinschütteten, mit Kanonenrohren und spottete: „Sein Kanönchen ist geladen", wenn einer so richtig voll war. Warum dann unter all den Kanonen ausgerechnet die Strandhaubitze sprichwörtlich geworden ist, liegt im Dunkeln. Vielleicht, weil mit Haubitzen nicht besonders zielgenau geschossen wird. Anstatt einen Feind anzuvisieren, verursacht man mit Haubitzen ein Steilfeuer, das den Feind davon abhalten soll, sich in diesen Bereich hineinzubegeben.

Bis in die Puppen

Das bedeutet heute vor allem eine lange Zeit. Man feiert bis in die Puppen oder schläft bis in die Puppen. Die Berliner verstanden darunter in der Kaiserzeit eine weite Entfernung. Die „Puppen" waren nämlich eine Siegesallee, die Wilhelm II. (1859–1941) im Großen Tiergarten hatte anlegen lassen. Die Berliner lästerten gerne über die 32 Statuen, die mehr oder weniger bedeutende Figuren der brandenburgischen Geschichte wie Otto den Faulen oder Heinrich das Kind darstellten. Doch die Allee lag nicht um die Ecke. Wer beim Spaziergang „bis in die Puppen" ging, war eine Weile unterwegs.

Bis zur Vergasung

Zuweilen hört man diese Redewendung noch, doch im Allgemeinen versucht man, sie inzwischen zu vermeiden. Zu fatal erinnert sie an den millionenfachen Mord in den Gaskammern der Nazi-Vernichtungslager. Entstanden ist sie jedoch schon früher und war eigentlich einmal ganz harmlos gemeint. Es ging lediglich darum, dass ein fester Stoff, der erwärmt wird, erst flüssig und dann gasförmig wird. Bis das geschieht, muss ein Laborassistent unter Umständen ganz schön lange ausharren, und so wurde „bis zur Vergasung" für unerträglich lange Wartezeiten, aber auch für langwierige monotone Arbeiten und intensives Büffeln verwendet. Möglicherweise fand man die Wendung auch deshalb besonders passend, weil man beim zu eifrigen Studieren irgendwann das Gefühl hat, dass das Gehirn zu rauchen beginnt und weich wird. Aber all diese Assoziationen treten inzwischen hinter die sprachliche Nähe zum Naziterror zurück.

Blauen Dunst vormachen

Zur Verschleierung ihrer Tricks ließen viele Zauberer früher gerne blauen Bühnennebel aufsteigen, sodass die Zuschauer nicht so genau erkennen konnten, was sich tatsächlich abspielte.

Blaues Blut haben

Die Bezeichnung von Adligen als Blaublüter stammt aus dem spanischen Frühmittelalter. Dort stammte ein Großteil des Adels von den hellhäutigen Westgoten ab, wohingegen das einfache Volk meist von Natur aus eine dunklere Haut hatte. Nur bei den Adligen also zeichneten sich die Adern blau auf der Haut ab. Später wurde der Begriff im Rest Europas übernommen. Dort waren die natürlichen Unterschiede der Hautfarbe zwar nicht so groß, aber da die armen Leute ganztägig im Freien arbeiteten, während der Adel sich bemühte, seinen blassen Teint zu erhalten, waren auch hier bei der Oberschicht die blauen Adern deutlicher zu sehen. Mit der Zeit verselbstständigte sich der Begriff dann, sodass auch braun gebrannte Adlige als Blaublüter galten, nicht jedoch kranke, blasse Fabrikarbeiter.

Blaumachen

Im Handwerk kannte man früher den Begriff des „Blauen Montags", an dem gar nicht oder zumindest nur mit halber Kraft gearbeitet wurde. Vor allem bei Berufen, bei denen das Wochenende stressig ist, etwa bei Friseuren, die am Samstag besonders viel Kundschaft haben, war ein arbeitsfreier Montag üblich. Wieso er als blau bezeichnet wurde, ist nicht ganz geklärt. Eine Deutung ist, dass die Tuche der Färber, die den Sonntag über in einer blauen Brühe aus Färberwaid gelegen hatten, am Montag an der Luft trocknen mussten, um ihre blaue

Farbe zu erhalten. Dabei fiel jedoch kaum Arbeit an. Eine andere Erklärung ist, dass Zunftfeste früher an Montagen gefeiert wurden. Zu diesen Tagen gehörten allerdings auch Messen für die verstorbenen Mitglieder. Dazu wurden die Kirchen in der Trauerfarbe Blau(-violett) geschmückt.

Blümchenkaffee

Zumindest aus den Wurzeln von Blumen kann man tatsächlich eine Art Kaffee herstellen, etwa aus Löwenzahn oder Wegwarten (Zichorien). Das ist mit diesem freundlich klingenden, in Wahrheit aber vernichtenden Ausdruck jedoch nicht gemeint. Blümchenkaffee ist ein Kaffee, der so dünn ist, dass man das Blümchenmuster am Tassenboden erkennen kann (oder jedenfalls erkennen könnte, wenn eines da wäre). Der Ausdruck entstand vermutlich Anfang des 19. Jahrhunderts in Sachsen, als Meißner Porzellantassen mit aufgemalten Blumen groß in Mode waren. In Österreich spricht man stattdessen von „Bodense(h)er Kaffee".

Brich dir mal nichts ab!

Diese ironisch gemeinte Bestätigung wird verwendet, wenn sich jemand benimmt, als könne seine Würde bei einer Sache Schaden nehmen. „Brich dir nichts ab" ist dabei eine Abkürzung, etwa von „Brich dir keinen Zacken aus deiner (eingebildeten) Krone" oder „Brich dir keine Verzierung (von deinen kostbaren Besitztümern)". Eigentlich steck dahinter natürlich eine Aufforderung, nicht vornehmer zu tun, als man wirklich ist, sondern sich dem Vorbild der anderen anzuschließen.

Brief und Siegel darauf geben

„Brief" war früher ein „breve scriptum", ein kurzes Schreiben. Wer Brief und Siegel auf etwas bekam, erhielt eine schriftliche Bestätigung, die auch noch mit einem Siegel versehen war, also eine Urkunde, die seine Rechte zweifelsfrei bestätigte.

BRIMBORIUM

Vermutlich ist das Wort Brimborium eine Verballhornung des Breviariums oder Breviers. In diesem Taschenbuch, dessen Name wörtlich kurzes Verzeichnis lautet, waren Kurzversionen der Stundengebete aufgezeichnet, die ein Priester, der nicht am Stundengebet in einer Kirche teilnehmen konnte, unterwegs beten musste. Im Brevier lesende und die lateinischen Gebete vor sich hin murmelnde Priester gehörten deshalb früher zum Alltag. Ganz ähnlich präsentierten sich die Priester oft bei Zeremonien und Segenshandlungen. Sie zogen ihr Gebetbuch raus (auch wenn es streng genommen nicht das Breviarium war), murmelten etwas Unverständliches auf Lateinisch und machten eine Segensgeste. Im Französischen wurde „breborium" deshalb schon im Mittelalter zu einem Synonym für eine Zauberformel. Ins Deutsche wurde es für eindrucksvoll wirkende, aber im Grunde nutzlose Rituale übernommen.

Büffeln

Heute versteht man unter Büffeln vor allem afrikanische und asiatische Rinderarten. Aber eine wirklich fachlich strenge Abgrenzung zwischen Rind und Büffel gibt es nicht und so bezeichnete man früher auch die europäischen Hausrinder mitunter als Büffel. Wenn Rinder aber als Arbeitstiere gebraucht werden – egal ob in Afrika, Asien oder Europa –, steht meist Hartes und Stupides an, wie etwa das Ziehen eines Pfluges, eines schweren Wagens oder das Antreiben eines Tiergöpels (siehe: Tretmühle). Schon Martin Luther (1483–1546) sprach von Büffelarbeit, wenn er über besonders eintönige Tätigkeiten herzog.

Busenfreund

Unter Busen verstand man früher nicht nur die weiblichen Brüste, sondern den menschlichen Brustkorb allgemein. Da sich in diesem das Herz verbirgt, wurde er vor allem im 18. Jahrhundert als Sitz der Gefühle betrachtet. Als Busenfreund bezeichnet man den Freund, für den man die stärksten Gefühle hegt.

Butter bei die Fische geben

Das ist die Aufforderung, nicht zu knausern. Denn mit Buttersoße schmecken viele Fische einfach besser als trocken. Doch Butter war früher ein teures Gut und so sagte man in Norddeutschland über jemanden, der sich einigen Luxus gönnen konnte: „Der hat Butter bei de Fische". Als sich dann auch kleine Leute das ein oder andere leisten konnten, wurde aus dem neidvollen Seufzer eine Aufforderung.

Da beißt die Maus keinen Faden ab

Mäuse fressen viel, aber auf Garn und Fäden stehen sie eigentlich nicht besonders. Zwar kann es schon mal passieren, dass eine Maus einen Faden abbeißt, doch das ist nicht der Grund, warum dies sprichwörtlich wurde. Es war vielmehr so, dass früher der 17. März, der Tag der heiligen Gertrud, als Beginn der Gartenarbeit galt. Für die Frauen wurde es Zeit, die Spinn- und Webarbeit, die sie den Winter über betrieben, zu beenden und sich wieder den Gemüsebeeten zu widmen, wenn sie rechtzeitig ernten wollten. Wenn das Wetter Mitte März jedoch sehr schlecht war, verleitete das viele Frauen sicherlich dazu, noch etwas länger in der warmen Stube zu sitzen und sich der bequemeren Spinnarbeit zu widmen. Doch denen wurde gedroht, ihnen würde die Maus den Faden ihrer Spindel abbeißen. Die Maus ist in der christlichen Ikonografie nämlich eine Begleiterin der heiligen Gertrud von Nivelles (626–659), die auch als Patronin gegen Mäuse- und Rattenplagen gilt. Aus einer Drohung wie „Du musst dich jetzt um den Garten kümmern, da(nn) beißt die Maus keinen Faden ab" wurde mit der Zeit eine Bekräftigung im Sinne von: „Es ist jetzt einfach nötig, sich um den Garten zu kümmern. Da hilft kein Diskutieren."

Da brat mir einer einen Storch

Man hat früher viele Vögel gegessen, aber Störche eigentlich nie. Die Wendung besagt deshalb, dass jemand eine Sache so merkwürdig findet, wie es das Braten eines Storches (und nicht etwa eines Hühnchens oder einer Gans) wäre.

Da fährt die Eisenbahn drüber

Obwohl die meisten Redewendungen sich in Deutschland und Österreich nicht wesentlich unterscheiden, gibt es einzelne Wendungen, die als wirklich spezifisch österreichisch anzusehen sind. „Do foat die Eisnbahn driwa", sagt man, wenn es wirklich nichts mehr an einer Sache zu ändern gibt und es also dabei bleibt – das Schienennetz ist quasi gelegt und der Bahnverkehr bereits eingeleitet. Weitere Beispiele sind: Wenn man sich „an Haxn ausreißt" (wie „ein Bein ausreißen"), setzt man sich wirklich intensiv für eine Sache ein. Dagegen: „Haut man sich ins Pendel", dann bringt man sich um.

Da geht die Post ab!

Mit allzu viel Dynamik verbindet man heute die Briefpost nicht mehr. Früher war das anders. Ab dem 16. Jahrhundert galt die Post als Inbegriff der Schnelligkeit. Wenn die gelben Postkutschen an einem Ort aufbrachen, war das durchaus ein Anblick, der Schaulustige anzog: Peitschenknallen, Posthorngeschmetter und vier Pferde vor dem gelben Wagen. Vermutlich gab es auch etliche Postillione, die sich angesichts ihres Publikums bemühten, einen besonders schneidigen Kavalierstart hinzulegen.

Da haben wir den Salat!

Grüner Salat hieß früher Lattich. Salat dagegen leitet sich von dem lateinischen Wort „salata" (gesalzen) ab und stand ursprünglich für kalte Speisen mit einer salzigen Soße. Schließlich wurde das Gericht „Salat" daraus, eine Mischung verschiedener Gemüsesorten mit einem salzhaltigen Dressing. Je mehr die Zutaten vermischt sind, desto gelungener ist in der Regel der Salat und so steht Salat im übertragenen Sinne auch für ein Durcheinander von anderen Dingen, was uns im Alltag z. B. in Form von Krabbensalat begegnet. Manchmal wird die Redewendung „Da haben wir den Salat" aber auch verwendet, wenn etwas schiefgegangen ist, ohne dass es sich um ein Durcheinander handeln muss.

Da hängt der Haussegen schief

Im 19. und noch zu Beginn des 20. Jahrhunderts dekorierte man Wohnungen gerne mit gedruckten oder auch gestickten Segenssprüchen. Auf diese Weise wollte man nicht nur himmlischen Segen auf den Hausstand herabbeschwören, sondern sich gegenüber Besuchern auch als besonders fromme, harmonische Hausgemeinschaft darstellen. Solche Sprüche lauteten etwa: „Des Hauses Zier ist Reinlichkeit, des Hauses Ehr Gastfreundlichkeit, des Hauses Segen Frömmigkeit, des Hauses Glück Zufriedenheit." Kein Wunder, dass die Nachbarn und Bekannten spotteten, mit diesem aufgehängten Haussegen müsse wohl einiges schief sein, wenn erkennbar Zank und Zwietracht unter den Bewohnern herrschten.

Da ist der Knopf aufgegangen

Der Knopf ist ursprünglich etwas Geknüpftes, also ein Knoten. Man könnte also genauso gut sagen: „Da ist der Knoten geplatzt." Ein Hemmnis ist beseitigt und alle hoffen, dass nun die Probleme vorbei sind.

Da kannst du warten, bis du schwarz wirst!

Wer das zu hören bekommt, der weiß, dass der andere gewillt ist, nie aufzugeben. Denn mit dem „Schwarzwerden" ist das Verfaulen eines Leichnams nach dem Tode gemeint.

Da kräht kein Hahn danach

Hähne krähen so ziemlich wegen allem und jedem. Etwas, das nicht einmal einem Hahn ein Krähen wert ist, muss wirklich völlig bedeutungslos sein.

Da liegt der Hase im Pfeffer

Wer weiß, wo der Hase im Pfeffer liegt, hat erkannt, was der Grund für ein Problem ist. Auch das Problem eines Hasen, der tatsächlich im Pfeffer liegt, ist recht eindeutig. Er ist nämlich tot und wird gerade zu einem schmackhaften Schmorgericht verarbeitet. Hasenpfeffer ist ein traditionelles Gericht, für das man die weniger wertvollen Teile des Hasen wie Läufe oder Innereien verwendete. Das Fleisch wird klein geschnitten, in Pfeffer und anderen Gewürzen mariniert und anschließend in einer würzigen Soße weich geschmort.

Da liegt der Hund begraben

Manchmal verwendet man diesen Spruch als Abwertung für ein langweiliges Kaff, in dem man selbst nicht mal begraben sein möchte. Meistens aber umschreibt man damit, dass die Lösung eines Problems gefunden ist. Wer wusste, wo der Hund begraben war, hatte auch schon früher gefunden, was er suchte. „Hunte" stand nämlich für einen vergrabenen Schatz. Manche Forscher meinen, der Name komme daher, dass man glaubte – oder fürchtete –, dass Schätze von schwarzen Geisterhunden bewacht würden. Aus abergläubischer Vorsicht redete man aber lieber vom Hund als vom Schatz. Es ist aber auch möglich, dass das Wort aus einer ganz anderen Wurzel stammt und ursprünglich gar nichts mit Hunden zu tun hatte.

Da muss jemand Federn lassen!

Federn lassen musste früher vor allem das Geflügel, das gerupft wurde. Doch so radikal ist diese Redewendung nicht. Wer Federn lassen muss, erleidet zwar einen Schaden, aber keinen wirklich bedrohlichen. Wahrscheinlich hatte man also eher einen Vogel vor Augen, der seinem Jäger noch mal grade so entkommen ist und nur ein paar Schwanzfedern einbüßen musste, aber das waren natürlich bei vielen Vögeln die schönsten.

Da tanzt der Bär

Wo der Bär tanzt, da ist wirklich mächtig was los. Genauso war das auch früher auf Jahrmärkten, wo tatsächlich Bärenführer mit ihren Tanzbären auftraten. Die wollten

natürlich ein möglichst gutes Geschäft machen und tauchten nicht bei jedem x-beliebigen Dorffest auf, sondern nur auf richtig großen Veranstaltungen. In jüngerer Zeit hat man den Ausdruck etwas modernisiert und sagt meistens: „Da steppt der Bär", obwohl die armen Tanzbären, die ihre „Kunst" auf heißen Blechen gelernt hatten, natürlich nicht einmal richtig tanzen und schon gar nicht steppen konnten.

Da wiehert der Amtsschimmel

Der lahme Amtsschimmel steht sinnbildlich für den umständlichen, langwierigen Weg, den behördliche Vorgänge oft zu nehmen pflegen. Wahrscheinlich rührt der Ausdruck von einem Formular aus dem Habsburger k. u. k. Reich her, das Simile (lat. ähnlich) hieß, weil mit ihm verschiedene ähnliche Amtsvorgänge bearbeitet werden konnten. Dieses Formular hat den Fluss der Dinge aber wohl eher verkompliziert als erleichtert, sodass es zum Inbegriff für umständliche Behördenvorgänge wurde und schließlich zum Schimmel verkam. Gut möglich, dass man dabei auch Schimmel ansetzende Akten vor Augen hatte. Die Alternativdeutung: Möglicherweise gaben die Menschen in einer Zeit, in der amtliche Schreiben noch von berittenen Boten zugestellt wurden, den armen Postpferden die Schuld daran, dass die Vorgänge so lange dauerten. Auf jeden Fall ist der Amtsschimmel zum geflügelten Wort geworden, und wenn er auch noch wiehert, steht das für besonders absurde amtliche Kapriolen.

Da wird ja der Hund in der Pfanne verrückt

Dieser Ausruf geht wahrscheinlich auf eine Till-Eulenspiegel-Geschichte zurück. Till verdingt sich in Einbeck als Brauergeselle und erhält die Anweisung, Hopfen zu sieden. Er aber wirft den Hund des Brauers, der Hopf heißt, ins kochende Wasser der Brauerpfanne. In der Geschichte stirbt der Hund, aber man kann sich leicht vorstellen, dass ein Hund, der in eine Pfanne geworfen wird, ziemlich verrückt wird und natürlich wieder herausspringt.

Dalli dalli

Diese zwar humorvolle, aber doch eindringliche Aufforderung, sich zu beeilen, stammt aus dem Polnischen. „Dalej" heißt dort „weiter". „Dalej, dalej" ist also eine Aufforderung, weiterzugehen oder weiterzumachen. Bei der Übernahme ins Deutsche wurde dann eher ein „Schnell, schnell" daraus.

Damit kannst du keinen Blumentopf gewinnen

Blumensträuße sind ein übliches Geschenk für Sieger, erfolgreiche Künstler usw., Blumentöpfe eher nicht. Die Redewendung stammt jedoch aus Berlin und dort machte man Redewendungen gerne etwas flapsiger und prägnanter, indem man ein Wort durch ein ähnliches, aber eigentlich unpassendes ersetzte.

Dampf ablassen

Bei jedem Dampfkessel oder Dampfdrucktopf sollte der Dampf eigentlich im Kessel bleiben und dort für möglichst viel Druck sorgen. Doch da ein Überdruck den Kessel zum Explodieren bringen würde, ist manchmal ein gezieltes Ablassen vonnöten. Genauso müssen „kochende" Menschen manchmal einfach ihren emotionalen Überdruck loswerden, um nicht zu explodieren.

Danaergeschenk

Das Danaergeschenk der griechischen Mythologie war das Trojanische Pferd, das den Trojanern von den Griechen, die auch als Danaer bezeichnet wurden, geschenkt wurde. Diese Gabe wurde schon in der antiken Literatur immer wieder als Beispiel für ein unheilvolles, Schaden bringendes Geschenk zitiert. So schrieb der römische Dichter Vergil (70–19 v. Chr.) in seiner *Aeneis*: „Ich fürchte die Danaer, auch wenn sie Geschenke bringen."

Danke für die Blumen

Sich mit einem Blumenstrauß für etwas zu bedanken, ist eine weitverbreitete und durchaus anerkannte Geste, doch nicht jeder ist ein Blumenfreund und weiß damit etwas anzufangen. Deshalb werden mit der Wendung „Danke für die Blumen" oft Komplimente abgebügelt, die so nett gemeint sind wie ein Blumenstrauß, aber im Grunde genauso wenig Nutzen bringen. In Berlin gibt es auch die Variante „Danke für Obst und Südfrüchte". Ob die als dezenter Hinweis entstanden ist, dass ein schöner Obstkorb mehr Substanz als ein Blumenstrauß haben würde, oder von Männern geprägt wurde, die bei entsprechender Gelegenheit statt eines Präsentkorbs mit Vitaminreichem lieber eine Pulle Schnaps überreicht bekommen hätten, liegt im Dunkeln. Gebraucht wird die Wendung jedenfalls mit demselben leicht abwehrenden Ton wie „Danke für die Blumen".

Darauf warten, dass einem die gebratenen Tauben in den Mund fliegen

Schon in der Antike gab es Erzählungen von Orten, an denen einem gebratene Vögel in den Mund fliegen. Im Spätmittelalter wurde daraus das Märchen vom Schlaraffenland (Land der faulen Affen), in dem es von verzehrfertigen Speisen nur so wimmelt und man sich kaum zu bewegen braucht, um an die herrlichsten Köstlichkeiten zu kommen. Kindermärchen, wie das von Ludwig Bechstein (1801–60), schwelgen in den paradiesischen Zuständen, während andere Schriften über das Schlaraffenland, wie z. B. die älteste bekannte Schlaraffenschrift von

Sebastian Brant (um 1457–1521), die hemmungslose Faulheit und Gier der Reichen und Mächtigen persiflieren. Auch die Bemerkung „Du glaubst wohl, dass dir die gebratenen Tauben von alleine in den Mund fliegen?“ ist eine mehr als deutliche Kritik an der Tatenlosigkeit des Angesprochenen.

Das blanke Entsetzen

Das Wort „blank“ bedeutet ursprünglich „glänzend“. Zog ein Ritter sein Schwert „blank“, zog er es aus der Scheide, sodass das Licht auf dem Stahl glänzte. Mit der Zeit kam es dabei zu einer Bedeutungsverschiebung. Das von der Scheide entblößte Schwert führte dazu, dass „blank“ auch im Sinne von „nackt“ und „bloß“ verstanden wurde. Das blanke Entsetzen ist also ein nacktes, unverhülltes Entsetzen, und wer blank ist, ist von jeder Barschaft entblößt.

☆☆☆

Das dicke Ende kommt noch

So sagt man, wenn man befürchtet, dass eine Sache schlecht ausgeht oder zumindest noch Schwierigkeiten zu erwarten sind. Die Redensart könnte daher kommen, dass man bei besonders schweren Prügeleien oft das dicke Ende von Knüppeln oder Stöcken zum Zuschlagen benutzte. „Sie flechten Draht in die Ruten oder kehren die Ruten um und brauchen das dicke Ende“, heißt es etwa 1736 in einem Buch über prügelnde Schullehrer. Andererseits war schon früher die Gleichsetzung zwischen „dick“ und „unangenehm“ oder „schwierig“ üblich (siehe: Durch Dick und Dünn).

Das Ei des Kolumbus

Das ist der zündende Gedanke, der Geistesblitz, der die Lösung für ein schwieriges Problem bringt. Er geht auf eine Anekdote über Christoph Kolumbus (1451–1506) zurück. Als diesem bei einer Tischgesellschaft vorgeworfen wurde, jeder andere hätte die Neue Welt ebenfalls entdecken können, forderte Kolumbus die Anwesenden auf, ein Ei auf die Spitze zu stellen. Das funktionierte natürlich nicht. Kolumbus nahm das Ei, drückte es am Ende leicht ein und es stand. Eine Lösung also, die auch jeder durchführen kann, aber auf die man erst einmal kommen muss. Zugetragen hat sich die Geschichte aber mit Sicherheit nicht, denn sie wurde schon vorher über Filippo Brunelleschi (1377–1446) erzählt, der so dem Vorwurf begegnet sein soll, seine technische Lösung für die Florentiner Domkuppel sei kein Geniestreich, sondern eigentlich eine ganz einfache Sache.

Das Ende der Fahnenstange

Das Ende der Fahnenstange steht für den höchsten Punkt. Weiter geht es nicht mehr, höher kann eine Fahne nicht gezogen werden. Doch während bei einer realen Fahnenstange meist eindeutig zu klären ist, ob eine Fahne ganz aufgezogen ist – wenn es auch bei sehr hohen Fahnenmasten etwas mühsam sein mag, beim Aufziehen zu erkennen, ob man schon ganz oben angelangt ist – so ist das Ende der Fahnenstange im übertragenen Sinne meist umstritten. Etwa, wenn jemand dafür plädiert, noch weitere Anstrengungen zu unternehmen, da das Ende der Fahnenstange noch nicht erreicht sei, es also noch Wachstums- oder Expansionschancen gibt. Oder wenn jemand umgekehrt unterstreichen will, dass etwas „das Ende der Fahnenstange" sei, dass also nichts mehr geht, auch wenn einige andere das noch nicht begriffen haben mögen.

Das Ende vom Lied

Diese Redewendung steht für den negativen Ausgang einer Sache. Das liegt daran, dass Volkslieder und Balladen früher meist ziemlich traurig endeten. Während heute Romane und Filme häufig ein Happy End haben, stand am Schluss von Balladen eher Trennung und Tod. Man denke nur an die *Königskinder*, die ertrinken, als sie zueinanderkommen wollen, Goethes *Erlkönig* oder Schillers *Taucher*.

Das Fell über die Ohren ziehen

Wer schon einmal gesehen hat, wie ein Hase geschlachtet wird, wird die Redensart sehr eingängig finden. Der tote Hase wird nämlich an den Hinterläufen aufgehängt, dann schneidet man das Fell oben ein und beraubt den armen Nager seines Pelzes, indem man ihm das Fell langsam nach unten vom Leib zieht – bis über die langen Ohren. Auf diese Weise wird der kostbare Pelz nicht verletzt. Bei anderen Tieren mit weniger auffälligen Ohren verfährt man ähnlich. Jemandem das Fell über die Ohren ziehen, heißt deshalb, ihn gründlich zu berauben. Alternativ kann man auch vom „Rupfen" sprechen. Ein Vergleich, der ebenfalls aus der Schlachtung kommt, wenn dem toten Geflügel die Federn vom Leib gerupft werden.

Das Fracksausen kriegen

Wer Fracksausen hat, fürchtet sich, und wer Angst hat, neigt dazu, davonzurennen. Wenn jemand nun wegläuft und einen

Frack trägt, flattern die langen Frackzipfel höchst unvorteilhaft hinter ihm her. Sehr schöne Illustrationen von sausenden Frackschößen findet man in den Bildergeschichten von Wilhelm Busch (1832–1908).

Das geht auf keine Kuhhaut

Wichtige Dinge schrieb man früher auf Pergament, und dieses wurde aus der Haut von Schafen, Ziegen oder Rindern gewonnen. Eine Kuhhaut war also das größte Stück Haut, aus dem man ein zusammenhängendes Pergament herstellen konnte. In der Praxis verwendete man meist lieber handlichere Pergamente, aber wenn man eine große Menge von Informationen zu übermitteln hatte, fanden diese nur auf der besonders großen Kuhhaut Platz. Vor allem scheint man diese Redewendungen benutzt zu haben, wenn es galt, das Sündenregister einer Person zu beschreiben. Wenn jemand so viel angestellt hatte, dass dies auf keine Kuhhaut mehr passte, kam wirklich was zusammen. Deshalb wird die Redewendung heute in der Regel nicht für die Mengen, sondern für die Unerhörtheit der Informationen verwendet.

Das geht aus wie das Hornberger Schießen

Hornberg ist ein kleines Städtchen im Schwarzwald. Geht man nach der Bedeutung des Sprichwortes, müsste es dort einmal ein Gefecht gegeben haben, bei dem zwar viel Getöse entstand, aber sich am Ende gar nichts änderte. Verbürgt ist das nicht. Es gibt jedoch zwei Anekdoten. Die eine lautet, dass die Hornberger 1564 den württembergischen Herzog erwarteten. Sie wollten ihm Salut schießen, doch verbrauchten ihr Pulver irrtümlich schon, als sich andere Reisende der Stadt näherten, und hatten schließlich nichts mehr, als der Herzog kam. Die andere besagt, dass Hornberg 1519 von Villingen überfallen worden sei, seine Munition aber so schnell und sinnlos verpulvert habe, dass die Villinger einfach das Ende des Schießens abwarten mussten und danach das wehrlose Hornberg leicht einnehmen konnten. Beide Anekdoten sind nicht verbürgt und passen nicht wirklich zur Bedeutung des Sprichwortes. Denn während sich beide Male die Hornberger durch Hast blamieren und am Ende geschlagen werden, meint ein „Hornberger Schießen" heute eine Auseinandersetzung, die für beide Seiten trotz großen Aufwandes kein Ergebnis bringt.

Das geht durch Mark und Bein

Bein ist ein altes Wort für Knochen und mit Mark ist das Knochenmark gemeint. Eine Sache, die durch Mark und Bein geht, geht einem durch und durch, wird also besonders intensiv empfunden – meist im negativen Sinn.

Das geht mir über die Hutschnur!

Die Dicke einer Hutschnur wurde im Mittelalter als Vergleich herangezogen, wenn die Dicke anderer Gegenstände beurteilt wurde. So regelte etwa eine Verordnung aus Eger (Cheb) aus dem Jahr 1356, dass der Strahl eines Wasserhahns nicht dicker als eine Hutschnur sein sollte. Wasser sparende Armaturen waren also schon damals ein Thema! Was über die Hutschnur geht, ist in diesem Falle also zu viel, so wie jemandem eine Sache (emotional) zu viel wird, wenn er schimpft, das gehe ihm nun über die Hutschnur.

☆☆☆

Das geht unter die Gürtellinie

Mit „sub cingulo" (unter dem Gürtel) umschrieb man früher zwei Dinge, die sich in diesem Bereich des menschlichen Körpers abspielten und über die man lieber nicht offen sprechen wollte: Sexualität und Ausscheidungen. „Unter der Gürtellinie" im engeren Sinne sind also alle Beschimpfungen, die sich im Fäkalbereich abspielen oder das Opfer sexuell demütigen sollen. Im weiteren Sinne bezeichnet man alles, was unfair oder unanständig ist, als unter der Gürtellinie, auch unfaire Tiefschläge bei körperlichen Auseinandersetzungen.

Das geht wie am Schnürchen

Mit dem Schnürchen ist vermutlich der Rosenkranz gemeint. Mit der Perlenschnur in der Hand müssen sich die Betenden nicht darauf konzentrieren, wie viele Gebete sie schon gesprochen haben, sondern können sie einfach herunterrattern. Das ist übrigens keineswegs „unfromm", denn das automatische, wiederholte Sprechen der immer gleichen Worte erzeugt einen meditativen Effekt, ähnlich den fernöstlichen Mantras. Eventuell könnten mit den Schnürchen, die alles so reibungslos funktionieren lassen, jedoch auch die Schnüre der Marionetten im Puppentheater gemeint sein. Die Schnüre lassen die Marionetten tanzen, wie es der Spieler will. Doch da das Beherrschen dieser Marionettenschnüre keineswegs leicht ist, ist die Deutung eher unwahrscheinlich.

Das Handtuch werfen

Wer das Handtuch wirft, gibt auf. Im Boxsport ist es üblich, dass der Trainer eines Boxers tatsächlich ein Handtuch in den Ring wirft,

wenn er den Kampf abbrechen will, weil sein Schützling schon zu schwer gezeichnet ist.

Das Hasenpanier ergreifen

Als Panier wurde früher das Banner oder Feldzeichen eines Heeres bezeichnet. Es galt als Symbol der Truppe und durfte in der Schlacht unter gar keinen Umständen fallen, da das aufrechte Panier den Mut der kämpfenden Soldaten anstacheln sollte. Wer trotz persönlicher Gefahr das Panier hochhielt, galt als Held. Hasen jedoch sind Tiere, die beim leisesten Anzeichen von Gefahr davonhoppeln, und das Einzige, was sie dabei hochhalten, ist ihr Schwänzchen. Das Hasenpanier wurde so zur Umschreibung von Feigheit im Feld, und wer das Hasenpanier ergriff, der machte sich davon.

Das Heft in der Hand behalten

Wer das Heft in der Hand hat, hat die Kontrolle über eine Sache. Die Redewendung ist jedoch kein Loblied auf die Gelehrsamkeit, denn gemeint ist kein Schulheft. Heft nannte man auch das Griffstück von Waffen und Werkzeugen. Wer das Heft in der Hand hielt, hatte also sein Schwert oder seinen Degen in der Hand, bereit, jederzeit loszuschlagen, wenn sich die Dinge gegen ihn entwickelten. Das Wort leitet sich von Gehölz her, da Hefte früher oft aus Holz hergestellt wurden.

Das interessiert mich keinen Deut

Der Duit war eine niederländische Kupfermünze, die nicht viel Wert war. Ähnlich wie der deutsche Heller („Dafür geb ich keinen Heller") wird sie sprichwörtlich benutzt, um auszudrücken, wie wenig Wert einem eine Sache ist.

Das interessiert mich nicht die Bohne

Bohnen wurden früher gerne als Spielgeld verwendet, wenn man nicht um Geld spielen wollte. Sie dienten nur zum Zählen der Punkte, waren aber ansonsten ziemlich wertlos und damit – wenn das Spiel vorbei war – auch völlig uninteressant.

Das ist das A und O einer Sache

Mit dieser Wendung will man betonen, dass mit dieser einen Sache alles steht und fällt. Das A und O ist also das Wichtigste, von dem alles andere abhängt. Zugrunde liegt das griechische Alphabet, das mit dem A(lpha) beginnt und mit dem O(mega) endet. Logischerweise müsste man nun folgern, dass das A und O einer Sache alle Aspekte umfasst, so wie zwischen dem Alpha und Omega alle Buchstaben des Alphabetes liegen. Doch da spielt noch eine Stelle aus der Bibel eine Rolle. In der Offenbarung des Johannes sagt Gott: „Ich bin das Alpha und das Omega." Mit diesem Ausspruch stellt Johannes Gott als den Anfang und das Ende aller Dinge dar. Die Redewendung bezieht sich dann auf das Lebensgefühl des gläubigen Menschen, für den Gott das Wichtigste ist, von dem alles andere abhängt.

Das ist für die Katz

Katzen wurden früher nicht mit Whiskas & Co. gefüttert. Neben den selbst gefangenen Mäusen gab es höchstens einmal einen wertlosen Happen, der vom Tisch abfiel. Inzwischen hat sich die Bedeutung etwas verschoben. Was „für die Katz" ist, ist kein wertloses Ding, sondern eine Anstrengung, die keinen Erfolg bringt. Weniger klar ist, warum man einen Tisch jenseits der großen Tafel – etwa für die Kinder – als Katzentisch bezeichnet, denn eigentlich ist der Katzentisch der Fußboden.

Das ist gehauen wie gestochen

Beim Fechten sind Hiebe und Stiche eigentlich zwei sehr verschiedene Aktionen, während die Redewendung sagt, dass es völlig egal ist, ob etwas gehauen oder gestochen ist. Möglicherweise liegt dem zugrunde, dass man einen unsauberen Angriff als „weder gehauen noch gestochen" bezeichnete. Aber möglicherweise hat derjenige, der diese Wendung schuf, auch nur auf das Resultat geachtet. Ob man einen Gegner durch einen Hieb oder einen Stich besiegt, ist letztendlich egal.

Das ist hanebüchen

Was als hanebüchen bezeichnet wird, gilt als absurd. Oft schwingt dabei ein negativer Unterton mit, etwa wenn etwas als „hanebüchene Lüge" oder „hanebüchene Unverschämtheit" bezeichnet wird. Sprachlich liegt die Hainbuche zugrunde, die ein besonders hartes, knorriges Holz hat, das nur schwer zu bearbeiten ist. Früher nannte man sie Hagebuche und sprach von hagebüchenen Dingen, wenn man etwas besonders Grobes meinte. Im 18. Jahrhundert kam es dann zum Bedeutungswandel. Weil eine grobe Lüge natürlich eine besonders absurde Behauptung ist, wurde aus dem Wort für grob eines für absurd.

Das ist Hokuspokus

Das Wort Hokuspokus ist vermutlich eine Verstümmelung des lateinischen Spruches „Hoc est enim corpus meus" (Das ist nämlich mein Leib), den der Priester in der Kirche bei der Wandlung spricht. Die einfachen Leute, die kein Latein konnten, verstanden die gemurmelten Worte jedoch nur unzureichend und außerdem sahen sie die Wandlung von Brot und Wein während der Messe als Zauber an und die vermeintliche Formel Hokuspokus als wirkungsvollen

Zauberspruch. Hokuspokus wurde also zu einem Synonym für Zauber. Inzwischen glaubt kaum noch jemand an Zauberei und so werden unseriöse Dinge als Hokuspokus abgetan.

Das ist ja Asbach uralt

Schon 1907 ließ der Unternehmer Hugo Asbach (1868–1935) den Markennamen „Asbach Uralt" für einen seiner Weinbrände schützen. Der „Uralt" wurde so bekannt, dass man nach dem Zweiten Weltkrieg begann, die Wertung „Das ist ja Asbach uralt" als eine Art Steigerung von uralt zu benutzen. Gelegentlich werden sehr alte Dinge sogar nur als „Asbach" bezeichnet.

Das ist kein Pappenstiel

Vermutlich ist mit dem Pappenstiel der Stängel eines Löwenzahns gemeint, der früher vor allem in Norddeutschland auch als Pappenblume bekannt war. Löwenzahnstängel sind durchaus nützlich, da sie einen Milchsaft enthalten, der als Arznei verwendet werden kann, und die jungen Blätter sind essbar. Auch Kinder haben ihre Freude an den Stängeln, wenn sie diese einschneiden und dann beobachten, wie sie sich im Wasser kräuseln. Aber viel wert waren die Stängel natürlich noch nie. Jedenfalls steht der Pappenstiel für eine Lappalie. Wer etwas für einen Pappenstiel kauft, erwirbt es extrem billig, und wer konstatiert, dass etwas kein Pappenstiel ist, der möchte betonen, dass diese Sache ernst genommen werden muss und nicht als Bagatelle behandelt werden sollte. Im Französischen gibt es eine ähnliche Redewendung mit dem Strohhalm anstelle des Pappenstiels.

Das ist keine Schwarze Kunst

Dinge, über die man sagt, sie seien keine Schwarze Kunst, sind (leicht) erlernbar. Die Schwarze Kunst war nämlich ursprünglich die Zauberei. Als Höhepunkt der Zauberei galt die Totenbeschwörung (griech. Nekromantie), die man irgendwann irrtümlich Nigromantie (lat. niger = schwarz) nannte und dann mit Schwarzer Kunst ins Deutsche übersetzte. Später bezeichnete man auch das Druckwesen wegen der schwarzen Druckfarbe als Schwarze Kunst, doch die war im Gegensatz zur Zauberei erlernbar.

Das ist keinen Pfifferling wert

Man mag es kaum glauben, aber die heute so teuren und seltenen Pfifferlingspilze oder Eierschwammerl waren früher so massenhaft verbreitet, dass sie fast nichts wert waren. Insofern wurden sie ähnlich abschätzig abgetan wie die Pappenstiele.

Das ist mir schnuppe

Als Schnuppe bezeichnete man früher das Ende eines Kerzendochtes. Das Wort ist mit Schnaufen verwandt und bezog sich auf das Rauchen des ausgepusteten Dochtes. Diese Schuppe pflegte man, während sie noch rauchte, mit einer Dochtschere abzuschneiden, um zu verhindern, dass sie rußte. Eine Kerzenschnuppe war also Müll. Als genauso wertlos wird eine Sache betrachtet, die einem „schnuppe" ist.

Das ist mir wurscht!

Die Sprachforscher sind sich ziemlich sicher, dass hier die Wurst Pate stand, rätseln aber, warum ein sonst so begehrtes Gut plötzlich für „egal" steht. Die am meisten genannte Vermutung ist, dass jemandem eine Sache so gleichgültig ist wie die Frage, an welchem Ende die Wurst angeschnitten wird.

Das ist nicht auf seinem Mist gewachsen

Mist dient als Dünger und ein Kohlkopf, den ein Bauer von seinem eigenen Feld erntet, der ist auch auf seinem Mist gewachsen. Die Redewendung unterscheidet also ursprünglich zwischen dem, was man selbst erzeugt hat, und dem, was zugekauft ist. Heute wird sie meistens gebraucht, wenn es um eigene und geklaute Ideen geht.

Das ist nicht mein Bier

Früher sagte man, „das sind nicht meine Birnen", wenn man ausdrücken wollte, dass eine Sache einen nichts angeht und man nicht gedenkt, sich darum zu kümmern. Aber warum gerade die Birnen für diese Redewendung herhalten mussten, weiß man nicht.

Das ist seine Achillesferse

Der Held Achilles, so erzählt die griechische Mythologie, wurde als Kind von seiner Mutter, einer Meeresgöttin, in den Unterweltfluss Styx getaucht. Das machte ihn am ganzen Körper unverwundbar. Nur seine Ferse, wo die Mutter ihn festgehalten hatte, blieb verwundbar. Er soll dann auch durch einen Pfeilschuss des trojanischen Prinzen Paris (oder des Gottes Apollon) in ebenjene Ferse gestorben sein. Vermutlich stellte man sich den Pfeil vergiftet vor. Eine ähnliche Geschichte gibt es über den germanischen Helden Siegfried, dem beim Baden im Drachenblut ein Lindenblatt auf die Schulter wehte, weshalb ihn Hagen später rücklings ermorden konnte. Trotzdem ist nicht die Siegfriedschulter, sondern die Achillesferse als die verwundbarste, schwächste Stelle eines Menschen sprichwörtlich geworden – sogar so sehr, dass man eine Sehne an der menschlichen Ferse Achillessehne nannte. Doch auch wenn diese gelegentlich reißt, ist sie doch nicht die schwächste, sondern die dickste und stärkste Sehne des menschlichen Körpers. Sie sitzt nur recht exponiert.

Das ist starker Tobak!

In einem alten niederdeutschen Schwank vom geprellten Teufel begegnet der Teufel im Wald einem Jäger. Dieser hat ein Gewehr bei sich, das dem Teufel unbekannt ist. Er fragt danach und der Jäger behauptet, es sei seine Tabaksdose. Der Teufel bittet um eine Prise und der Jäger schießt ihm ins Gesicht. Einen Teufel bringt so was natürlich nicht um, aber er stellt doch fest: „Das ist starker Tobak." Zur Verbreitung dieses Ausrufes der Verwunderung und Entrüstung trug unter anderem Goethe (1749–1832) bei, der ihn in seinen Briefen und sicher auch im Gespräch verwendete.

Das ist zum Schießen!

In manchen Kulturen gibt es die Tradition, bei ausgelassenen Festen Freudenschüsse in die Luft abzugeben (was übrigens sehr gefährlich ist, da die herabfallenden Kugeln durchaus Menschen töten können). Im Allgemeinen passen ausgelassener Frohsinn und Schießen nicht so recht zusammen. Vermutlich lautete die Redensart ursprünglich auch: „Das ist zum Purzelbaumschießen." Verwendet wird der Ausdruck aber nicht nur für überschäumende, unbändige Freude, die sich in körperlichen Aktionen Luft machen muss, sondern meistens für besonders lustige Dinge, die einen eher dazu bringen, Tränen zu lachen als Purzelbäume zu schlagen.

Das kann ich mir nicht aus den Rippen schneiden

So argumentiert häufig derjenige, der um ein Darlehen angegangen wird, aber sein Vermögen vor allem in Sachwerten stecken hat, die nicht so einfach verleihbar sind. Noch fester angelegt war das Vermögen, das man früher in eine ausreichende Ernährung investierte. Während heute Übergewicht eher ein Unterschichtenproblem ist, galt es früher als Ausweis von Wohlstand. Wer was auf den Rippen hatte, verfügte auch über Geld. Wer jedoch nichts auf den Rippen hatte, war arm und stand zumindest an der Grenze zur Unterernährung. Aber von dem, was einmal auf den Rippen ist, kann man natürlich nichts abgeben. Und bei dem, was in Haus oder Betrieb investiert ist, ist es zumindest schwierig.

Das kann kein Schwein lesen

Swyn hieß es ursprünglich, und das Wort leitete sich auch nicht vom Schwein, sondern von einem Namen ab. Peter Swyn (um 1480–1537) war einer der Regenten der Bauernrepublik Dithmarschen, ein reicher und auch gebildeter Großbauer, der in seiner Jugend vermutlich in Rostock studiert hat. Eine ähnliche Bildung ließ er auch seinen Kindern und Enkeln zukommen. Wenn also nicht einmal ein Mitglied der Familie Swyn etwas lesen konnte, dann war es wirklich unleserlich. Genauso verhielt es sich mit einer Sache, aus der „kein Swyn klug werden konnte".

Das kannst du dir an den Hut stecken

Im 19. Jahrhundert pflegten sich viele Männer Ehrennadeln, Vereinsembleme und Ähnliches an den Hut zu stecken. Manche brachten eine beachtliche Sammlung zustande. Doch große Bedeutung hatten all diese Hutstecker nicht. Es waren keine Orden oder Amtszeichen, die stolz auf der Brust getragen wurden und dem Träger wirklich Bedeutung verliehen. Sie waren auch kein Sachpreis, mit dem man etwas anfangen konnte, sondern taugten wirklich nur dazu, an den Hut gesteckt zu werden. So stand die Redewendung zuerst für relativ wertlose Dinge. Heute wird sie meist gebraucht, um jemandem klarzumachen, dass er mit einem Vorhaben keinen Erfolg haben wird. Seinen Plan kann er sich also allenfalls noch an den Hut stecken, weil die anderen ihn nicht unterstützen, sondern sogar daran hindern werden.

Das kannst du halten wie ein Dachdecker

Wer das gesagt bekommt, dem erlaubt man, eine Sache so zu lösen, wie es ihn am besten dünkt. Die Redewendung kommt wohl daher, dass die Arbeit von Dachdeckern früher, als noch keine DIN-gerechten und TÜV-geprüften Gerüste vorgeschrieben waren, schwer zu überwachen war. Der Bauherr konnte im Gegensatz zu den bodennahen Arbeiten nicht daneben stehen und kontrollieren, was vor sich ging, sondern musste sich darauf verlassen, dass die Dachdecker schon von sich aus das Richtige taten.

Das klappt auf Anhieb

Der Anhieb ist der erste Hieb, den man tut, wenn man einen Baum fällen möchte. Sitzt der an der gewünschten Stelle und ist tief genug, dann ist es leichter, die nächsten Hiebe in die Kerbe zu schlagen, die dieser erste Hieb hinterlassen hat. Wenn der Anhieb dagegen nicht richtig funktioniert hat, muss er mühsam korrigiert werden.

Das kommt mir spanisch vor

Vermutlich sind Kaiser Karl V. (1500–58) und seine Nachfolger daran schuld, dass das Spanische in Deutschland in den Ruf des Merkwürdigen und Unverständlichen kam. Karl war nämlich gleichzeitig deutscher und spanischer König, aber mit dem spanischen Hofzeremoniell aufgewachsen. Vieles davon versuchte er auch in Deutschland einzuführen. Unter seinen Nachfolgern wurde die Personalunion zwischen den beiden Ländern wieder aufgehoben, aber die spanischen und die österreichischen Habsburger pflegten enge verwandtschaftliche Verbindungen. In jeder Generation gab es mindestens eine Heirat zwischen beiden Familienzweigen, sodass der Austausch mit Spanien weiter eng blieb. Doch den Untertanen, die selbst keinen Bezug zu Spanien hatten, waren die spanischen Sitten und vor allem das äußerst strenge, steife Hofzeremoniell ziemlich suspekt.

Das macht den Kohl auch nicht fett

Viele klassische deutsche Kohlgerichte wie z. B. Grünkohl müssen mit viel Fett gekocht werden, damit sie richtig gut schmecken. Wenn man also sagt, etwas würde den Kohl nicht fett machen, dann heißt das, dass man diese Sache auch sein lassen kann, da ein wirklich positives Ergebnis im Sinne von fettem Kohl damit nicht mehr erzielt wird. Inzwischen wird die Wendung aber auch noch anders gebraucht. Man sagt etwa: „Das macht den Kohl auch nicht mehr fett“, wenn man sehr viel Geld für eine Ferienreise ausgegeben hat und dann vor Ort nicht an Kleinigkeiten sparen will. Man rechtfertigt also, dass man etwas tun kann oder sich gewisse Extras leisten kann, da sie in der aktuellen Situation ohnehin nicht mehr ins Gewicht fallen. Das eigentliche Bild vom mageren und fetten Kohl passt da natürlich nicht mehr.

Das passt wie die Faust aufs Auge

Passt das oder passt das nicht? Wie die Antwort ausfällt, hängt wohl davon ab, ob man der Schlagende oder das Opfer ist. Genauso doppeldeutig wird die Redewendung auch benutzt. Entweder für „Das passt besonders gut" oder „Das ist völlig unpassend". Man muss also auf den Kontext achten, um zu wissen, was gemeint ist. Die ursprüngliche Version war übrigens die, die eine Faust auf dem Auge als etwas Unpassendes interpretiert.

Das sagt mir mein kleiner Finger

Was kleine Finger denn so zu sagen pflegten, das weiß man nicht mehr, doch es gibt zahlreiche Indizien, dass den Fingern im Volksglauben früher eine Art Eigenleben zugesprochen wurde. Während der Daumen eher als Unglücksbringer galt (siehe: den Daumen drücken), galt der kleine Finger offenbar als besonders schlau. Deshalb gab es auch die Wendung „etwas im kleinen Finger haben", wenn jemand eine Sache besonders gut beherrschte. Die Überzeugungskraft, die man dem schlauen kleinen Finger ebenfalls beimaß, schlug sich in Wendungen wie „Um den kleinen Finger wickeln" oder „Sie braucht nur mit dem kleinen Finger zu winken, um alles zu kriegen" nieder. Wer etwas „mit dem kleinen Finger der linken Hand" erledigt, beruft sich dagegen wohl nicht auf alten Volksglauben. Vielmehr sagt er, dass eine Sache so leicht ist, dass sie mit dem kleinsten und schwächsten Teil der Hand zu erledigen ist.

Das schlägt dem Fass den Boden aus

Ursprünglich waren es städtische Aufseher, die den Fässern den Boden ausschlugen. Im 14. Jahrhundert existierte nämlich in manchen Städten eine derartige Strafe gegen Händler, die saures Bier verkaufen wollten. Wenn die Marktaufseher diese Machenschaften entdeckten, hatten sie den Fässern sofort den Boden auszuschlagen und somit das Bier zu vernichten, um zu verhindern, dass der betrügerische Händler noch einmal versuchte, schlechte Ware an den Mann zu bringen. Für die Händler war das natürlich ein herber Verlust, denn erstens kann man davon ausgehen, dass gleich alle Fässer zerstört wurden, auch wenn andere vielleicht noch gut gewesen wären. Zweitens war es durchaus innerhalb gewisser Grenzen erlaubt, minderwertige Ware wie Sauerbier zu verkaufen, wenn man das ordentlich deklarierte. Wurde das Sauerbier jedoch vernichtet, weil der Händler es für gute Ware ausgegeben hatte, konnte er gar keinen Profit mehr damit machen.

Das schwarze Schaf sein

Es gibt Schafrassen mit vorwiegend schwarzer, brauner oder gefleckter Wolle, aber die in Europa gängigen haben weiße Wolle. Jedenfalls meistens. Immer wieder passiert es jedoch, dass einzelne schwarze Schafe geboren werden. Die waren von jeher unbeliebt – nicht etwa aus „rassistischen" Gründen, sondern aus ganz pragmatischen. Die dunkle Wolle konnte nicht einfach mit der weißen gemischt werden, lag aber zumeist nur in so geringen Mengen vor, dass die Weiterverarbeitung nicht sonderlich rentabel war. Auf jeden Fall machte es Mühe, die dunkle Wolle getrennt zu erfassen. Deshalb wurden die schwarzen Schafe sprichwörtlich für die Außenseiter, die anders sind und damit unter Umständen auch Ärger und Mühe verursachen. Andererseits: Es soll Schäfer geben, die gerne ein paar schwarze Schafe in ihrer Herde haben, da die anderen Tiere dann weniger schreckhaft gegenüber Wildschweinen und ähnlichen dunklen Tieren reagieren.

Das setzt der Sache die Krone auf

Die Krone, auf die angespielt wird, ist vermutlich der Kranz, der früher beim Richtfest auf ein Dachgestühl gesetzt wurde. Mit dem Aufsetzen dieser Krone feierte man den erfolgreichen ersten Bauabschnitt und krönte die bisher geleistete Arbeit. Das Ganze war also eine positive Angelegenheit. Warum das Aufsetzen der Krone dann nur für negative Dinge sprichwörtlich geworden ist, liegt im Dunkeln.

Das sind böhmische Dörfer für mich

Vor dem Ersten Weltkrieg, als das Habsburger k. u. k. Reich noch existierte, lagen im böhmischen Grenzgebiet Dörfer, in denen entweder Deutsch oder Tschechisch gesprochen wurde, oft sehr eng nebeneinander. Trotzdem waren die Fremdsprachenkenntnisse dort oft nicht sehr ausgeprägt, sodass sich viele Deutschsprachige kaum noch zurechtfanden, wenn sie unversehens in ein böhmisches Dorf, d. h. eines, in dem Tschechisch gesprochen wurde, kamen. Böhmische Dörfer wurden deshalb im deutschsprachigen Raum zu einem Gebiet, auf dem man sich überhaupt nicht auskennt.

Das sind olle Kamellen

Vor allem im Rheinland versteht man unter Kamellen Süßigkeiten, aber im Niederdeutschen waren das Kamilleblüten. Die benutzt man vor allem für Gesundheitstees, aber wenn getrocknete

Kamille zu lange gelagert hat und alle ätherischen Öle verdampft sind, hat sie weder Geschmack noch Heilkraft. Die „ollen Kamellen" sind also tatsächlich völlig uninteressant geworden.

Das steht auf einem anderen Stern

Die Wendung lautete ursprünglich: „In den Sternen stehen" und spielt darauf an, dass astrologiegläubige Menschen überzeugt sind, dass das Schicksal in den Sternen steht, also durch den Einfluss der Gestirne festgelegt ist. Die Wendung „Auf einem anderen Stern stehen" analog zu „Das steht auf einem anderen Blatt" spielt natürlich eher ironisch mit diesem Sternenglauben. Denn in der Astrologie versucht man, aus dem Gesamtbild der Sterne ein Schicksal herauszulesen, und behauptet nicht, von jedem einzelnen Stern eine andere Sache ablesen zu können.

Das stinkt zum Himmel

In der biblischen Geschichte von Kain und Abel erklärt Gott dem Brudermörder Kain, das Blut des ermordeten Abel habe zum Himmel geschrien und so ihn, Gott, über die Missetat informiert. Eine zum Himmel schreiende Sache ist deshalb eine, die so empörend ist, dass sie Gott als Weltenrichter angeht. Später hat man analog dazu auch die „zum Himmel stinkende" Sache gebildet.

Das Tischtuch zerschneiden

Im Jahr 1377 verlor Ulrich, der Sohn des Herzogs von Württemberg, bei Reutlingen eine Schlacht gegen die württembergischen Reichsstädte, mit denen sein Vater Eberhard der Greiner im Clinch lag. Danach soll Herzog Eberhard (um 1315–92) beim gemeinsamen Mahl mit seinem Sohn (der in der Schlacht übrigens verwundet worden war) das Tischtuch ergriffen haben und es mit einem Messer entzweigeschnitten haben. Aber weder ist sicher, dass diese Anekdote wirklich wahr ist (auch wenn Ludwig Uhland sie in einem Gedicht schilderte), noch weiß man, ob es sich beim Zerschneiden des Tischtuches nicht um einen verbreiteten mittelalterlichen Brauch handelte. Das Bild wird jedenfalls noch gerne gebraucht, wenn jemand seine Beziehungen zu einem anderen abbricht.

DAS WURMT MICH

Früher bezeichnete man alles als Würmer, was wurmähnlich aussah, insbesondere auch gefräßige Käferlarven wie die des Holzbocks, des Kartoffelkäfers oder des Maikäfers. Die gängige Vorstellung war deshalb, dass Würmer ständig am Nagen seien. Daher führte man auch viele Krankheiten auf Würmer im Körper zurück oder sprach vom nagenden „Gewissenswurm". Und aus diesem Grund wurde auch Ärger, der einen einfach nicht loslässt, mit dem Nagen eines Wurmes verglichen.

✦✧✦

Dem ist eine Laus über die Leber gelaufen

Damit wird spöttisch festgestellt, dass sich jemand durch einen winzig kleinen Grund wie eine Laus aus der Stimmung bringen lässt. Und für Stimmungen und Emotionen – so glaubte man früher – sei von den Organen des Körpers vor allem die Leber zuständig.

Den Ball flach halten

Beim Fußball sind flach gespielte Bälle viel leichter zu kontrollieren als hoch gespielte. Zwar ist es auch schwerer, den Gegner mit flachen Bällen zu überraschen und auszuspielen, andererseits aber ist die Gefahr, den Ball zu verlieren, viel geringer. Im übertragenen Sinn versucht man immer dann, den Ball flach zu halten, wenn man möglichst wenig Risiko eingehen möchte und möglichst wenige Reaktionen herausfordern will. Die Situation soll lieber ruhig und leicht zu handhaben sein.

Den Bettel hinschmeißen

Wer das tut, gibt ein Amt ab oder trennt sich von einer Aufgabe – und zwar ziemlich wütend. Mit dem Bettel ist eigentlich Zusammengebetteltes gemeint. Später wurde das Wort allgemein für ziemlich geringwertigen Plunder gebraucht. Wer also den Bettel hinschmeißt, ist so sauer, dass er die Sache, die er aufgibt, nur noch als wertlosen Plunder ansieht.

Den Brotkorb höher hängen

Wer den Brotkorb höher hängen muss, der muss sich in den Dingen des täglichen Lebens einschränken. Nun ist es nicht auszuschließen, dass man früher, als Brot noch etwas Wertvolles war, in so mancher Familie den Brotkorb hochgestellt oder -gehängt hat, damit die Kinder nicht dran kamen und außerhalb der Mahlzeiten die Vorräte vertilgten. Aber Pate stand vermutlich der Haferkorb der Pferde, den man einfach hochzog, wenn das Tier seine Ration gefressen hatte.

Den Daumen drücken

Mit dem Daumendrücken signalisiert man jemand anderem innere Anteilnahme bei einer Sache und wünscht ihm Glück. Im Volksglauben galt der sehr bewegliche Daumen früher jedoch als potenzieller Unruhestifter. Indem man ihn mit den anderen vier Fingern festhielt oder drückte, wollte man verhindern, dass er das Unternehmen des Freundes auf irgendeine Art störte. Die Sitte war schon bei den alten Römern verbreitet. Plinius der Ältere (um 23–79) schrieb in seiner *Naturgeschichte:* „Ein Sprichwort lässt uns auch die Daumen drücken, wenn wir jemandem gewogen sind."

Den dicken Wilhelm markieren

Im Verlauf des 19. Jahrhunderts sagte man noch: „Den dicken Maxe markieren", und wer Maxe war, weiß man genauso wenig wie bei ähnlichen Redensarten, die mit Vornamen gebildet wurden. Doch der „dicke Wilhelm" ist bekannt. Pate für die veränderte Redensart stand der deutsche Kaiser Wilhelm II., der 1888 an die Regierung kam und militärischen Pomp und großspurige, säbelrasselnde Auftritte über alles liebte.

Den Faden verlieren

Wer jemals an einem Webstuhl gesessen hat, dem ist diese Redensart sicher unmittelbar eingängig. Wenn ein Faden verloren geht, ist das eine äußerst ärgerliche Angelegenheit, die die ganze Arbeit aufhält, so wie im übertragenen Sinne ein Gedanke oder eine Erzählung massiv unterbrochen wird, wenn der Faden verloren ist. Eine ähnliche Herkunft hat der „gerissene Geduldsfaden". Sowohl beim Spinnen als auch beim Weben stellt ein gerissener Faden eine massive Störung dar und passiert dies mehrmals, dann ist irgendwann auch die Geduld aufgebraucht.

Den Fehdehandschuh hinwerfen

Glaubte sich im Mittelalter jemand um sein Recht gebracht, durfte er gewaltsam gegen seinen Gegner vorgehen, um sich Genugtuung zu verschaffen. Allerdings musste er die Regeln der Fehde befolgen. Deren wichtigste lautete, dass die Auseinandersetzung drei Tage zuvor in einem Fehdebrief angekündigt werden müsse. Gelegentlich warfen sich die Feinde angeblich auch damals schon als Zeichen der Verachtung den Handschuh ihrer Rüstung vor die Füße. Dies wurde im duellsüchtigen 18. Jahrhundert wieder aufgegriffen. Man forderte den anderen zum Kampf, indem man ihm mit dem Handschuh ins Gesicht schlug. Wer einen Fehdehandschuh hinwirft, sucht also eine Auseinandersetzung. Wer ihn aufnimmt, stellt sich der Herausforderung.

Den Gashahn aufdrehen

Heute verhindern Sicherheitsinstallationen normalerweise, dass Gas in einer Wohnung austreten kann. Früher war das anders. Wer das Gas zum Kochen oder Backen aufdrehte, musste es schnell anzünden, denn sonst strömte die ganze Zeit Gas in die Wohnung, was gefährlich werden konnte. Der häusliche Gashahn war jedoch bei vielen Lebensmüden beliebt, da das ausströmende Gas zuerst für eine Ohnmacht und schließlich für einen schmerzlosen Tod sorgte. „Da kannst du eigentlich nur noch den Gashahn aufdrehen" wurde deshalb zum Bild für eine besonders ausweglose Lage. Ebenso: „Am liebsten würde ich den Kopf in den Backofen stecken", denn im engen Backofen wirkte das ausströmende Gas besonders schnell.

Den Kopf in den Sand stecken

Angeblich stecken Strauße bei Gefahr ihren Kopf in den Sand. Im übertragenen Sinn handelt jemand so, der sich sehr bewusst darum bemüht, eine Gefahr zu ignorieren – in der meist vergeblichen Hoffnung, er bliebe dann davon verschont. Auch wenn man dieses Verhalten bei vielen Menschen durchaus oft beobachten kann, ist es in Bezug auf die Strauße eine Legende. Sie halten ihren Kopf immer wieder dicht an die Erde, um ein mögliches Herannahen von Gefahr an den Erschütterungen des Bodens zu bemerken. Bei tatsächlicher Gefahr rennen sie davon – und zwar ziemlich schnell.

Den Kürzeren ziehen

Wer den Kürzeren gezogen hat, hat einfach Pech. Auch heute noch benutzt man beim Losen zwei verschieden lange Streichhölzer oder Zahnstocher. Wer das kürzere Stöckchen zieht, hat verloren. Früher nahm man meistens Strohhalme. Der Prediger Johann Geiler von Kaysersberg (1445–1510) etwa verglich das Leben mit dem „Halmeziehen". Einer zieht den langen und gewinnt, während für die anderen nur die kurzen bleiben.

Den Laufpass geben

Wer jemandem den Laufpass gibt, entlässt ihn. Meistens ist damit ein ziemlich rüdes In-die-Wüste-Schicken gemeint. Ursprünglich war das anders. Im 18. Jahrhundert bekamen entlassene Soldaten einen Laufpass. Damit konnten sie belegen, dass sie regulär aus dem Militär ausgeschieden waren und nicht etwa desertiert. Ohne Laufpass dagegen lebte ein ehemaliger Soldat quasi in der Illegalität.

Den Löffel abgeben

Wer den Löffel abgegeben hat, ist tot. Heutzutage erbt man in der Regel mehr als einen Löffel, wenn ein naher Verwandter gestorben ist – und oft genug hat man gar keinen Bedarf daran. Früher war das anders. Gegessen wurde bei armen Bauersleuten meistens aus einer Schüssel, doch in der Regel hatte zumindest jeder einen eigenen Löffel. Bei den ganz armen waren das Holzlöffel, Löffel aus Metall dagegen waren beliebte Taufgeschenke – wenn man es sich leisten konnte. So ein Löffel war dann was fürs Leben und darüber hinaus, denn wenn jemand starb, wurde ein Löffel frei und konnte an jemanden abgegeben werden, der noch mit dem Holzlöffel aß oder noch gar keinen eigenen Löffel besaß.

Den Nagel auf den Kopf treffen

Wer den Nagel auf den Kopf trifft, erkennt ganz klar den Kern einer Sache. Eine Argumentation, die den Nagel auf den Kopf trifft, ist also eine meisterliche Argumentation. Ein ebensolches Meisterstück war es, wenn jemand bei einer Schießscheibe nicht nur den innersten Ring traf, sondern wirklich den kleinen Holznagel, der genau in der Mitte saß.

Den Rahm abschöpfen

Frisch von der Kuh hat die Milch einen Fettgehalt von etwa 4 bis 5 Prozent. So kommt sie aber selten in den Handel. Stattdessen wird ein Teil des Fetts entfernt, um Butter und Sahne daraus herzustellen. Da Fett oben schwimmt, setzt sich auch das Milchfett als Rahm oben auf der Milch ab und kann leicht abgeschöpft werden. Wer nicht homogenisierte Biovollmilch kauft und diese nicht schüttelt, kann diesen Prozess sogar in der Milchflasche im Kühlschrank beobachten. Nach einigen Tagen bildet sich oben ein Rahmpfropf, während unten eher dünne Milch zurückbleibt. Da Butter und Sahne mehr Geld bringen als Magermilch, nimmt jemand, der – auch im übertragenen Sinne – den Rahm abschöpft, den wertvollsten Teil für sich.

Den Ritterschlag erhalten

Wer den Ritterschlag erhält, wird in einen kleinen, exklusiven Kreis aufgenommen. Ritter war man nämlich im frühen Mittelalter nicht von Geburt an. Ein Knappe war nichts weiter als ein kämpfender Knecht, egal, ob er bereits adlige Eltern hatte oder aus dem einfachen Stand kam, ja sogar ein Leibeigener war. Erst mit dem Zeremoniell der Schwertleite bzw.

dem Ritterschlag wurde er in den „Herrenstand" aufgenommen.

Den Rubikon überschreiten

Oberitalien wurde in der Antike als die Provinz Gallia Cisalpina bezeichnet. Erst südlich des Flusses Rubikon auf der Höhe von Ravenna fing nach römischer Vorstellung das italienische Kernland an. In dieses Kernland durfte kein General seine Truppen bringen. Damit wollte man verhindern, dass die Soldaten in Bürgerkriegen eingesetzt wurden. Am 10. Januar des Jahres 49 v. Chr. entschied sich Julius Caesar (100–44 v. Chr.) jedoch, seine Truppen aus Gallien über den Rubikon nach Italien zu führen. Zwar wusste er, dass er damit einen Bürgerkrieg auslöste, aber andernfalls – so seine Befürchtung – wäre er wegen seiner großen Erfolge von seinen Neidern einfach abgesägt worden. Das Überschreiten des Rubikon steht deshalb für eine bewusst getroffene Entscheidung von großer Tragweite, die nicht mehr rückgängig gemacht werden kann.

Den Stab über jemanden brechen

In der Antike war es teilweise üblich, beim Aussprechen eines Todesurteils auch symbolisch einen Stab über dem Angeklagten zu zerbrechen. War der Stab zerbrochen, war das Urteil gesprochen und es gab kein Zurück mehr. Wer also im übertragenen Sinn über jemanden den Stab bricht, legt sich fest und fällt sein (negatives) Urteil. Dem Opfer wird keine Chance mehr gegeben, dieses zu korrigieren und sich zu rehabilitieren.

Den Steigbügelhalter spielen

Wer den Steigbügelhalter spielt, verhilft einem anderen zum Aufstieg, hat aber selbst nichts davon. Jedenfalls wird die Redensart heute so verwendet. Früher war das anders, denn die wenigsten Reiter brauchen wirklich jemanden zum Steigbügelhalten, um aufs Pferd zu kommen. Der Steigbügel selbst ist als Hilfsmittel dazu völlig ausreichend. Doch das Halten des Steigbügels spielte früher eine große protokollarische Rolle: Wer dem anderen den Steigbügel hielt, erkannte dessen höheren Rang an. An dieser Frage wäre beinahe die Kaiserkrönung von Friedrich Barbarossa (1122–90) gescheitert. Papst Hadrian IV. (um 1110–59) bestand nämlich darauf, dass der künftige Kaiser ihm bei der Zeremonie den Steigbügel hielt. Barbarossa gab schließlich nach, soll sich aber bei den Feierlichkeiten absichtlich so ungeschickt angestellt haben, dass der Papst beinahe aus dem Sattel gefallen wäre.

Den Stein der Weisen suchen

Im Frühmittelalter kam unter den arabischen Naturwissenschaftlern die Vorstellung auf, dass alle Metalle aus den vier Elementen Feuer, Wasser, Luft und Erde gemacht seien und nur unterschiedliche Strukturen hätten. Deshalb suchte man nach einer Substanz, al-iksir genannt, mit der man diese Strukturen ändern und so unedle Metalle in Gold verwandeln könne. Im Hochmittelalter verbreitete sich diese Vorstellung unter den europäischen Alchimisten, die sich diese Substanz entweder als Elixier oder Pulver vom Stein der Weisen vorstellten. Die Suche nach diesem Stein galt als der Höhepunkt der Alchemie und noch Johann Friedrich Böttger (1682–1719) forschte eigentlich danach, als er das Meißner Porzellan erfand. Im übertragenen Sinne wurde der Stein der Weisen zu einem wissenschaftlichen Ziel mit leicht magischen Zügen, zu einem Patentrezept oder Allheilmittel, aber auch zur Lösung für ein ganz konkretes Problem, an dem sich bislang Generationen von Wissenschaftlern vergeblich versucht haben.

* * *

Den steinigen Weg wählen

Im wirklichen Leben würde natürlich niemand den steinigen Weg wählen, wenn es auch einen bequemen gibt. In der griechischen Mythologie gibt es jedoch die Erzählung vom Helden Herakles am Scheideweg. Die Götter geben ihm die Wahl, welchen Lebensweg er einschlagen will: den bequemen, der ihm ein schönes Leben in Reichtum und Luxus ermöglicht, aber auch zu schneller Vergessenheit nach dem Tode führt, oder den mühsamen, steinigen, der ihm am Ende ewigen Ruhm beschert. In der christlichen Vorstellungswelt des Mittelalters war der steinige Weg dann der in den Himmel, der breite, bequeme Weg der in die Hölle. Dahinter verbirgt sich die Erkenntnis, dass es viel einfacher ist, ein schlechter Mensch zu sein als ein guter – jedenfalls, wenn man nicht nur explizit böse Taten, sondern auch „Unterlassungssünden" zählt. Wer den steinigen Weg wählt, ist also bestrebt, sich um ein moralisch einwandfreies Leben zu bemühen, auch wenn dies oft schwer fällt.

@ @ @

Den Stuhl vor die Tür setzen

Einem Stuhl wurde früher auch eine symbolische Bedeutung beigemessen, etwa einem Richterstuhl oder dem Thron eines Königs. Auch in einem Haushalt hatte meist jeder „seinen" Stuhl. Früher gab es den Rechtsbrauch, dass jemandem tatsächlich der Stuhl vor die Türe gesetzt wurde, wenn er in einem Haus nichts mehr zu sagen hatte. Heiratete z. B. eine Witwe wieder, dann setzten ihre Kinder ihr den Stuhl vor die Tür. Sie durfte das gute Möbelstück also mitnehmen, aber in das ehemalige Haus ihres Mannes konnte sie nur noch als Gast ihrer Kinder wiederkommen und musste dort auf dem Gästestuhl Platz nehmen. Einen eigenen Stuhl und damit einen Aufenthaltsanspruch hatte sie dort nicht mehr.

Den Teufel an die Wand malen

Früher glaubte man, dass man ein übernatürliches Wesen durch dessen Bild beschwören könne. Wer also den Teufel an die Wand malt, läuft Gefahr, ihn wirklich herbeizurufen. Das konnte auch mit Worten geschehen. Wer sich ein Unglück zu intensiv ausmalte, der geriet in Gefahr, es heraufzubeschwören. Auch heute ist es noch vielen Menschen unangenehm, sich mögliche Katastrophen auszumalen, weshalb sie andere mit obigem Spruch dazu auffordern, sich nicht zu intensiv mit Gefahren und Risiken zu beschäftigen.

Den Wind aus den Segeln nehmen

Bei einem Seegefecht in früheren Tagen, aber auch bei einer modernen Regatta gehört es zur Taktik, sich zwischen den Wind und den Gegner zu schieben. Der Wind wird dann im eigenen Segel gefangen und sorgt dort für Antrieb, während das dahinter liegende Schiff nicht mehr allzu viel abbekommt und ins Dümpeln gerät.

Der Gelackmeierte sein

Ein Meier war früher ein ländlicher Verwalter, der im Auftrag des Grundherrn gewisse Rechte wahrnahm. Tat er dies nicht zur Zufriedenheit seines Herrn, konnte ihm das Meieramt entzogen werden: Er wurde abgemeiert. Spätestens im 16. Jahrhundert wurde Abmeiern dann zu einer Umschreibung für Hereinlegen oder Hintergehen. Noch später wurde dieses Wort mit dem Begriff „Lack" verbunden. Da man mit Lack unansehnliche Dinge übertünchen und aufmöbeln kann, stand auch das Lackieren im Ruch des Betrügerischen. Wer gelackmeiert war, wurde also hereingelegt, indem man ihm eine auf schön lackierte, aber in Wahrheit wertlose Sache andrehte. „Der Lack ist ab" wird entsprechend verwendet, wenn der schöne Schein verflogen ist und die relativ unansehnliche Substanz wieder zutage tritt.

Der große Onkel

Das ist der große Zeh. Aber was haftet ihm Onkelhaftes an? Der Grund für diesen Spitznamen liegt in der französischen Sprache. Da ist ein „ongle" schlicht und einfach ein Zehennagel. Und der ist am großen Zeh natürlich am größten.

Der Hahn im Korb

Das ist der einzige Mann in einer Frauenrunde, so wie es auf einem Hühnerhof oft nur einen einzigen Hahn gibt. Aber in Körbe wird diese Hühnerschar eher selten gepackt. Wie kam es also zu dieser Redewendung? Eine Möglichkeit ist, dass ein Hühnergehege früher auch als Korb bezeichnet wurde. Eine andere ist ein alter Osterbrauch: Die Mädchen des Dorfes mussten mit verbundenen Augen Körbe finden. Der Hauptpreis war ein Korb mit einem Hahn darin. Die Gewinnerin sollte angeblich bald heiraten. Die Mädchen stritten also ursprünglich um einen echten Hahn, der aber für eine Hochzeit und damit für einen Mann stand.

Der kann bleiben, wo der Pfeffer wächst

Weiter weg konnte man sich früher einen unliebsamen Menschen nicht wünschen. Die Gewürzländer Indien und Indonesien, aus denen unter anderem der so populäre Pfeffer eingeführt wurde, lagen eigentlich schon außerhalb der Vorstellungskraft der normalen Menschen. Die Verwünschung ins „Pfefferland" war deshalb ähnlich heftig, wie wenn man jemanden am liebsten auf den Mond schießen wollte, um ihn los zu sein.

Der Rädelsführer sein

Im 16. Jahrhundert pflegten die Anführer kleiner Haufen von Landsknechten ihre Leute im Rädlein, also im Kreis um sich zu scharen, um die Taktik zu besprechen. Später, als die militärische Hierarchie und auch der militärische Drill weiter ausgebaut wurden, waren solche „Rädlein" im regulären Heer natürlich undenkbar. Sie wurden zum Zeichen für kleine Banden von Gesetzlosen, Rebellen oder irregulären Kämpfern. Deshalb ist ein Rädelsführer heute auch immer der Anführer bei einer kriminellen oder zumindest zwielichtigen Angelegenheit.

Der rote Hahn

Der rote Hahn stand früher für einen Brand, dessen züngelnde Flammen an einen Hahnenkamm erinnern. Vor allem Hausbrände wurden als „der rote Hahn auf dem Dach" umschrieben. „Den roten Hahn aufs Dach setzen" war Brandstiftung. In einigen alten, revolutionären Volksliedern wird dazu aufgefordert, etwa aufs Klosterdach (Klöster waren oft Großgrundbesitzer) den roten Hahn zu setzen.

Der Schuss ist nach hinten losgegangen

Da der Lauf eines Gewehres nur nach vorne geöffnet ist, sollte man meinen, dass ein Schuss auch nur nach vorne losgehen kann. Doch das stimmt nicht. Die ersten Gewehre waren tatsächlich Vorderlader, bei denen man Kugel und Pulver von vorne in den Lauf hineingeben und dann am Ende feststopfen musste. Zu Beginn des 19. Jahrhunderts wurde dann der Hinterlader erfunden. Dabei werden Projektil und Ladung am hinteren Ende des Gewehrlaufs angebracht und dann nach vorne abgefeuert. Damit der Schuss nicht nach hinten losgeht, wird der geladene Gewehrlauf hinten verschlossen. Doch anfangs funktionierte das nicht allzu gut. Es konnte passieren, dass die explodierende Ladung nicht durch den Gewehrlauf nach vorne schoss, sondern den Verschluss am hinteren Ende des Laufes sprengte und somit den Schützen selbst traf.

Der Teufel soll mich holen!

Das wünscht sich eigentlich keiner ernsthaft. Tatsächlich ist das Ganze auch nur ein Teil von einer Beschwörung im Sinne von „Der Teufel soll mich holen, wenn ich gelogen habe". Die Anrufung des Teufels diente dazu, den Wahrheitsgehalt einer Aussage zu unterstreichen. Heute wird die Wendung meist ganz allgemein für eine Überraschung gebraucht.

Der wahre Jakob

Das ist der richtige Mann für einen Job. Um den heiligen Jakob, d. h. den Apostel Jakobus den Älteren, gab es im Mittelalter eine heftige Kontroverse. Die nordspanische Stadt Compostela behauptete, die wahren Gebeine des populären Apostels zu besitzen, und wurde so zum bedeutendsten christlichen Wallfahrtsort nach Rom und Jerusalem. Kein Wunder, dass es auch viele Neider gab, die anzweifelten, dass der „wahre Jakob" in Compostela begraben liegt.

Der weiß, wo der Bartel den Most holt

Dieses Lob bedeutet, dass jemand sehr gerissen ist und es gut versteht, aus einer Sache Kapital zu schlagen. Das Ganze stammt aus der alten Gaunersprache. Dort war der Bartel oder Barzel ein Stemmeisen und der Most ist eine Verballhornung von Moos, was für Geld stand. Heute ist diese negative Komponente allerdings nicht mehr zwangsläufig in der Redewendung enthalten. Sie kann durchaus ehrliche Anerkennung für ein helles Köpfchen ausdrücken.

Dick auftragen

Ursprünglich kritisierte man Maler dafür, dass sie auf ihren Bildern die Farbe zu dick aufgetragen hätten, später Frauen, die sich zu grell schminkten. In der Folge wurde die Wendung dann auch für zu „dick aufgetragene“ Lügen, für zu theatralische Gesten oder unglaubwürdige Zurschaustellung von Gefühlen verwendet.

Die Arschkarte ziehen

Wer die Arschkarte gezogen hat, der hat Pech gehabt. Vermutlich kommt der Ausdruck aus dem Bereich des Fußballs. Um Rote und Gelbe Karte im Eifer des Gefechtes nicht zu verwechseln, bewahren viele Schiedsrichter sie getrennt auf. Früher war es noch üblicher, die Gelbe Karte in der Brusttasche und die Rote in der Gesäßtasche, also am Arsch, zu haben. Allerdings zieht der Betroffene in diesem Fall die Karte nicht selbst, sondern bekommt sie gezogen. Außerdem hat er auch nicht einfach Pech, sondern hat sich die Sache in der Regel selbst eingebrockt.

Die Fleischtöpfe Ägyptens

Die Bibel erzählt, dass sich die Israeliten während ihrer 40-jährigen, entbehrungsreichen Flucht über den Sinai immer wieder nach den „Fleischtöpfen Ägyptens“ zurücksehnten. Zwar waren sie in Ägypten unterdrückte Sklaven gewesen, doch es hatte immer genug zu essen gegeben. Heute stehen die Fleischtöpfe Ägyptens manchmal nur für materiellen Wohlstand, meist wird die Wendung aber gebraucht, um auszusagen, dass jemandem eine gute Versorgung mehr wert ist als andere Werte bzw. dass er eine bequeme und lukrative Abhängigkeit der Freiheit und Selbstverantwortung vorzieht.

Die Fliege machen

Gelegentlich wird dieser Ausdruck benutzt, wenn jemand lediglich sagen möchte, dass er jetzt geht. Doch ursprünglich schwingt dabei eine Flucht vor einer drohenden Gefahr mit. Wer die Fliege macht, geht, weil er Unangenehmes befürchtet, etwa unbequeme Gesprächsthemen oder das lästige Aufräumen am Ende einer Party. Genauso leicht und schnell schwirren Fliegen davon, wenn sie nur einen Hauch von Gefahr verspüren.

Die Flinte ins Korn werfen

Wenn ein Soldat früher desertierte, warf er seine Flinte meist ins nächstbeste Kornfeld. Wurde er dann aufgegriffen, konnte er immer noch behaupten, er sei geflohen, da er entwaffnet worden sei und somit keinen Nutzen mehr für seine Truppe gehabt hätte. Da Fahnenflucht streng geahndet wurde, kann man getrost davon ausgehen, dass die meisten Soldaten erst wagten, ihre Flinte ins Korn zu werfen, wenn sie die Schlacht verloren gaben, an keine positive Wendung mehr glaubten und das Risiko der Desertion geringer erschien als das des Weiterkämpfens.

Die fünfte Kolonne

1936 erklärte der spanische General Emilio Mola Vidal (1887–1937), einer der Anführer der Francoputschisten, er werde vier Kolonnen nach Madrid schicken, um die Republik zu stürzen. Als fünfte Kolonne bezeichnete er die Anhänger des Faschismus in Madrid, mit deren Erhebung er rechnete. Seitdem gelten irreguläre Unterstützer als die fünfte Kolonne, z. B. bezeichnete man zu Zeiten des Kalten Krieges gerne die Kommunisten im Westen als fünfte Kolonne Moskaus.

Die Katze im Sack kaufen

In einer alten Fabel wird dem Teufel eine Katze im Sack als Hase verkauft. Möglicherweise passierte dergleichen früher auf den Viehmärkten auch gelegentlich. Statt eines fetten Huhns oder Hasens wurde beim Verpacken schnell eine wertlose Katze in den Sack gesteckt. Die Redewendung steht deshalb für naive Käufer, die sich die Ware ohne eingehende Prüfung aufschwatzen lassen. „Die Katze aus dem Sack lassen" müsste deshalb für die böse Überraschung stehen, die das arme Opfer zu Hause erlebte, wenn es den Sack öffnete und nicht das vorfand, was es eigentlich bezahlt hatte. Doch hier hat sich die Bedeutung der Redewendung verschoben. Wer die Katze aus dem Sack lässt, gibt ein Geheimnis preis. Oft wissen die anderen dabei schon, dass was im Sack ist, kennen aber keine Details.

Die Kirche im Dorf lassen

Vermutlich ist mit der „Kirche" in dieser Redewendung die Kirchengemeinde gemeint und das Ganze hat seinen Ursprung in der Frage, ob man Prozessionen nur innerhalb des Dorfes abhielt oder eine große Sache daraus machte und weit über die Grenzen des Dorfes hinauszog. Die Redewendung plädiert dafür, Dinge nicht zu übertreiben, sondern in angemessenem Rahmen zu betrachten.

Die Motten kriegen

Das war früher eine todernste Sache. Denn damit umschrieb man flapsig eine Lungentuberkulose, da der Befall auf dem Röntgenbild den Fraßspuren von Motten ähnelte. Tuberkulose ist jedoch heute weitgehend eingedämmt und „Da kriegst du die Motten!" wurde zum harmlosen Ausruf des Erstaunens oder auch des Ärgers.

Die Nagelprobe machen

Man weiß nicht genau, ob mit dem „Nagel" in dieser Redensart ein Fingernagel gemeint ist oder ob es sich um eine Verballhornung von „Neige" handelt. Auf jeden Fall war die Nagelprobe früher Teil der Trinksitten. Da es verpönt war, bei einem Trinkspruch den Becher anschließend nicht zu leeren (z. B. auf die Gesundheit des Landesherren, die Ehre des Regiments usw.), wurde es spätestens im 17. Jahrhundert Sitte, den Becher anschließend umzudrehen, um zu beweisen, dass er wirklich vollkommen leer getrunken war. Dabei hielt man den Daumennagel unter den Becher und wies ihn dann vor, um zu zeigen, dass wirklich kein Tropfen der Neige mehr übrig war. Es könnte allerdings auch sein, dass die Nagelprobe beim Trinken nur eingeführt wurde, weil man auch bei anderen Gelegenheiten den Fingernagel benutzte, um eine Sache besonders gründlich zu untersuchen, z. B. ob Farbe so hart geworden war, dass man sie nicht mehr mit dem Nagel abkratzen konnte, oder ob ein Gewebe ein leichtes Kratzen überstand. Jedenfalls ist die Nagelprobe heute eine gründliche Prüfung, die ein eindeutiges Ergebnis liefert.

Die paar Kröten

Heute redet man von „Peanuts", wenn man demonstrieren will, dass man eine bestimmte Geldsumme für vernachlässigenswert hält. Früher sprach man von ein „paar Kröten". Mit wirklichen Kröten hatte diese Redewendung jedoch nie etwas zu tun. Sie leitet sich von den Groschen ab, einer ziemlich kleinen Münze, die im niederdeutschen Sprachgebiet als „Groten" bezeichnet wurde. Möglicherweise war auch noch der ebenfalls geringwertige Kreuzer an der Entwicklung der „Kröten" beteiligt.

Die Quittung erhalten

Die Redensart geht ebenso wie „Die Quittung präsentieren" auf eine falsche Interpretation des Wortes Quittung zurück. Die Quittung wird hier als Rechnung gesehen, die der andere einfordert. Wer die Quittung erhält, muss für sein Verhalten bezahlen. In Wahrheit jedoch ist die Quittung ein Beleg dafür, dass alles bezahlt ist und man mit dem anderen quitt ist. Quitt stammt von dem lateinischen Wort quietus (ruhig), wurde aber im Mittelalter im Sinne von frei oder ungebunden verwendet. Wer quitt ist oder die Quittung erhalten hat, der ist von allen Verpflichtungen befreit. In diesem Sinne quittiert auch jemand seinen Dienst, wenn er ihn verlässt. Die Redewendung „Etwas mit einem Lächeln quittieren" bedeutet eigentlich, etwas lediglich mit einem Lächeln zu vergelten. Sie wird aber oft auch einfach im Sinne von „Mit einem Lächeln zur Kenntnis nehmen" verwendet.

Die Ratten verlassen das sinkende Schiff

Ratten können zwar schwimmen, sind jedoch wasserscheu. Wenn es tief unten in einem Schiff feucht zu werden begann, verließen sie den Schiffsraum und tauchten plötzlich an Deck auf. Die Seeleute bemerkten oft erst dadurch, dass unter Deck etwas nicht stimmte. Wenn das Schiff dann auf hoher See wirklich sank, verließen es die Ratten wahrscheinlich als Letzte, weil sie bis zur höchsten Spitze hochturnten, bevor sie doch ins Wasser mussten. Lag das Schiff jedoch noch im Hafen, konnten sie über die Taue, an denen es verankert war, an Land gelangen. Und die Menschen taten gut daran, es ihnen nachzumachen oder zumindest mit diesem Schiff nicht auszulaufen, bevor es nicht repariert war. Heute dagegen werden die „Ratten" nicht mehr als warnende Boten gesehen, sondern als Feiglinge, die sich absetzen, wenn irgendwo Schwierigkeiten auftreten.

Die Sache hat einen Haken

Wahrscheinlich geht diese Redewendung auf den Angelhaken zurück, der im Köder versteckt ist und für den Fisch nach dem Verschlucken eine äußerst unangenehme Überraschung darstellt.

Die Sache ist geritzt

Wenn eine Sache geritzt ist, wurde ein Problem gelöst. Sie ist nicht unbedingt schon erledigt, aber zumindest der entscheidende Schritt wurde getan, sodass einer reibungslosen Umsetzung nichts mehr im Weg steht. Vermutlich kommt die Wendung vom Abbau von Steinen her. Wenn erst einmal eine Ritze in den Stein gehauen ist, in die man dann Keile zum Sprengen treiben kann, ist ein wichtiger Teil der Vorbereitung geschafft.

Die Sau rauslassen

Das war im Mittelalter streng verboten. Schweine – und man hielt vor allem Säue, um Ferkel zu bekommen – mussten streng bewacht werden. Denn ansonsten konnten sie ziemlichen Schaden an den Gärten, Feldern und Zäunen der Dorfgemeinschaft anrichten. Wer schon einmal Wildschweine in seinem Garten hatte, kann ein Lied davon singen. Ließ doch jemand seine Sau heraus, dann musste er für allen angerichteten Schaden Ersatz leisten. Eine freigelassene Sau ist also etwas ziemlich Wildes und ähnlich verhält es sich auch, wenn jemand ankündigt, die „Sau rauslassen zu wollen".

Die Segel streichen

Wer die Segel streicht, der gibt auf. Auch bei Seeschlachten ergab sich ein Kapitän früher oft, indem er seine Segel einziehen ließ.

Die Tafel aufheben

Im Mittelalter hat man das tatsächlich oft gemacht. Nach dem Essen kamen ausreichend Diener und trugen die Tischplatte, die nur auf Gestelle gelegt war, samt allem, was sich darauf befand, hinaus.

Die Würmer aus der Nase ziehen

Wenn man jemandem die Würmer aus der Nase ziehen muss, redet der von sich aus über fast gar nichts. Nur mit viel Mühe kann ihm entlockt werden, wie es ihm geht, was er denkt und welche Dinge sich zugetragen haben. Derart schweigsame Menschen neigen oft auch zu Melancholie und Schwermut. Schwermut aber, so glaubte man früher, entstehe durch Würmer im Gehirn. Da Würmer damals tatsächlich noch eine große Rolle bei diversen Erkrankungen spielten, gab es nämlich die Tendenz, grundsätzlich alles auf Würmer zurückzuführen. Diese Ansicht war vor allem bei Kurpfuschern und Jahrmarktärzten verbreitet, die den Leuten dann alle möglichen Wurmkuren anpriesen. Schwermut, so behaupteten sie, könne geheilt werden, indem man dem Kranken die Würmer aus der Nase ziehe. Vermutlich verfügten sie über Taschenspielertricks, sodass sie am Ende tatsächlich die vermeintlich gezogenen Würmer vorweisen konnten.

Die Zunge lösen

Das sagt man heute, wenn man jemand Schweigsamen zum Reden bringt, vornehmlich wird Alkohol als Zungenlöser bezeichnet. Früher gab es unter Ärzten die Meinung, man müsse kleinen Kindern generell die Zunge lösen, damit sie besser sprechen lernen. Dazu kappten sie das Zungenband, das die Zunge mit dem Gaumen verbindet. Bei einigen Menschen ist dieses Bändchen tatsächlich zu kurz, sodass sie Probleme beim Sprechen und Schlucken bekommen würden, wenn man das Bändchen nicht schon im Säuglingsalter durchschneidet. Früher gab es jedoch vorübergehend die Mode, allen Kindern „die Zunge zu lösen".

Dingfest machen

„Ding" bezieht sich hier auf das germanische Thing, womit eine Heeresversammlung, vor allem aber die Gerichtsversammlung bezeichnet wurde. Wer einer Vorladung zu einer Verhandlung nicht folgte, war „thingflüchtig". Wurde er dann wieder gefasst, sodass er mit Gewalt zum Gericht gebracht werden konnte, war er „thingfest" gemacht worden. Auch der veraltete Ausdruck „sich verdingen" leitet sich vom Thing her, da man dabei einen rechtlichen Vertrag eingeht, mit dem man demjenigen, dem man sich verdingt, seine Arbeitskraft zur Verfügung stellt. Solche Verträge wurden ebenfalls auf dem Gerichtstag notariell beglaubigt.

Draufsatteln

Wer kräftig draufsattelt, der erhöht Lasten. Er macht noch mehr Schulden, um ein Unternehmen zu finanzieren, verlangt noch mehr Arbeit von den Beteiligten oder weitet eine Planung aus, was zur Folge hat, dass sie auch mehr Arbeit macht und mehr kostet. Der Sattel, von dem die Rede ist, ist in diesem Fall der Packsattel. Auch die Kaufleute des Mittelalters unterlagen der Versuchung, immer noch etwas draufzusatteln, sodass ein Tragtier mehr Lasten trug, doch dabei bestand natürlich immer die Gefahr, das Tier zu überfordern.

Dreck am Stecken haben

Wenn jemand früher durch dreckiges Gelände gegangen ist, konnte er hinterher die Kleidung wechseln und die Schuhe putzen. Doch an seinem hölzernen Wanderstab trocknete der Moder nur langsam. Am Stecken konnte man also unweigerlich sehen, ob jemand durch den Dreck gegangen ist. Wer jemandem unterstellt, er habe Dreck am Stecken, der hat meist auch keine Beweise, dass dieser tatsächlich – moralisch – durch den Dreck gegangen ist, sondern verlässt sich auf Indizien oder sein Gefühl.

Drei Kreuze machen

Ein Gebet beginnt traditionellerweise in der katholischen Kirche mit einem Kreuzzeichen und drei Kreuze stehen für drei Dankgebete, die im Fall, dass eine Sache glücklich ausgeht, abgeleistet werden. Meistens wird die Redensart auf die Zukunft hin verwendet: „Wenn das gut geht, werde ich drei Kreuze machen." Ob die Dankgebete dann tatsächlich gesprochen werden, steht natürlich auf einem anderen Stern.

Du hast sie wohl nicht mehr alle?

„Alle" sind in dieser Redewendung die fünf Sinne, die ein vernünftiger Mensch beisammen haben sollte. Die Frage deutet an, dass da mindestens einer abhanden gekommen sein muss und deshalb von Vernunft keine Rede mehr sein kann.

Du hast wohl einen Hau!

Ein Hau ist etwas Gehauenes, also ein Schlag, und mit dieser Frage unterstellt man, dass jemand einen Schlag auf den Kopf bekommen hat und daraufhin verrückt geworden ist.

Du kriegst die Tür nicht zu!

Die angesprochene Tür ist der Mund, der aus Staunen über eine Sache offen steht wie eine nicht verschließbare Türe.

Dumm wie Bohnenstroh

Das Stroh, also die getrockneten Stängel der Saubohne – und die war vor der Entdeckung Amerikas die einzige Bohne, die hierzulande wuchs – ist äußerst grob. Deshalb gab es früher die Wendung „grob wie Bohnenstroh", die vor allem für Leute vom Lande mit ungeschliffenen Manieren benutzt wurde. Außerdem trocknet Bohnenstroh schlecht, weshalb es leicht muffig oder – wie man früher sagte – dumpf wurde. Da dumpf und dumm ähnlich klingt und man ungeschliffene Leute auch leicht für dumm hält, dürfte dann aus dem dumpfen, groben das „dumme" Bohnenstroh geworden sein.

Dünnbrettbohrer

Schon im Spätmittelalter sagte man von arbeitsscheuen Menschen, sie würden „nicht gerne harte Bretter bohren" oder „das Holz bohren, wo es am dünnsten ist". Der Dünnbrettbohrer ist also eigentlich ein Mensch, der es versteht, sich die Arbeit möglichst einfach zu machen. Das Wort wird aber auch benutzt, um jemanden als ziemlich unfähig abzukanzeln im Sinne von: „Der kann nur dünnes Holz bohren."

Durch den Wolf drehen

Heute kauft man Hackfleisch fix und fertig zerkleinert im Supermarkt. Früher jedoch gehörte zu jedem Haushalt ein Fleischwolf, eine Mühle, durch die das frische Fleisch gedreht wurde und als Hackfleisch wieder herauskam. Was durch den Wolf gedreht wird, wird also – auch im übertragenen Sinne – gründlich klein gemacht.

Durch dick und dünn

Mit „dick" war früher entweder Dickicht oder Morast gemeint. Wer mit jemand anderen durch dick und dünn ging, begleitete ihn also, egal, ob dicke oder dichte Hindernisse zu überwinden waren oder ob diese nur dünn, also leicht zu überwinden waren.

Durch die Bank

Wer zusammen auf einer Bank saß, war früher meist sozial gleichgestellt. Mönche saßen nebeneinander im Chorgestühl, die Honoratioren des Ortes in der ersten Kirchenbank und die Professoren einer Universität waren bei Festlichkeiten auch meist auf einer Bank aufgereiht. Das Volk bekam Ansammlungen solcher Würdenträger also meist nebeneinandersitzend zu sehen und so lag es nahe, Pauschalurteile „durch die Bank" zu fällen, wenn man etwa sagen wollte, dass alle Politiker korrupt oder alle Professoren weltfremd seien.

Durch die Blume sprechen

Manchmal wird vermutet, diese Redensart komme aus einer Zeit, in der voluminöse Blumenbuketts als Tischdekoration eingesetzt wurden, sodass man mit seinem Gegenüber nur „durch die Blume" sprechen konnte. Doch die Redensart geht schon auf das Mittelalter zurück, wo Liebende einander ihre Gefühle durch symbolhafte Blumengaben ausdrückten. Eine Rose etwa stand für leidenschaftliche Liebe, eine Lilie dagegen für keusche Anbetung. Aber auch Kritik oder eine Absage konnte dezent durch entsprechende Blumen ausgedrückt werden. Wer „Danke für die Blumen" sagt, lässt erkennen, dass er sehr wohl erkannt hat, dass hinter hübsch wirkenden Worten keine positive Botschaft steckt. Darüber hinaus wird direkte Sprache als „unverblümt" bezeich-

net. Die Floskel kommt vom lateinischen Wort für Blümchen (flosculus).

Durch die Lappen gehen

Um bei der Jagd größeren Erfolg zu haben, empfiehlt es sich, dem Wild nicht allzu viele Fluchtmöglichkeiten zu lassen. Weil man aber nicht überall Zäune bauen konnte, verwendete man früher einen einfachen Trick: Man hängte bunte Stofflappen über Äste und Zweige, da die meisten Tiere davor zurückscheuen. Ab und zu traute sich jedoch trotzdem eins, „durch die Lappen" zu gehen, und konnte so entwischten.

Ei der Daus!

Woher dieser Ausruf der Verwunderung kommt, weiß man nicht wirklich. Es gibt jedoch mehrere Spekulationen. Zum einen wurde das Ass beim Kartenspiel teilweise als Daus bezeichnet. Doch es ist unwahrscheinlich, dass jemand, der ein Ass bekam, dies durch einen Ausruf kundtat. Allenfalls könnte ein Mitspieler so reagiert haben, wenn das Ass überraschend ausgespielt wurde. Noch unplausibler klingt die Variante, „Daus" komme von „deux" und stehe für eine Zwei beim Würfeln. Schließlich kann die Zwei beim Würfeln in manchen Situationen die richtige Zahl sein, aber generell ist sie eher wenig wert. Ein anderer Vorschlag: Daus könnte vom niederdeutschen „dusend" kommen und für „Tausend" stehen. „Ei der Daus" wäre also ein Kraftausdruck wie „potztausend". Man machte seiner Verwunderung Luft, indem man etwas möglichst Gewaltiges – in diesem Fall eine große Zahl, in anderen Naturgewalten (potz Blitz) – beschwor. Eine weitere Möglichkeit, die die Sprachexperten erörtern: Zugrunde könnte auch das mittellateinische Wort „dusius" (Dämon) liegen. Allerdings griff man sprachlich eher auf den Teufel zurück, wenn man sich ärgerte („Hol's der Teufel"), als wenn man sich wunderte.

Ein Armleuchter sein

Ein Armleuchter ist ein Kerzenhalter mit mehreren Armen. Zugegeben, solche Leuchter sind nicht die ganz großen Lichtquellen, doch warum geistig nicht allzu helle Menschen damit verglichen werden, leuchtet trotzdem nicht so recht ein. Deswegen vermutet man, dass Armleuchter irgendwann als Ersatz für ein obszönes Schimpfwort verwendet wurde, dessen beide Silben ebenfalls mit A und L beginnen. Allerdings kam es dabei auch zu einer Bedeutungsverschiebung. Während man einem „Arschloch" absolute Bösartigkeit unterstellt, gilt ein „Armleuchter" als kriminell dumm.

Ein Armutszeugnis ausstellen

Wer heute als Sozialhilfeempfänger Vergünstigen in Anspruch nehmen will, muss in der Regel mit einer entsprechenden Bescheinigung vom Amt nachweisen, dass er tatsächlich bedürftig ist. Das gab es im 19. Jahrhundert auch schon und damals nannte man eine solche Bescheinigung grob und unverblümt „Armutszeugnis". Heute wagt das natürlich keiner mehr. Dafür wird das „Armutszeugnis" sprachlich gerne dann angeführt, wenn man jemanden wegen seiner mangelnden Fähigkeiten, wegen Inkompetenz oder Fehler demütigen möchte.

Ein aufgeblasener Popanz

Ein Popanz war ursprünglich ein „Puppenhans", dieser war allerdings keine nette Puppe für die Kinder zum Spielen, sondern eine Schreckensgestalt, die die Kinder verängstigen und damit zum Gehorsam bringen sollte. Ein Popanz tut also, als hätte er wer weiß welche Autorität, obwohl er in Wahrheit nur eine harmlose Puppe ist.

Ein Ausbund an Gelehrsamkeit

Dies bescheinigt man jemanden, der nicht nur unfassbar gebildet ist, sondern dies auch eindrucksvoll zur Schau stellt. Daneben spricht man etwa auch von einem „Ausbund an Tugend" oder verwendet das Wort auch manchmal negativ, etwa wenn man jemandem bescheinigt, ein „Ausbund an Frechheit" zu sein. Immer geht es darum, dass jemand die genannte Eigenschaft in einem geradezu exemplarischen, kaum glaubhaften Ausmaß besitzt. Das liegt daran, dass ein Ausbund früher eine Warenprobe war, die außen an eine Kiste oder ein Fass gebunden war. Dieser Ausbund war selbstverständlich immer von bester Qualität und man tat meist gut daran, zu bezweifeln, dass die ganze Lieferung derart musterhaft war.

Ein Bauernopfer bringen

Beim Schachspiel ist es eine gängige Strategie, eine relativ wertlose Figur bewusst vom Gegner schlagen zu lassen, um sich damit einen strategischen Vorteil zu verschaffen, etwa den wertvollen König zu schützen. Meist handelt es sich dabei um die Figur eines Bauern, da diese die schwächsten Figuren im Schachspiel sind und zudem jeder Spieler acht Stück davon hat. Im übertragenen Sinne ist ein Bauernopfer dagegen eine höchst anrüchige Strategie. Man spricht davon, wenn ein niederrangiges Mitglied einer Gruppe geopfert wird, um vermeintlich wichtigere Mitglieder oder die Gruppe als Ganzes zu schützen. Etwa wenn ein kleiner Angestellter einen Fehler ausbaden muss, an dessen Zustandekommen das oberste Management durchaus beträchtlichen Anteil hatte, oder wenn denjenigen, die sich am wenigsten wehren können, die riskantesten Aufgaben zugeschoben werden.

Ein Blümlein Rührmichnichtan

Dieses Blümlein ist dasselbe wie eine Mimose – sowohl im übertragenen Sinne als auch tatsächlich. Die Mimose ist ein blühender Strauch, dessen Blätter sich nach einer Berührung in Sekundenbruchteilen einklappen, woher ihr deutscher Name Rührmichnichtan kommt. Besonders empfindliche Menschen werden wegen dieser spontanen Abwehrreaktion deshalb als Mimosen bezeichnet. Der Name Rührmichnichtan wird hierzulande allerdings noch häufiger für eine andere Pflanze verwendet, das Große Springkraut, das ebenfalls auf geringe Berührung reagiert. Allerdings nicht mit einem Einklappen der Blätter, sondern mit einem Aufspringen der Samenkapseln und einem explosionsartigen Fortschleudern der darin enthaltenen Samen. Deshalb sagt man über einen besonders agilen, hyperaktiven Menschen gelegentlich auch: „Er ist wie Springkraut."

Ein Brett vorm Kopf haben

Schwierigen Pferden legt man beim Reiten oder Kutschieren Scheuklappen an, damit sie sich weniger irritieren lassen. Störrischen Ochsen dagegen hängte man ein Brett vor die Stirn, damit sie nicht sahen, wohin sie geführt wurden. Nun gelten Ochsen sowieso schon als relativ dumme Tiere, aber das Brett vor dem Kopf schränkte ihre Sinneswahrnehmung noch zusätzlich ein und sah wohl auch ziemlich beschränkt aus. Kein Wunder also, dass der Spruch auf Menschen übertragen wurde, die ebenfalls nicht zu wissen scheinen, wo es langgeht.

Ein Dreikäsehoch

Eigentlich ist die Sache klar: Ein Dreikäsehoch ist ein kleiner Junge, der nicht größer ist als drei übereinandergestapelte Käseräder. Doch wer schon einmal ein Käserad gesehen hat, dem wird aufgefallen sein, dass drei Käse höchstens für die Länge eines Säuglings ausreichen, aber nicht für ein Kind im typischen „Dreikäsehochalter" (etwa zwei bis vier Jahre). Das liegt daran, dass die Redewendung nicht auf Käse, sondern auf „caisse", das französische Wort für Kiste, zurückgeht. Benutzt wird es meist, wenn man sich wundert, dass ein so kleines Kind schon so aufgeweckt oder auch frech ist.

Ein Duckmäuser sein

So wie man das Wort „Duckmäuser" heute verwendet, könnte es von ducken und Mäuschen kommen. Ein Duckmäuser wäre also jemand, der sich wie ein Mäuschen wegduckt. Das mit dem Ducken stimmt, doch der Mäuser war ursprünglich ein Mäusefänger oder Betrüger. Deshalb bezeichnete das Wort früher auch nicht jemanden, der sich aus Angst wegduckt, sondern einen, der im Verborgenen auf unredliche Art agiert.

☆☆☆

Ein Eigenbrötler sein

Ein Eigenbrötler war früher jemand, der sein Brot zu Hause am eigenen Herd buk. Das war jedoch nicht üblich. Zwar bereitete jede Hausfrau ihren Teig selbst zu, buk ihn dann aber am Backtag im Dorfbackhaus. Einen eigenen Backofen nur für das Brot einer Familie zu beheizen, wäre viel zu aufwendig und zu teuer gewesen. Natürlich konnte man auch ohne richtigen Backofen am heimischen Herd eine Art Backwerk herstellen, aber in der Regel nur hartes, dünnes Fladenbrot, das in der Qualität nicht mit Brot aus dem Backofen zu vergleichen war. Wer das auf sich nahm, nur um nicht unter Leute gehen zu müssen und sich mit ihnen über die Benutzung des Backofens abzustimmen, musste wirklich ein Menschenfeind sein. Viele Eigenbrötler waren sicher auch einsame Junggesellen, die selbst gar keinen richtigen Brotteig herstellen konnten und sich lieber mit den Experimenten am eigenen Herd begnügten, als mit einer Frau ins Geschäft zu kommen, damit die ihnen ihr Brot buk.

Ein Einfaltspinsel sein

Weder der Einfaltspinsel noch der „alberne Pinsel" haben etwas mit tatsächlichen Pinseln zu tun. Das Wort „Pinsel" für anfänglich knausrige und später dann vor allem einfältige – also dumme – Menschen ist seit dem 17. Jahrhundert bezeugt. Zu diesem frühen Zeitpunkt hieß das Wort jedoch noch „pinsule". Entstanden ist es wohl aus „Pinne" und „Säule", beides Begriffe aus dem Schusterhandwerk, woraus sich folgern lässt, dass es sich ursprünglich beim Pinsel um eine despektierliche Bezeichnung für Schuhmacher handelte.

***

Ein Fass aufmachen

Wer „ein Fass aufmacht", eröffnet ein ziemlich umfangreiches Thema, was nicht allen behagt. Wird ein wirkliches Fass mit Bier oder Wein angestochen, ist das dagegen meist eine Sache, die alle positiv sehen. Natürlich muss ein einmal angestochenes Fass relativ schnell geleert werden, sodass das Öffnen wohl überlegt sein will. Trotzdem gibt es einige Sprachforscher, die vermuten, dass sich hinter dieser Redewendung kein wirkliches Fass verbirgt. Sie nehmen an, dass eher die englische Redewendung „To make fuss about something" (Wirbel um etwas machen) – mit Absicht oder aus Unkenntnis – fehlerhaft ins Deutsche übertragen wurde.

Ein Federfuchser sein

Das veraltete Wort „fuchsen“ bedeutet „ärgern“. Ein Federfuchser war deshalb ein Mann der Feder, also ein Schreiber, der die anderen mit seiner pedantischen Genauigkeit bei der Buchführung oder Auslegung von Geschriebenem ärgerte, während ein Pfennigfuchser durch seinen Geiz und seine Kleinkrämerei Ärger verbreitet. Auch das Wort „fuchsteufelswild“ rührt wahrscheinlich nicht von einem Vergleich mit einem tollwütigen Fuchs, sondern vom Fuchsen her.

Ein Fiasko erleben

Im Italienischen ist „fiasco“ eigentlich eine Flasche. Doch im Mittelalter und der frühen Neuzeit war es eine übliche Ehrenstrafe, Menschen zum Tragen von Schandsteinen zu verurteilen. Diese Schandsteine, auf denen oft Fratzen abgebildet waren, wurden mit einer Kette um den Hals gelegt und hatten oft die Form von Flaschen. Im 16. Jahrhundert soll man in Italien auch schlechten Schauspielern Schandflaschen umgehängt haben.

Ein gerüttelt Maß an Bosheit

Wer über ein gerüttelt Maß an Bosheit verfügt, hat besonders viel davon. Schüttgut wie z. B. Getreide wurde früher nämlich meist nicht gewogen, sondern in einem Hohlmaß gemessen. Dabei spielte es jedoch eine Rolle, ob das Maß nur gefüllt oder auch gerüttelt wurde, denn durch das Rütteln verdichtete sich das Getreide und es konnte mehr hineingefüllt werden.

Ein Gimpel sein

Früher, als man noch Singvögel fing, war der Gimpel oder Dompfaff eine besonders leichte Beute. Zum einen bewegte er sich vor allem hüpfend fort, woher auch sein Name kommt (mittelhochdeutsch: gumpen = hüpfen). Zum anderen ließ er sich auch leicht von Lockvögeln in die Falle locken. Deshalb galt der Gimpel als Musterbeispiel an Einfalt und Dummheit. Gimpel wurden jedoch nicht nur zum Essen gefangen, sondern waren auch beliebt, weil man ihnen beibringen konnte, ganze Lieder zu pfeifen. Doch dieses Talent des Gimpels schlug sich nicht im Sprichwort nieder.

Ein Glückspilz sein

Heute bezeichnet man jeden, der außergewöhnlich viel Glück hat als Glückspilz. Früher wurde der Begriff speziell für Emporkömmlinge verwendet. Deren schneller Aufstieg auf der gesell-

schaftlichen Leiter wurde mit der Geschwindigkeit verglichen, in der Pilze aus der Erde schießen.

EIN HAGESTOLZ SEIN

Als Hagestelle bezeichnete man früher eine kleine umzäunte Hütte, die auf dem Grund einer größeren Bauernstelle eingerichtet wurde. Oft wohnte in dieser Hütte ein unverheirateter Sohn der Bauernfamilie. Auf diese Weise hatte er eine gewisse Privatsphäre, konnte selbstständig wirtschaften und war nicht nur Knecht im Haushalt seines – meist älteren – Bruders. Aber um eine Familie zu ernähren, reichten diese kleinen Hagestellen natürlich nicht aus. Hagesteller bzw. die Verballhornung Hagestolz wurde so zum Synonym für einen eingefleischten Junggesellen. Mit der Zeit wurde der Begriff immer negativer verwendet. Ein typischer Hagestolz verabscheut nicht nur die Ehe und blickt verächtlich auf Frauen herab, sondern ist allgemein ein Sonderling und Menschenfeind.

Ein Hanswurst sein

Hans dürfte im späten Mittelalter vermutlich der häufigste männliche Vorname gewesen sein. Er wurde jedoch nur von einfachen Menschen benutzt. Wer was auf sich hielt, bestand auf Johann oder Johannes. Hans war also ein äußerst gewöhnlicher Name. Und so, wie die Berliner im 19. Jahrhundert alle möglichen Bezeichnungen mit Fritze bildeten (z. B. Zeitungsfritze für einen Journalisten), tat man das im Mittelalter mit Hans. Es gab den Prahlhans und den Gaffhans, den dummen Hansnarr und den umtriebigen Hansdampf. Auch in Theaterstücken und Fastnachtspielen tauchten allerlei Hänse auf: der ordinäre Hans Mist, der unmoralische Hans Liederlich, der gefräßige Hans Nimmersatt und auch der unförmige Hans Wurst. Letzterer erfreute sich besonderer Beliebtheit. Vor allem im 16. und 17. Jahrhundert war der Hanswurst als dummer, tölpelhafter Spaßmacher aus keinem lustigen Theaterstück mehr fortzudenken. Ab 1730 führten der Dichter Johann Christoph Gottsched (1700–66) und die Schauspielerin Friederike Caroline Neuber (1697–1760) ein regelrechten Feldzug für ernsthafte Komödien ohne Hanswurst.

Ein Husarenstück

In den europäischen Heeren des 18. und 19. Jahrhunderts waren die Husaren leichte Kavallerieeinheiten, die weniger in der Schlacht eingesetzt wurden als für Botenritte, Aufklärungstrupps und kleine Störattacken gegen den Feind. Diese Aufgaben waren ziemlich gefährlich und außerdem operierten die Husaren dabei nicht inmitten eines großen Heeres, sondern oft allein oder nur in kleinen Gruppen. Deshalb galten sie als die größten Draufgänger des Heeres, was wiederum zur Folge hatte, dass sich vor allem Draufgänger zu den Husaren meldeten. Die versuchten dann nicht nur, sich bei ihren kriegswichtigen Aufgaben gegenseitig mit Heldenstücken zu übertrumpfen, sondern verbrachten auch noch ihre Freizeit damit, im Rahmen einer Wette tollkühne Husarenstücke zu vollbringen, etwa mit dem Pferd von Brücken zu springen oder Ähnliches.

Ein Korinthenkacker sein

Wer wann aus welchem Grund den Begriff Korinthenkacker für besonders kleinliche und pingelige Menschen erfunden hat, liegt im Dunkeln. Auffallend ist jedoch, dass es überall in Deutschland eine große Zahl ähnlicher Wendungen gibt, die alle um die Beschäftigung mit äußerst kleinteiligen Dingen kreisen. Erbsenzähler, Nietenzähler, Haarspalter oder Kümmelspalter gehören noch zu den stubenreineren Varianten. Krümel- oder Korinthenkacker bzw. der Schweizer Tüpflischisser sind die derberen. Ob man damit zum Ausdruck bringen wollte, dass der andere bis hin zu seinen Ausscheidungen – also bis zum Letzten – kleinlich ist, oder ob man solche Leute einfach aus Ärger als „Scheißer" bezeichnete, ist wiederum unklar. Korinthen jedenfalls sind ziemlich winzig, viel kleiner als normale Rosinen. Übrigens: Die Erbsenzählerei soll auf den Reiseführerautor Karl Baedecker (1801–59) zurückgehen. Der legte angeblich, als er das Dach des Mailänder Dom bestieg, auf jede 20. Stufe eine Erbse, sammelte diese beim Heruntergehen wieder ein und rechnete so aus, wie viele Stufen der Turm hat. Aber gesichert ist diese Anekdote nicht. Außerdem ist der Trick ja eher pfiffig als kleinkariert.

Ein Lied von etwas singen können

Wenn früher fahrende Sänger in Liedern und Balladen von unerhörten Begebenheiten berichteten, ging es – wie auch heute in den Medien – meistens um Katastrophen: Krieg, Krankheit, Tod, unglückliche Liebe, Familiendramen usw. Entsprechend meldet man seinenGesprächsbeitrag auch meist nur dann mit den Worten an: „Davon kann ich auch ein Lied singen", wenn man eine negative Erfahrung zum Besten geben möchte.

Ein Nassauer sein

Ein Nassauer ist ein Schmarotzer. Für die Entstehung des Begriffs gibt es drei mögliche Erklärungen. Zum einen bedeutete „nassen" in der Gaunersprache Rotwelsch „schenken", woraus später in Berlin der Ausdruck „für nass" (umsonst) wurde. Zum anderen hatte „nass" im 14. und 15. Jahrhundert die gleiche Bedeutung wie „durchtrieben". Ein „nasser Knabe" war ein Gauner. Darüber hinaus könnte die Redensart auch auf Herzog Wilhelm von Nassau (1792–1839) zurückgehen. Da sein Herzogtum keine eigene Universität hatte, schickte er Studenten nach Göttingen und bezahlte dort Vertragswirte, bei denen die Nassauer Studenten kostenlos essen konnten. Dadurch sollen einige Göttinger Studenten auf die Idee gekommen sein, zu „nassauern", also sich als Nassauer auszugeben und so in den Genuss eines kostenlosen Essens zu kommen.

Ein Pechvogel sein

Mit Pech fing man früher Vögel. Dazu wurden Äste mit Pech bestrichen. Ein Vogel, der sich auf diesem Ast niederließ, blieb kleben und konnte leicht gefangen werden. Er hatte also „Pech" gehabt, während andere glücklicher waren und unbestrichene Äste erwischten.

Ein salomonisches Urteil

König Salomon, der vermutlich im 10. Jahrhundert v. Chr. über Israel herrschte, wird in der Bibel nicht nur als steinreich, sondern auch als außergewöhnlich weise und gerecht beschrieben. Zur Illustration wird dort folgende Geschichte erzählt: Zwei Frauen kommen mit einem Kind zum König. Jede behauptet, das Kind sei ihres; die andere habe ihr eigenes Baby im Schlaf erdrückt und wolle nun das Kind der Mitbewohnerin für sich reklamieren. König Salomo befiehlt daraufhin, das Kind mit einem Schwert in zwei Teile zu spalten. Nur eine der Frauen erhebt Einspruch und fleht den König an, das Kind lieber der anderen zu geben, als es zu töten. Daraufhin identifiziert Salomo sie als die Mutter des Kindes und spricht es ihr zu. Als salomonisches Urteil gilt seitdem ein besonders kluges und gerechtes Urteil. Manchmal nennt man aber auch eine Lösung „salomonisch", wenn jede der beiden Parteien zufriedengestellt werden kann oder tatsächlich eine Teilung erreicht wird. Gerade das gab es in der biblischen Geschichte aber letztendlich nicht. Das Salomonische an dem Urteil war nicht die gerechte Aufteilung, sondern der Kniff, mit dem Salomo herausfand, welche der Frauen mehr mütterliche Gefühle für das Kind aufbrachte.

Ein Schlitzohr sein

Heute wird die Bezeichnung Schlitzohr meistens mit etwas mehr Bewunderung als leichtem Tadel für einen gerissenen Zeitgenossen gebraucht, vor allem für gewiefte Kinder, denen es mit allerlei Tricks gelingt, die elterliche Autorität zu umgehen. Früher war ein Schlitzohr dagegen ein Krimineller, wenn auch nur ein kleiner Gauner. Aus dem späten Mittelalter und der frühen Neuzeit sind mehrere Methoden überliefert, jemanden durch das Aufschlitzen des Ohres zu brandmarken. So sollen manche Zünfte ihren Mitgliedern die Ohrringe aus den Ohren gerissen haben, wenn diese gegen die Zunftordnung verstoßen hatten und ausgeschlossen wurden. Mancherorts war es üblich, Kleinkriminelle mit einem Ohr an den Pranger zu nageln. Dort kamen sie nur wieder weg, wenn sie sich losrissen und sich damit selbst das Ohr aufschlitzten. Anderswo schnitt man den Delinquenten Teile des Ohres ab oder verstümmelte das Ohrläppchen, um sie auf ewig als Diebe oder Betrüger zu kennzeichnen.

Ein Schnorrer sein

„Schnorre" war ein jiddisches Wort für eine Schnarre oder Ratsche, ein Instrument, das früher viele Bettelmusikanten benutzten. Diese waren eher selten Musiker, die ihr Geld mit ihrer schönen Musik verdienten, sondern benutzten vielmehr ihre lärmenden Schnorren, um die Eindringlichkeit ihres Bettelns zu unterstreichen. Da Menschen mit Schnorre also fast immer Bettler waren, wurde schnorren zum Synonym für betteln.

Ein Stehaufmännchen sein

Stehaufmännchen waren früher ein beliebtes Kinderspielzeug. Sie bestehen oben aus einer geschnitzten Figur und unten aus einer Halbkugel. Außerdem enthalten sie ein Gewicht, das bewirkt, dass der Schwerpunkt in der Halbkugel liegt. Deshalb richten sich die Männchen immer wieder von selbst auf, egal wie oft oder wie energisch man die Figur zu Boden drückt.

Ein Strohwitwer sein

Ein Strohwitwer oder eine Strohwitwe lebt nur für eine bestimmte Zeit ohne den Ehepartner, z. B. weil der andere auf einer längeren Reise ist. Woher der Ausdruck kommt, ist jedoch strittig. Im Mittelalter gab es die Strohbraut. Das war ein Mädchen, das bekanntermaßen bei der Hochzeit keine Jungfrau mehr war und deshalb statt des üblichen Myrtenkranzes einen Strohkranz tragen musste, weil sie es (vermutlich) bereits irgendwo im Stroh getrieben hatte. Möglicherweise übertrug man diesen Ausdruck später auf zeitweise allein lebende Eheleute, denen man ähnliche „Strohabenteuer" unterstellte. Eine andere These: Früher arbeiteten viele Männer im Sommer nicht in ihrem normalen Beruf, sondern als Erntehelfer, waren also beim „Strohmachen" dabei. Dies könnte dazu geführt haben, dass man ihre Frauen, die während dieser Zeit allein zu Hause blieben, als Strohwitwen bezeichnete.

Ein Tollpatsch sein

Das Wort Tollpatsch kommt von dem ungarischen „talpas", was einen breitfüßig laufenden Menschen bezeichnet. In der Habsburger Armee verspottete man Fußsoldaten aus Ungarn oder den slawischen Ländern, die oft nur über unzureichendes Schuhwerk verfügten und auch kaum militärisch gedrillt waren, mit diesem Wort. Später wurde es dann auf jegliches ungeschicktes Verhalten übertragen.

Ein Trittbrettfahrer

Früher war es noch möglich, außen auf dem Trittbrett eines Busses oder einer Straßenbahn mitzufahren und sich dabei am

Türgriff festzuhalten. Tickets hatten diese Trittbrettfahrer natürlich nicht, und wenn ein Kontrolleur kam, sprangen sie einfach ab und suchten das Weite. Trittbrettfahrer sind also eigentlich schlicht Schwarzfahrer oder Schmarotzer. Heute wird die Wendung aber hauptsächlich dann gebraucht, wenn jemand – im übertragenen Sinne – auf einen „fahrenden Zug aufspringt", etwa bei einer Entführung, die er nicht begangen hat, Lösegeld fordert oder versucht, mit einem politischen Thema zu punkten, das jemand anderes aufs Tapet gebracht hat.

Ein unsicherer Kantonist

Das ist jemand, dem nicht so recht zu trauen ist. Von Anfang an erweckt er den Anschein, dass er den geforderten Aufgaben nicht gewachsen ist. Beim preußischen Militär pflegte man das Land in Kantone einzuteilen, aus denen jeweils Soldaten rekrutiert wurden. Dabei machten die Anwerbeoffiziere die Erfahrung, dass es durchaus regionale Unterschiede gab. In der einen Gegend galt das Militär als gute Laufbahn für junge Burschen, in der anderen war es schlechter angesehen und es war schwierig, gute und überzeugte Soldaten zu bekommen. So wurde manch einer von Anfang an einfach deshalb als „unsicherer" Kantonist eingestuft, weil er aus einem Kanton kam, in dem Drückebergerei und Desertion häufiger vorkamen.

Ein Wendehals sein

Wendehälse gibt es tatsächlich. Es sind Vögel aus der Familie der Spechte, die hierzulande sehr selten sind. Wenn ihnen Gefahr droht, reagieren die Tiere mit sehr hektischen und heftigen Drehbewegungen des Kopfes. Dabei handelt es sich allerdings nur um ein besonders auffälliges Umschauen, nicht um wirkliche Wendungen. Im übertragenen Sinne werden jedoch Menschen als Wendehälse bezeichnet, die ihre frühere Meinung bzw. moralische oder politische Haltung extrem geändert haben. Vor allem nach der Wende, der deutsch-deutschen Wiedervereinigung wurden Angehörige des alten DDR-Systems, die sich plötzlich auffällig schnell den neuen Verhältnissen und Mehrheitsmeinungen anpassten, als Wendehälse beschimpft.

Ein Wermutstropfen

Wermut ist zwar ein Bitterwein, wird aber von vielen Leuten gerne getrunken und ist Bestandteil vieler Cocktailrezepte. So negativ wie er im übertragenen Sinne verwendet wird, ist ein Wermutstropfen also gar nicht. Die Wendung spielt auch weniger auf das Getränk an als auf eine konzentrierte Tinktur aus dem Wermutkraut, das dem Wermut nicht nur seinen Namen, sondern auch seinen bitteren Geschmack gibt. Dieses ist tatsächlich sehr bitter und kann einen Geschmack deutlich prägen. Im Mittelalter trank man trotzdem häufig von den bitteren Aufgüssen dieses Krautes, da es als Heilmittel gegen Würmer und Verdauungsbeschwerden galt, aber auch zur Abtreibung verwendet wurde.

Ein Witz mit sooo einem Bart

Die Wendung kam zu Beginn des 20. Jahrhunderts auf, als Vollbärte ziemlich unmodern wurden. Bärte wurden nur noch von alten Männern getragen, deren Witze meist auch schon aus dem vorigen Jahrhundert stammten und nicht ganz taufrisch waren. Möglicherweise stammt auch die Wendung „Jetzt ist der Bart ab" aus dieser Zeit, als auf die vollbärtigen Kaiser Wilhelm I. und Friedrich III. 1888 der junge Wilhelm II. folgte, der nur einen schneidigen Schnurrbart trug.

EIN X FÜR EIN U VORMACHEN

Die heute geläufigen arabischen oder indischen Zahlen wurden erst im Laufe des 16. Jahrhunderts langsam in Europa eingeführt. Vorher schrieb man in römischen Ziffern. In diesem System steht X für 10, U oder V (beides wurde meist wie V geschrieben) für 5. Wenn man ein V aber schlampig schreibt, sodass die beiden Striche unten über den Kreuzungspunkt hinaus verlängert werden, sieht es schnell wie ein X aus. Vermutlich haben so einige Wirte und Händler beim „Anschreiben" etwas getrickst und dem Kunden beim Einfor-dern der Schulden weismachen wollen, dass hier 10 und nicht nur 5 Mark Schulden notiert seien. Wer sich jedoch kein X für ein U vormachen lässt, fällt auf solche – oder ähnliche – Betrügereien nicht herein.

Eine Affenschande

Eine Affenschande ist eine besonders schandbare Sache. Doch mit Affen hatte sie ursprünglich überhaupt nichts zu tun. Vielmehr kommt das Wort vom niederdeutschen „aapen", das „offen" bedeutet. Eine Affenschande war also nichts weiter als eine offene oder offenbare Schande.

Eine Binsenweisheit

Dabei handelt es sich um eine Sache, die so einfach ist, das sie wirklich jeder versteht. Vermutlich geht sie auf ein römisches Sprichwort zurück, das lautete: „Nodum in scirpo quaerere" (einen Knoten in den Binsen suchen). Damit spottete man über Menschen, die an einem Sachverhalt, der so einfach und geradlinig ist wie ein Binsenstängel, herumdiskutieren wollten und mit aller Akribie nach irgendeinem (nicht vorhandenen) Haken suchten.

Eine böse Sieben

Das ist eine ziemlich aus der Mode geratene Bezeichnung für eine boshafte Frau. In der alten babylonischen Mythologie wurden die sieben schlimmsten Dämonen als die bösen Sieben bezeichnet. Die bekannteste davon ist Lilith, die in der jüdischen Mythologie zu Adams erster (und verstoßener, weil ungehorsamer) Frau gemacht wurde. Wie viele andere Elemente des babylonischen Aberglaubens (z. B. die Furcht vor schwarzen Katzen) gelangten auch die bösen Sieben über das antike Griechenland und Rom in den europäischen Volksglauben. Dabei wurde die böse Sieben mit Hexen in Verbindung gebracht. „Ist denn deine Frau so eine böse Sieben und eine solche böse Wettermacherin?“, heißt es etwa in einer Schrift von 1609.

Eine Fahrkarte schießen

Beim Schießsport ist eine Fahrkarte eine Niete, ein Treffer, der so weit außerhalb ist, dass er nicht zählt. Das liegt daran, dass Fahrkarten früher vom Schaffner gelocht wurden, um sie zu entwerten. Während ein Schütze seine Treffer aber möglichst weit in die Mitte platzieren sollte, wurden Fahrkarten immer am Rand geknipst. Bei einem schlechten Schützen, der vor allem Randtreffer erzielte, ähnelte die Schützenscheibe dagegen optisch einer Fahrkarte.

Eine Gardinenpredigt halten

Als Gardinenpredigt wird heute ein besonders langes und harsches Abkanzeln bezeichnet. Ursprünglich waren mit den Gardinen die Bettvorhänge gemeint. Eine typische Gardinenpredigt hielt eine Frau ihrem spät heimkehrenden Mann. Während er sich in seinem angetrunkenen Zustand mühte, aus den Kleidern zu kommen, hielt sie ihm – bereits im Bett und damit hinter den Gardinen liegend – all seine Laster vor. Das konnte natürlich wirklich ziemlich lang und harsch ausfallen.

EINE MACKE HABEN

Eine Macke ist ein ziemlich merkwürdiges Benehmen, das jedoch typisch für jemanden ist. Zwanghaftes, „mackenhaftes“ Benehmen kann z. B. nach einer Kopfverletzung entstehen. Der Begriff Macke kommt von dem jiddischen Wort „maka“, das einen Schlag oder Hieb bezeichnet. Wer eine Macke hat, benimmt sich also, als hätte er schwer eins über den Schädel gehauen bekommen.

Eine Sache übers Knie brechen

Einen nicht allzu dicken und nicht allzu stabilen Gegenstand kann man zerbrechen, indem man ihn aufs Knie legt und an beiden Enden heftig drückt. Das ist zweifellos eine Methode, die sich sehr schnell und unkompliziert durchführen lässt, aber oft zu unsauberen Ergebnissen führt, wie etwa ungleichen Hälften oder zerfaserten Bruchkanten. Für eine ordentliche Teilung waren deshalb umständlichere Verfahren besser. Ebenso dient die Warnung, etwas nicht übers Knie zu brechen, dazu, eine Sache mit der nötigen Zeit und Sorgfalt sowie den angemessenen Mitteln zu behandeln.

Eine Scharte auswetzen

Eine Scharte zog man sich früher beim Mähen zu, wenn man mit seiner Sense gegen einen Stein oder eine andere Bodenunebenheit schlug. Mit der Scharte im Sensenblatt ließ sich aber schlecht weitermähen. Man war also gezwungen, die Arbeit einzustellen und stattdessen das Sensenblatt mit dem Wetzstein mühsam wieder zu glätten. Der Fehler, der durch die Unachtsamkeit beim Mähen gemacht wurde, musste also sofort wieder behoben werden.

Eine Schreckschraube sein

Wie kommt es, dass eine schreckliche Frau als Schraube bezeichnet wird? Angeblich soll die Schraube sich vom lateinischen Wort „scrofa" (Zuchtsau) herleiten. Aber gesichert ist das nicht.

Eine Standpauke halten

Vermutlich war es keine Strafpredigt, die von Trommelwirbeln auf der Pauke begleitet wurde, die dieser Redewendung zugrunde liegt. Pauken ist ein mittelalterliches Wort für schlagen, und die schlagenden Studentenverbindungen benutzten das Wort für ihre Fechtübungen, mit denen sie sich auf das eigentliche „Schlagen", den Zweikampf, vorbereiteten. Später wurde pauken dann auch für geistige Übungen verwendet, vor allem für das mühsame Erlernen von Schulstoff, und Lehrer wurden zu Paukern. Die Standpauke war demzufolge die Strafpredigt eines Paukers aus dem Stand, also dem Stegreif, heraus.

Eine Stange Geld

In der Zeit des bargeldlosen Zahlungsverkehrs gibt es im täglichen Leben kaum noch einen Bezug zwischen Geld und einer Stange. Bei den Banken kann man jedoch immer noch gestapeltes und in Papier zu Stangen gerolltes Münzgeld bekommen. Früher, als man hauptsächlich mit Münzen zahlte, war es üblich, größere Beträge auf diese Weise zu verpacken.

Eine Stichprobe nehmen

Um zu prüfen, ob eine Schmelzmasse die gewünschte Konsistenz hat, öffnete man früher die Öfen, stach mit einem langen Instrument in die kochende Masse hinein und entnahm eine Probe. Wenn diese in Ordnung war, nahm man an, dass auch der Rest der Masse fertig zur Weiterverarbeitung war. Auch heute noch ist eine Stichprobe etwas gleichsam aus einer großen Menge Herausgestochenes, das Aufschluss über den Rest geben soll, etwa wenn ein Stück aus einer umfangreichen Lieferung geprüft wird oder einige zufällig ausgewählte Leute ihre Wahlabsichten verraten, die dann zu einer Prognose hochgerechnet werden.

Eine taube Nuss sein

Als taube Nüsse bezeichnet man solche, die einen vertrockneten oder verschimmelten, auf jeden Fall nicht genießbaren Inhalt haben. Im Gegensatz zu anderen Früchten sieht man das Nüssen aber nicht auf den ersten Blick an, sondern stellt erst beim Öffnen enttäuscht fest, dass man Pech gehabt hat. Als Schimpfwort wurde „taube Nuss" deshalb zunächst für unfruchtbare Frauen verwendet, später dann für alle Menschen, die sich irgendwie als enttäuschend entpuppt haben.

Eine wahre Xanthippe sein

Xanthippe war die Frau des Philosophen Sokrates (469–399 v. Chr.) und – glaubt man den Berichten seines Schülers Xenophon (um 426–355 v. Chr.) – eine überaus streitsüchtige Frau, ja sogar „die unerträglichste aller Frauen". Ständig tauchte sie auf, wenn ihr Mann sich mit seinen philosophischen Schülern in angeregtem Gespräch befand, fing an zu keifen, warf ihm vor, nur zu faulenzen und nicht zu arbeiten, versuchte, ihn nach Hause zu zerren, und soll sogar einmal einen vollen Nachttopf über ihm ausgekippt haben. Moderne Forscher allerdings haben den Verdacht, dass Xenophon erstens übertrieben haben könnte, da die griechischen Philosophen generell wenig von Frauen hielten, und führen zweitens an, dass Xanthippe wirklich Grund zum Ärger hatte: Ihr Mann, wesentlich älter übrigens, beschäftigte sich tatsächlich hauptsächlich mit Philosophie, nahm aber kein Geld von seinen Schülern, während sie drei kleine Kinder zu versorgen hatte. Und dazu gibt es noch Berichte, er habe sogar eine Nebenfrau gehabt. Ob Letzteres jedoch wirklich stimmt, ist zweifelhaft.

Einem die Petersilie verhageln

Wem es die Petersilie verhagelt, dessen Pläne haben sich zerschlagen. Genauso wie Hagelschlag oft alle Erntepläne eines Bauern durcheinanderbringt. Warum gerade die Petersilie sprichwörtlich geworden ist, weiß man jedoch nicht. Vielleicht, weil Petersilie früher wirklich jeder angebaut hat, nicht nur der Bauer, vielleicht aber auch, weil Petersilie ziemlich langsam wächst, sodass verhagelte Petersilie besonders ärgerlich ist.

***

Einen Bären aufbinden

Wer sich einen Bären aufbinden lässt, stellt nicht gerade seine Klugheit unter Beweis, denn die Redewendung bedeutet, dass jemand einer falschen Geschichte Glauben schenkt. Ursprünglich hatte die Redewendung allerdings wohl weder mit einem Bären noch mit Lügenmärchen zu tun. Wahrscheinlich ist der „Bär" eine Verballhornung des altdeutschen Wortes „bar", das Last oder Abgabe bedeutet.

Einen Bock schießen

Bei der Jagd war ein Rehbock eigentlich eine stattliche und durchaus erwünschte Beute. Trotzdem steht der „Bock" im übertragenen Sinne für einen Fehlschuss bzw. einen dicken Fehler, den jemand gemacht hat. Das kommt daher, dass es bei den Schützengilden teilweise Brauch war, dem schlechtesten Schützen beim Schützenfest als Trost- und Spottpreis einen Ziegenbock zu verehren.

Einen Dämpfer versetzen

Wer einen Dämpfer versetzt bekommt, wird in seinem Elan gebremst. Dämpfer stammen ursprünglich aus der Musik, wo sie den Klang eines Instruments leiser und sanfter machen. Bei Streichinstrumenten wird etwa ein kleines Holzstück auf die Saiten gesetzt, bei Blasinstrumenten wird ein Einsatz aus Holz oder Kunststoff in den Schalltrichter gesteckt und bei Tasteninstrumenten kann man den Nachhall durch einen Filzblock dämpfen. Aber auch in der Mechanik setzt man Schwingungsdämpfer und Stoßdämpfer ein, um zu große Schwingungen und Stöße zu verhindern. Ähnlich wird vermutlich derjenige, der einem anderen einen Dämpfer versetzt, auch der Meinung sein, nur unguten, übertriebenen Elan zu bremsen, während der Gedämpfte das wohl meist anders sieht.

≈≈≈

Einen Denkzettel bekommen

Ein Denkzettel war ursprünglich nichts anderes als ein Merkzettel, auf dem Dinge notiert wurden, die man nicht vergessen wollte. Es konnte jedoch auch durchaus das Sündenregister eines anderen sein. Wenn man im späten Mittelalter einen „Denkzettel" bekam, war das eine offizielle Vorladung – und die hatte oft genug unangenehme Gründe. Heute schwingt allerdings in der Redewendung mit, dass es sich nicht nur um etwas Unangenehmes handelt, sondern auch um eine Lehre, über die das Opfer nachdenken sollte, um es in Zukunft besser zu machen.

Einen Eiertanz aufführen

Eiertänze gab es früher tatsächlich. Sie waren Geschicklichkeitsübung und Brauch zugleich. Die Tänzer bewegten sich, teils sogar mit verbundenen Augen, zwischen einer großen Anzahl roher Eier. Damit keines zerbrach, bedurfte es oft sehr kunstvoller Balanceübungen, Drehungen und Windungen. Im übertragenen Sinn windet sich jemand, der einen Eiertanz aufführt, genauso um eine Sache herum wie die Tänzer um die rohen Eier.

Einen Fehler ausmerzen

Das bedeutet, einen Fehler wiedergutmachen. Steht ausmerzen jedoch für sich alleine, kann es eine mitunter gnadenlose Selektion bedeuten. Was für unbrauchbar, überflüssig oder schlecht gehalten wird, entfernt man rigoros. Ähnlich drastisch geht es zu, wenn Schäfer im Monat März die neugeborenen Lämmer sortieren und entscheiden, welche aufgezogen werden und welche zum Schlachter und Ostern als Braten auf den Tisch kommen. Das „Ausmerzen" war also die Selektion der Herden im März.

Einen Floh ins Ohr setzen

Flöhe waren früher eine Plage, und wer einen ins Ohr bekam, wurde so gepeinigt, dass er mit Sicherheit nicht mehr in der Lage war, sich auf etwas anderes zu konzentrieren. Deshalb sagte man bereits im 17. Jahrhundert, jemand setze einem anderen einen Floh ins Ohr, wenn dieser ihm eine Idee erzählte, die so dominierend war, dass der andere an gar nichts anderes mehr denken konnte.

Einen Freibrief haben

Wer einen „Freibrief" hat, darf Dinge, die nicht jeder darf. Nichts anderes sagte auch im Mittelalter ein Freibrief aus. Er war ein Dokument, mit dem jemandem eine bestimmte Freiheit zugestanden wurde. Ein Bauer wurde etwa vom Mühlenbann befreit. Er musste also sein Getreide nicht in einer bestimmten Mühle zu einem festgesetzten Preis mahlen lassen. Oder ein Ritter wurde von der Gerichtsbarkeit eines Grafen befreit und konnte nur vom König direkt gerichtet werden.

Einen ganzen Rattenschwanz hinterherziehen

So ganz klar ist es nicht, warum ausgerechnet der Rattenschwanz als Symbol für eine Kette von Problemen, die eine Sache nach sich ziehen kann, herhalten musste. Zwar haben Hausratten einen ziemlich langen Schwanz, doch viel länger als ihr Körper ist er nicht. Außerdem dürfte die Begegnung mit der Ratte schlimmer sein als die mit ihrem Schwanz. Möglicherweise aber dachte man ursprünglich bei der Redewendung an sogenannte Rattenkönige. Das sind Gebilde von mehreren, verklebten und an den Schwänzen miteinander verknoteten Ratten. Zumindest teilweise scheinen diese Gebilde tatsächlich entstanden zu sein, während die Ratten noch lebten. Solche Funde wurden früher als extrem schlechtes Omen angesehen. Außerdem war es natürlich eklig, nicht nur einer Ratte zu begegnen, sondern an ihrem Schwanz einen ganzen Klumpen weiterer Tiere zu finden.

Einen Kater haben

Wenn man sich früher in Studentenkreisen nach einer ausgiebigen Zecherei am nächsten Morgen so richtig elend fühlte, pflegte man seinen Zustand vornehm mit „Katarrh" zu umschreiben. Irgendwann wurde – man weiß nicht ob aus Spaß oder aus Versehen – der Kater daraus, der sich hartnäckig hält.

Einen Kuhhandel machen

Ein Kuhhandel ist ein Geschäft, das irgendwie undurchsichtig oder zwielichtig ist. Dabei waren eigentlich lange Zeit die Pferdehändler als die gerissensten Betrüger bekannt. Doch im Kern geht es beim „Kuhhandel" auch gar nicht um Betrug. Das Wort kam auch erst im 19. Jahrhundert auf. Damals gab es schon einen ziemlich krassen Gegensatz zwischen dem Viehmarkt, wo erst lange gefeilscht und dann ein Geschäft auf Handschlag gemacht wurde, und dem „normalen" Geschäftsleben, wo man eine Sache zu einem festgesetzten Preis in einem Laden kaufte. Meistens verwendet man den Begriff des Kuhhandels deshalb auch, wenn heftig gefeilscht wird, etwa wenn in der Politik der eine Koalitionspartner einer Sache zustimmt, die eigentlich nicht sein Anliegen ist, aber dafür im Gegenzug etwas durchsetzt, was seinen Wählern zugutekommt. Oder wenn vor Gericht die Anwälte beider Seiten um einen Vergleich ringen.

Einen Nimbus haben

Ein Nimbus ist heute ein (sehr) guter Ruf. Eigentlich bedeutet das lateinische Wort aber schlicht und einfach Wolke. In der Kunst wurde es für Gloriolen benutzt, glänzende Wolken oder Symbole, die Personen umgeben und so deren herausgehobene Stellung verdeutlichen. Die bekannteste Form des Nimbus' ist der Heiligenschein, mit dem christliche Heilige dargestellt werden.

Einen Persilschein ausgestellt bekommen

Die Redewendung kam in der Zeit der Entnazifizierung nach dem Zweiten Weltkrieg auf. Wer seinen Persilschein bekam, dem wurde von den Besatzungsmächten amtlich bestätigt, dass er kein Nazi oder vielleicht nur ein harmloser Mitläufer war. Namensgeber war natürlich das Waschmittel Persil, das damit warb, besonders weiß zu waschen. Wer einen Persilschein hat, dem wird offiziell eine weiße Weste bescheinigt. Aber die Zweifel, wie es unter der Oberfläche aussieht, schwingen in der Wendung deutlich mit.

Einen Pferdefuß entdecken

Im Volksglauben hatte der Teufel Ziegenbeine oder Pferdefüße und in vielen Sagen ist er auch nur daran zu erkennen. Wer also einen Pferdefuß an einer Sache entdeckt, stellt fest, dass etwas doch nicht so harmlos oder vorteilhaft ist, wie es auf den ersten Blick aussieht. Ursprünglich galt der Pferdefuß als Teufelei, also als Bosheit und Betrug, aber heute verwendet man die Redewendung auch, wenn man nur ein rein sachliches Problem entdeckt.

Einen Pyrrhussieg erringen

Im Jahr 279 v. Chr. besiegte König Pyrrhus von Epirus (um 319–272 v. Chr.) bei Asculum in Apulien das römische Heer. Seine Verluste waren jedoch so groß, dass er angeblich ausrief: „Noch einen solchen Sieg, und wir sind verloren!" Im Jahr 275 v. Chr. wurde er dann auch endgültig besiegt und musste den Versuch, in Italien Fuß zu fassen, aufgeben. In der Folge wurde Pyrrhus dann zum Namensgeber für alle Siege, egal ob militärisch oder nicht, die so teuer erkauft sind, dass sie den Gewinner in schwere Bedrängnis bringen.

Einen Rochus auf jemanden haben

Der heilige Rochus von Montpellier (um 1295–1327) war früher ein sehr populärer Heiliger. Er galt als Nothelfer gegen die Pest und Schutzpatron der Haustiere. Doch mit ihm hat die Wendung nichts zu tun. Im Jiddischen bedeutet „Rochus" Ärger oder Zorn, und genau das ist hier gemeint.

Einen Schalk im Nacken haben

Ein Schalk war ursprünglich ein Knecht oder Bediensteter. Der Marschall z. B. rührt vom mittelhochdeutschen Wort „marschalc" her, was so viel bedeutet wie Pferdeknecht: Der Schalk (Diener), dem die Mähren (Pferde) anvertraut sind. Im späten Mittelalter und der frühen Neuzeit entwickelte sich die Bedeutung von Schalk in Richtung „Menschen von boshafter Gesinnung", da man davon ausging, dass die unterdrückten Knechte eigentlich grundsätzlich Anlass zu Boshaftigkeiten gegen die Herrschaft hatten. Auch der Teufel war dann natürlich – da boshaft – auch bald ein Schalk. Teufel aber stellte man in dieser Zeit gerne als viele kleine Teufelchen dar, die dem Menschen etwa im Nacken oder auf der Schulter saßen und ihm Böses einflüsterten. Mit der Zeit nahm der negative Gehalt des Wortes immer mehr ab, bis von der Boshaftigkeit des Schalkes nur noch harmlose Neckerei übrig blieb. Ähnlich erging es dem Schelm. „Schelm" war im Mittelalter eine Bezeichnung für Aas und wurde für ehrlose Ritter, Henker und Vogelfreie benutzt. Wer einen anderen einen Schelm nannte, forderte ihn zum Duell auf Leben und Tod heraus. Erst zu Beginn des 19. Jahrhundert wurde auch der Schelm zum liebenswerten Spitzbuben.

Einen Schnitzer machen

Ein Schnitzer ist bei den Holzschnitzern ein Verschnitzer, also ein Fehler. Allerdings kein besonders großer, sondern eben nur ein einziger falscher Schnitt, der meist ganz problemlos behoben werden kann.

Einen Schuss ins Blaue abgeben

Normalerweise wartet ein Jäger, bis er im Zielvisier sein Opfer vor Augen hat, bevor er einen Schuss abgibt. Doch da fliegende Vögel sehr schnell sind, kann auch ein Schuss zum Treffer werden, der bereits abgegeben wird, wenn im Visier noch nicht der Vogel, sondern nur blauer Himmel zu sehen ist. Allerdings geschieht ein solcher Schuss ins Blaue auf bloßen Verdacht hin. Auch im übertragenen Sinne handelt jemand auf bloßen Verdacht, indem er etwa eine Anschuldigung ausspricht, für die er keine Beweise hat.

Einen Stein im Brett haben

Wer einen Stein im Brett hat, der hat Glück. „Ich hab eyn guten steyn im brette", liest man schon in der Sprichwörtersammlung von Johannes Agricola von 1529. Seinen Ursprung hat der Vergleich in einem Brettspiel. Entweder war es das Mühlespiel, das derjenige gewann, der am Ende noch die meisten Steine auf dem Brett hatte, oder aber das „Tricktrack", „Puff" oder „Wurfzabel", das weitgehend dem Backgammon ähnelte. Dort kann man mit geschickt platzierten Steinen auf dem Brett dem Gegner die Wege verstellen. Heute spricht man meist davon, dass man bei jemandem einen Stein im Brett hat. Dass man also dessen Wohlwollen oder Dankbarkeit gewonnen hat und dies einem später zugute kommt. Mit den alten Brettspielen hat es nichts mehr zu tun, denn da setzte man seine Steine ja gegen den anderen.

Einen Stiefel vertragen

Spätestens seit dem 16. Jahrhundert benutzte man gerne Trinkgefäße in Stiefelform. Vermutlich deshalb, weil Soldaten gelegentlich aus ihren Reitstiefeln getrunken haben, wenn sie irgendwo ein Wein- oder Bierfass, aber keine Krüge erbeutet hatten. Es gibt auch einige, allerdings jüngere und zudem zweifelhafte Berichte von trinkfesten Helden, die einen ganzen Reitstiefel, ohne abzusetzen, ausgetrunken haben sollen, so z. B. 1631 der Altbürgermeister von Rothenburg ob der Tauber, der auf diese Weise seine Stadt vor den Truppen des Feldherrn Tilly rettete.

Einen Strauß miteinander ausfechten

Um einen Blumenstrauß geht es in dieser Wendung nicht und auch der Vogel Strauß hat nichts damit zu tun. Im mittelalterlichen Deutsch war der „strûz" eine Auseinandersetzung. Zugrunde lag das Wort „striuzen", das sträuben und streiten bedeutete.

Einen Veitstanz aufführen

Heute spricht man von Veitstanz, wenn jemand vor Wut völlig außer sich gerät. Früher bezeichnete man neumodische und als zu expressiv empfundene Tänze (etwa den Rock 'n' Roll der 1950er-Jahre) als Veitstänze. Ursprünglich aber war Veitstanz eine Umschreibung für verschiedene Krankheitssymptome, etwa die Anfälle von Epilepsiekranken, die Krämpfe bei Mutterkornvergiftung oder der Huntingtonkrankheit. Der heilige Veit (gest. um 304) wurde als Namensgeber herangezogen, weil er angeblich einen Mann heilte, der vom Teufel besessen war.

Einen Wasserkopf haben

„Wasserkopf" ist die volkstümliche Umschreibung für die Krankheit Hydrocephalus. Bei den Opfern befindet sich im Kopf zu viel Gehirnflüssigkeit. Das führt dazu, dass der Kopf ballonartig aufgetrieben und im Gegensatz zum Rest des Körpers viel größer als bei gesunden Menschen ist. Übertragen wird der Ausdruck auf Institutionen, bei denen die Leitung bzw. die Verwaltung unnatürlich aufgebläht ist und in keinem guten Verhältnis mehr zum Unterbau steht, also zu Zahl und Leistungsvermögen der eigentlichen Arbeiter.

Einen Zahn zulegen

Früher, als Suppenkessel über dem offenen Feuer hingen, wurde der Inhalt desto schneller fertig, je tiefer der Kessel hing. Um das zu regulieren, hatte man eine Kette mit Haken oder Zähnen in verschiedener Höhe. Wollte man, dass der Eintopf langsam vor sich hin köchelte, ohne dass man auf ihn aufpassen musste, nahm man höhere Zähne, sollte es dann aber einmal schneller gehen, musste man eben einen Zahn zulegen, also den Kessel eine Stufe tiefer hängen.

Eins auf den Deckel kriegen

Wer eins auf den Deckel bekommt, dem wird auf den Hut und damit auf den Kopf geschlagen. Im übertragenen Sinn bedeutet die Wendung also das Gleiche wie „Einen Schlag auf den Kopf bekommen.

Eintrichtern

Im Jahr 1647 erschien in Nürnberg ein Buch mit dem Titel *Poetischer Trichter. Die Teutsche Dicht- und Reimkunst, ohne Behuf der lateinischen Sprache, in 6 Stunden einzugießen.* Der Verfasser, ein Georg Philipp Harsdörffer (1607–58), behauptete, jedem in sechs Stunden die Dichtkunst „eintrichtern" zu können. Das Bild vom Trichter, mit dem man das Wissen quasi nur in die Köpfe abfüllen muss, wurde in der Folge viel gebraucht. Als dann im 19. Jahrhundert die Reformpädagogik aufkam, wehrte man sich gegen die Vorstellung, man brauche Kinder in der Schule nur mit Wissen „abzufüllen", damit sie etwas lernten. Auch die Wendung „auf den Trichter kommen" für etwas verstehen bezieht sich auf den Nürnberger Lerntrichter. Und der Redensart „Er hat die Weisheit nicht mit Löffeln gefressen" liegt ebenfalls die Vorstellung zugrunde, dass Wissen eine Substanz ist, die man nur irgendwie in das Innere des Menschen bringen müsse.

Ente oder Trente

Mit diesem Berliner Spruch wird eine Entscheidung gefordert. Entweder für das eine oder für das andere, aber jetzt auf der Stelle. Woher er kommt, ist nicht so ganz geklärt. Eine Möglichkeit ist eine Verballhornung aus dem Französischen: „L'un ou l'autre" (das eine oder das andere). Auch französische Glücksspiele, in denen die 30 (trente) eine Rolle spielt, könnten Pate gestanden haben.

Er gehört zum Stamme Nimm

Ganz ähnliche Bedeutung hat die Redensart „Er gehört zum Stamm der Ibo". Ibo steht dabei für eine englische Abkürzung: I before others (Ich vor den anderen). Als Ibo wird hier also ein Egoist bezeichnet.

Er geht ran wie Blücher

Der preußische Generalfeldmarschall Gebhard Leberecht von Blücher (1742–1819) war für seine Vorliebe für offensive Strategien legendär. Das brachte ihm auch den Spitznamen „Marschall Vorwärts" ein. Militärwissenschaftler haben ihre Zweifel daran, ob diese Strategie des sehr populären Generals auch immer klug war. In Berlin sagt man auch gerne: „Er jeht ran wie Hector anne Buletten", wobei Hector ein geläufiger Hundename war. Das „Rangehen" bezieht sich meist auf das „anmachen" von Frauen. Ein anderer preußischer General, der es zu sprichwörtlichen Ehren gebracht hat, ist Hans Joachim von Zieten (1699–1786). Mit „Wie Zieten aus dem Busch" pflegte man früher schnelle und überraschende Coups zu kommentieren.

Er hat den Braten gerochen

In einer alten Fabel lädt ein Bauer die Tiere zum Essen ein. Als sich aber der schlaue Fuchs dem Haus nähert, riecht er Bratenduft und schließt messerscharf, dass die Tiere, die schon früher gekommen sind, geschlachtet wurden. Also macht er kehrt und entkommt der Gefahr.

Er hat Kreide gefressen

So sagt man, wenn ein aggressiver Polterer plötzlich sanfte Töne anschlägt. Manchmal impliziert der Spruch auch einen Sinneswandel oder zumindest ein taktisches Einlenken. Oft schwingt aber auch Zweifel am Gesagten mit. Im Märchen der Brüder Grimm *Der Wolf und die sieben Geißlein* frisst der Wolf jedenfalls nur deshalb Kreide, damit seine Stimme heller wird und er von den Geißlein ins Haus gelassen wird. Kaum ist das geschehen, werden sechs der sieben Geißlein gefressen. Im realen Leben allerdings kann man so viel Kreide zu sich nehmen wie man will, ohne dass das einen Einfluss auf die Stimmbänder hat. Allerdings ist natürliche Kreide (nicht Tafelkreide) ein altes Mittel gegen Sodbrennen und ständiges nächtliches Sodbrennen kann die Stimme heiser machen. In diesem Fall hat Kreide bzw. Calciumcarbonat doch einen gewissen Effekt auf den Klang der Stimme.

Er ist auf der Brennsuppe dahergeschwommen

Jemand, der das unterstellt bekommt, gilt als eher einfältig und beschränkt. Vermutlich kommt diese Beleidigung daher, dass es früher die einfachen Leute waren, die häufig Brennsuppe aßen, also eine Suppe, die durch eine Einbrenne aus Mehl und etwas Fett angedickt wird. Und den armen Leuten unterstellte man ja schon immer gerne, dass sie auch etwas weniger belichtet seien. Heute verwendet man die Wendung meist negativ, indem man sich dagegen verwahrt, auf der Brennsuppe dahergeschwommen zu sein. Übrigens: Im Englischen drückt man das Gleiche aus, wenn man sagt: „I didn't roll into town on the hay wagon" (Ich bin nicht mit dem Heuwagen in die Stadt gekommen).

Er ist ein Aufschneider

Das Aufschneiden, von dem hier die Rede ist, ist das Zerteilen der Tiere nach einer erfolgreichen Jagd. Während dieser Arbeit erzählte man sich natürlich gegenseitig, wie man das jeweilige Tier zur Strecke gebracht hatte, und dabei passierte es leicht, dass man sich mit immer gefährlicheren Situationen, meisterhafteren Schüssen und dergleichen zu übertrumpfen versuchte, eben Jägerlatein erfand. Die Fischer dagegen scheinen nicht beim Zerlegen der Tiere, sondern beim Flicken der Netze am gesprächigsten gewesen zu sein, woher das „Seemannsgarn" rührt.

Er ist kein grosses Kirchenlicht

Als „lumen ecclesiae", als „Licht der Kirche" bezeichnete man früher große Theologen, z. B. die Kirchenväter, die die christlichen Glaubensvorstellungen prägten. Ein Kirchenlicht war also kein Leuchtkörper, sondern ein Mensch mit glänzendem Verstand. In der Redewendung schwingt jedoch eine gehörige Portion Sarkasmus mit, wenn man jemanden als „kein Kirchenlicht" abkanzelt. Der Betreffende ist dann nicht nur weit davon entfernt, ein großer Theologe zu sein, sondern wird im Gegenteil als unterdurchschnittlich intelligent eingestuft.

Er kann ihm nicht das Wasser reichen

So qualifiziert man jemanden ab, der einem anderen unterlegen ist. Meistens geht es dabei um Talent und fachliche Kompetenz. Früher war das Reichen des Wassers, z. B. des Wassers zum Händewaschen bei einem Mahl, ein Dienstbotenjob. Der Reichende war also sowieso schon wesentlich schlechter gestellt als der, der das Wasser gereicht bekam. Jemand, der nicht einmal als tauglich befunden wurde, einem vornehmen Gast das Wasser zu reichen, stand auch noch in der Rangordnung der Dienstboten ziemlich weit unten.

Erzähl mir nichts vom Pferd!

Die Geschichte, wie die Griechen in der Vorgeschichte Troja besiegten, indem sie die Trojaner dazu brachten, ein riesiges hölzernes Pferd, in dessen Bauch griechische Krieger verborgen waren, in ihre Mauern zu lassen, ist legendär und zweifellos faszinierend. Sehr wahrscheinlich ist sie jedoch nicht. Mit der Bemerkung „Erzähl mir nichts vom Pferd" werden deshalb schon sehr lange unglaubhafte Geschichten und unbrauchbar wirkende Ideen und Lösungsvorschläge abgetan.

Es fällt zusammen wie ein Kartenhaus

Schon mal ein Kartenhaus gebaut? Es ist ein beliebtes, aber etwas aus der Mode gekommenes Kneipenspiel. Man lehnt dazu zwei Bierdeckel hochkant aneinander. Auf zwei dieser dreieckigen Stützen legt man dann einen waagerechten Deckel und baut auf diesem die nächsten Stützen auf. Ziel ist es, ein möglichst hohes Kartenhaus mit vielen Ebenen zu bauen. Leider macht jeder, der sich darin versucht, auch schnell die Erfahrung, wie leicht das Kunstwerk zusammenfallen kann. Das harte Absetzen eines Glases auf dem Tisch oder der Zug einer geöffneten Türe reichen schon aus. So wurde das Kartenhaus sinnbildlich für große Projekte, die ebenso leicht und schnell in sich zusammenfallen können.

Es faustdick hinter den Ohren haben

Heute können Wissenschaftler anhand eines Schädels das Gesicht des Menschen rekonstruieren, dem er gehörte. Früher glaubte man, durch die Vermessung von Schädeln etwas über den Charakter des früheren Besitzers aussagen zu können. Der dicke Wulst, den der Schädelknochen hinter den Ohren hat, galt dabei als Sitz der Verschlagenheit. Je dicker er war, so die Theorie, desto unehrlicher und hinterlistiger war der Mensch. Vor jemandem, der es gleich faustdick hinter den Ohren hatte, musste man sich also besonders in Acht nehmen. Vermutlich kamen die Wissenschaftler aber nur deshalb auf die Idee, den Wulst hinter den Ohren mit Bauernschläue gleichzusetzen, weil schon der Volksglaube Gewitztheit hinter den Ohren ansiedelte (vergleiche: Noch grün hinter den Ohren sein).

Es geht um die Wurst

Man könnte denken, zwei Hunde, die sich um eine Wurst streiten, hätten die Grundlage zu dieser Redewendung gelegt. Doch früher stritten sich auch Menschen öfters um die Wurst. Fleischwaren wie etwa eine schöne, dicke Wurst waren nämlich ein beliebter Preis bei öffentlichen Jahrmärkten und Wettkämpfen. Waren die Vorentscheidungen gefallen, ging es im Finale wirklich um alles bzw. um die Wurst für den Sieger.

Es ist mit jemandem nicht weit her

Die Redewendung war ursprünglich gleichbedeutend mit „Jemand ist nicht von weit her“. Damit war gemeint, dass jemand aus der näheren Umgebung stammte, nie woanders gewesen ist und deshalb auch nie andere Erfahrungen gesammelt hat. Jemand, „mit dem es nicht weit her war“, blieb also immer im eigenen Sumpf und schaute nie über seinen Tellerrand hinweg. Vor allem bei Handwerkern war es dagegen ein Qualitätsausweis, wenn sie während ihrer Gesellenzeit in der Fremde möglichst vielfältige neue Erfahrungen gesammelt hatten.

Es ist zum Krätzekriegen

Die Krätze ist eine früher weitverbreitete, heute zum Glück bei uns selten gewordene Hautkrankheit, die medizinisch Scabies oder Acarodermatitis genannt wird. Sie wird durch Grabmilben verursacht, die in die menschliche Haut stechen und dann Kot und Eier dort ablegen. Die Haut beginnt sich zu entzünden und juckt sehr stark. Heute gibt es Salben dagegen, aber früher bekam man die Krätze nur schwer wieder los. Die sowohl hartnäckige als auch unangenehme Krankheit tauchte deshalb in vielen Flüchen und Verwünschungen auf. Besonders unangenehme Situationen wurden mit dem Krätzekriegen verglichen und von besonders unangenehmen, aber anhänglichen Menschen sagte man, sie würden wie die Krätze an einem hängen.

Es liegt wie ein Alb auf der Brust

Der Alb, der scheinbar im Albtraum vorkommt, hat mit den Alpen gar nichts zu tun, obwohl sich mancher, der sich schwer bedrückt fühlt, vielleicht das Gefühl hat, ihm läge ein ganzes Gebirge auf der Brust. Ein Nachtalb (auch Nachtmahr genannt) war in der germanischen Mythologie vielmehr ein Dämon, der sich nachts auf einen Menschen setzte, diesen „ritt“ und ihm Atemnot und Angstträume bescherte. Man suchte also für Erklärungen für nächtliche Angstzustände und fand sie in der Existenz von bösartigen Dämonen, die man der Verwandtschaft der Alben (oder Elfen) zurechnete.

Es regnet Schusterjungen

Schusterjungen sind Roggenbrötchen mit Kümmel und teilweise liest man, große Regentropfen würden mit diesen verglichen. Doch es gibt noch eine andere These: In Sachsen gibt es auch den Spruch „Es regnet Bauernjungen". Dahinter könnte ein scherzhaftes Wortspiel stecken. Der Tropfen wurde mit dem Tropf, dem einfältigen Menschen, in Beziehung gesetzt, und als besonders einfältig galten allgemein die Bauernjungen. Nach Berlin ausgewanderte Sachsen könnten dann die Redewendung den städtischen Verhältnissen angepasst und die Bauern- durch Schusterjungen ersetzt haben.

✦◇✦

Es zieht wie Hechtsuppe

Wie es zu diesem merkwürdig anmutenden Terminus für ungemütliches Windwetter oder starken Zug gekommen ist, ist nicht wirklich geklärt. Eine plausible Deutungsmöglichkeit ist, dass es sich wieder mal um eine Verballhornung eines jiddischen Ausdrucks handelt. Mit „hech supha" wird dort ein starker Sturm bezeichnet.

✱✱✱

Eselsbrücke

Gehören Sie auch zu den Leuten, die immer brutto und netto verwechseln? Die

Sache ist eigentlich ganz einfach zu merken: Netto ist der niedrigere Wert. Eine solche kleine, unkomplizierte Merkhilfe nennt man Eselsbrücke. Ähnlich einfach und unkompliziert waren auch tatsächliche Eselsbrücken. Über größere Gewässer konnten Esel natürlich dieselben Brücken nehmen wie jeder andere auch. Doch leider pflegen Esel auch vor kleinen Rinnsalen zu zicken, durch die Mensch oder Pferd problemlos hindurchwatet. Ein einfaches Brett kann da oft schon Abhilfe schaffen. Eine Eselsbrücke bauen bedeutet deshalb, eine einfache Hilfestellung zu geben.

# # #

Etepetete sein

Wer etepetete ist, der ist übertrieben ordentlich, vor allem wenn es um Sauberkeit und Umgangsformen geht. Wahrscheinlich liegt die französische Wendung „être, peut-être" (kann sein, kann vielleicht sein) zugrunde, die für ein zimperliches, unentschlossenes Handeln steht. Es gibt aber auch ein altes niederdeutsches Wort namens „öte" (geziert), das Pate gestanden haben könnte.

Etwas am Hals haben

Bei den Dingen, die man am Hals hat, handelt es sich meist um lästige Aufgaben, die erledigt werden müssen, um Bürden oder Lasten also. Diese trägt man normalerweise aber nicht am Hals – es sei denn, man ist ein Zugochse oder Ackergaul. Die Redewendung nimmt Bezug auf das Kummet, das Zugtiere um den Hals haben. An diesem „Kragen" sind die Leinen befestigt, an denen alle Geräte und Lasten hängen, die sie zu ziehen haben. Wer abwehrt: „Bleib mir damit vom Hals", wehrt sich bildlich gesprochen dagegen, dass ihm diese Sache an den Zugkragen gehängt wird.

Etwas anzetteln

Wer etwas anzettelt, startet eine Sache. Dabei können Zettel mit Nachrichten und Anweisungen natürlich eine Rolle spielen, doch mit dem Wort haben sie nichts zu tun. Als anzetteln bezeichnete man es früher, wenn auf einem Webstuhl die senkrechten Kettfäden aufgespannt wurden. Dieses Anzetteln war der erste Arbeitsschritt, wenn ein neues Stück Stoff gewebt werden sollte.

Etwas auf dem Kerbholz haben

Ein Kerbholz diente früher dazu, Schulden anzuschreiben. Wer im Gasthaus oder im Laden also viele Kerben auf seinem Holz hatte, der hatte hohe Schulden. Spricht man heute davon, dass jemand etwas auf dem Kerbholz hat, sind statt der Schulden meist illegale Aktivitäten oder unkorrektes Verhalten im weitesten Sinne gemeint. Allerdings handelt es sich dabei meist um kleinere Delikte.

Etwas auf der Pfanne haben

Wer etwas auf der Pfanne hat, besitzt Verstand und Talent, aus denen er etwas machen kann. Etwas auf der Pfanne mussten früher auch die Musketiere haben. Da die Kugeln in ihren Gewehren abgeschossen wurden, indem man etwas Pulver in eine Zündpfanne oben auf dem Gewehrlauf schüttete und dieses entzündete. Über ein kleines Loch im Boden der Pfanne sprangen dann die Funken in den Gewehrlauf über und brachten dort die Ladung zur Explosion.

Etwas auf die Goldwaage legen

Gold ist ein sehr teures Material, und früher hatten Goldhändler und Apotheker (siehe: Apothekerpreise) die allerfeinsten Waagen, da es hier auf winzige Nuancen ankam, um den Preis zu ermitteln. Billigere Dinge, wie Getreide oder Gemüse, gehörten dagegen nicht auf die Goldwaage, weil es albern und vor allem Zeitverschwendung gewesen wäre, diese Sachen auf das Milligramm auswiegen zu wollen. Wer etwas im übertragenen Sinne „auf die Goldwaage" legt, der hält eine extrem genaue Bewertung dieser Sache für nötig, während seine Kritiker das als übertrieben ansehen.

Etwas auf die lange Bank schieben

Heute hat man Aktenschränke, in denen man Unterlagen zu unangenehmen Sachverhalten so effektiv verstauen kann, dass sie lange Zeit außer Sicht sind. Früher benutzte man teilweise lange Bretter, Bänke oder Sitztruhen, in deren Truhenkästen man die Akten verstaute. Speziell soll es von 1689 bis 1806 im Reichskammergericht in Wetzlar Brauch gewesen sein, Akten auf einer langen Bank aufzureihen. Bearbeitet wurde immer die älteste am Ende der Bank. Am anderen Ende schob man die neuen nach, was auch zu der Wendung „Aufgeschoben ist nicht aufgehoben" geführt haben soll. Immerhin wurden die Akten kontinuierlich weitergeschoben und waren irgendwann mit der Bearbeitung dran. Man arbeitete also systematisch, während man heute vor allem dann von der „langen Bank" spricht, wenn jemand bewusst unangenehme Dinge hinauszögert. Böse Zungen behaupten übrigens auch, die Wendung „Etwas ist in der Schwebe" sei in Wetzlar entstanden, weil man besonders lästige Akten mit einem Seil unter der Decke aufbewahrte. Aber mit ziemlicher Sicherheit kommt diese Wendung doch eher von den schwebenden Schalen einer Waage.

Etwas aufs Tapet bringen

Als Tapet bzw. auf Französisch „tapis" bezeichnete man im 17. Jahrhundert den – oft grünen (siehe: Am grünen Tisch entscheiden) – Bezug eines Konferenztisches. Wer etwas aufs Tapet brachte, legte es quasi symbolisch auf den Tisch. Das heißt: Er brachte die Sache bei einer Konferenz zur Sprache. In jüngster Zeit hört man gelegentlich auch: „Etwas aufs Trapez bringen." Dabei handelt es sich vermutlich nicht um eine bewusste, witzig gemeinte Änderung, sondern um eine schlichte Verwechslung, da Tapet kein geläufiges Wort mehr ist. Sinn macht die Ersetzung natürlich nicht, denn auf die dünne, runde Trapezstange kann man schlecht etwas bringen.

Etwas aus dem Ärmel schütteln

Wer das kann, erledigt Arbeiten, die für andere viel Zeit und Mühe bedeuten, scheinbar spielend leicht. Tatsächlich kommt die Redewendung aus dem Bereich des Glücksspiels oder besser gesagt des Falschspiels. Wer es verstand, beim Skat oder Poker unbemerkt eine gute Karte aus dem Ärmel zu schütteln, gewann wie von Zauberhand, während sich bei seinen Mitspielern trotz aller Mühe die Schuldscheine häuften. Auch heute schwingt in der Redewendung oft noch etwas Unseriöses mit. Wer die Dinge allzu leicht aus dem Ärmel schüttelt, wird auch oft verdächtigt, unsolide und schlampig zu arbeiten.

Etwas ausbaden müssen

Wer etwas ausbaden muss, wird für eine Sache bestraft, an der er vielleicht sogar unschuldig ist oder für die er zumindest nicht alleine verantwortlich ist. Genauso war das früher mit dem Badewasser. Da es ein mühsames Geschäft war, ausreichend Wasser zu erhitzen, bekam natürlich nicht jeder frisches Badewasser, sondern die ganze Hausgemeinschaft stieg der Reihe nach in die Wanne. Derjenige, der als Letzter an der Reihe war, musste es dann „ausbaden", was die anderen schon an Dreck hinterlassen hatten und was an Wärme verbraucht war. Oft war es sogar noch seine Aufgabe, das Wasser zu entsorgen und die Wanne zu putzen.

Etwas ausbaldowern

„Baal-Dower" (Herr des Wortes) war im Hebräischen ein Beiname des Teufels und spielte darauf an, dass der Teufel ein Meister der Lüge ist. Im Jiddischen wurde das Wort auch für Kundschafter gebraucht, etwa für diejenigen Mitglieder von Gaunerbanden, die auskundschafteten, wo es etwas zu holen gab, die also den nächsten Raub „ausbaldowerten".

Etwas brennt mir auf den Nägeln

Diese Redewendung soll auf eine Angewohnheit mittelalterlicher Mönche zurückgehen. Um während der nächtlichen Andachten und Gebetsstunden ihre Texte lesen zu können, klebten sie sich kleine Kerzenstummel auf die Fingernägel. Schließlich war Wachs kostbar und man konnte es sich nicht leisten, zu jeder Andacht die ganze Kirche mit Kerzen zu beleuchten. Wenn eine Andacht allerdings einmal etwas länger als üblich dauerte, konnte es passieren, dass die sparsam dosierten kleinen Lichter herunterbrannten, dass ihre Flammen sich schmerzhaft auf den Fingernägeln bemerkbar machten. Genauso eilig, wie es die Mönche dann wohl hatten, ihre Andacht zu beenden, hat es auch jemand, dem eine Sache im übertragenen Sinn auf den Nägeln brennt. Manchmal sagt man heute auch, es brenne etwas „unter den Nägeln“. Brennende Splitter unter die Nägel zu schieben, war früher eine Foltermethode, doch es ist fraglich, ob sie Pate für die Redewendung stand, denn die Probleme eines Folteropfers sind nicht die, die das Sprichwort ausdrückt.

Etwas durchhecheln

Eine Hechel war ein kammartiges Werkzeug mit scharfen Spitzen, durch das man Flachsbündel zog, um sie zu glätten und zu ordnen und anschließend verspinnen zu können. Im übertragenen Sinne sprach man zuerst davon, dass man jemanden durch die Hechel zieht oder durchhechelt, wenn mit spitzen Zungen über ihn hergezogen wurde. Inzwischen gebraucht man den Ausdruck auch, wenn man eine Sache sehr schnell erledigt. Dabei denkt man wahrscheinlich eher an das „Nach Luft hecheln“, das sich einstellt, wenn man sich sehr beeilt hat. Aber grammatikalisch passt diese Atemnot nicht zu der Vorsilbe „durch“, was eben daran liegt, das die Wendung andere Wurzeln hat.

Etwas hängt am seidenen Faden

In der griechischen Mythologie ist esdas berüchtigte Damoklesschwert, das am seidenen Faden hängt. Die Fabel, die sich in den Werken Ciceros (106–43 v. Chr.) findet, erzählt, dass ein gewisser Damokles mit dem Tyrannen Dionysos von Syrakus (um 430–367) die Rollen tauscht. Das Leben des Herrschers gefällt ihm, bis er merkt, dass über dessen Thron ein scharfes Schwert an einem dünnen Faden hängt. Während „Unter einem Damoklesschwert leben“ meint, dass jemand mit einer ständigen Bedrohung lebt, steht der seidene Faden für eine heikle Angelegenheit, die schon beim geringsten Fehler schiefgehen kann. Es ist möglich, dass in diese Redewendung auch noch das Bild der Schicksalsgöttinnen (z. B. Nornen, Parzen) hereinspielt, die in verschiedenen europäischen Mythologien den Lebensfaden der Menschen spinnen. Reißt der dünne Faden, stirbt der Mensch.

Etwas im Handumdrehen erledigen

Heute verwendet man die Redewendung, wenn jemand sehr schnell ist. Ursprünglich schwang nicht nur Verwunderung über die Geschwindigkeit mit, sondern auch über die Art und Weise, wie eine Sache erledigt wurde. Denn das Handumdrehen spielt auf die Tricks der Zauberer und Gaukler an, die scheinbar mit einer schnellen Bewegung ihrer Hand Dinge verschwinden und wieder auftauchen lassen. Auch bei der Wendung „Das kann ich nicht aus dem Handgelenk schütteln" dürften die Zauberer und Gaukler Pate gestanden haben.

Etwas im Schilde führen

Eigentlich war der Schild so etwas wie der Ausweis eines Ritters. Mit dem Wappen auf seinem Schild zeigte er deutlich, wer er war, auch wenn man ihn in seiner Rüstung nicht erkennen konnte. Im Spätmittelalter wurde es jedoch zum Sport, bei Turnieren geheime Botschaften in Wahlsprüche oder Abzeichen zu verpacken, die auf dem Schild dargestellt waren, wie etwa eine Widmung für die heimliche Geliebte. Spätestens ab dem 16. Jahrhundert stand der Ausdruck „Etwas im Schilde führen" deshalb für geheime Absichten.

Etwas in den Wind schlagen

Wer etwas in den Wind schlägt, der verzichtet auf diese Gelegenheit. Im Mittelalter wurde die Wendung noch ganz anders gebraucht. Im *Sachsenspiegel*, einem Rechtsbuch aus dem 13. Jahrhundert, wurde Folgendes festgelegt: Wenn ein Gegner nicht zu einem gerichtlich anberaumten Zweikampf erschien, hatte der andere dreimal gegen den Wind zu schlagen und galt dann als Sieger. Das Schlagen in oder gegen den Wind führte damals also zu einem handfesten Vorteil. Deshalb ist es fraglich, ob dieser Brauch wirklich der Redewendung zugrunde liegt. In der mittelalterlichen Literatur steht „Wind" auch oft für nichts oder Nichtiges. „Etwas in den Wind schlagen" könnte also mit „Es für nichtig erachten" übersetzt werden. Entsprechend bedeutet „Viel Wind um etwas machen", einen großen Wirbel mit wenig Substanz dahinter zu veranstalten.

Etwas in der Hinterhand haben

Bei vielen Kartenspielen, etwa beim Skat, sitzt der Spieler, der als Letzter eine Karte ausspielen muss, in der Hinterhand. Die beiden ersten Spieler legen also vor und müssen dann abwarten, ob der Letzte noch etwas in der Hinterhand hat, um sie zu übertrumpfen. Dabei werden sie sich natürlich Mühe geben, zu erraten, welche Karten noch in der Hinterhand vorhanden sind, und dementsprechend agieren. Ebenso zieht man bei Verhandlungen in Erwägung, ob der andere noch Trümpfe in der Hinterhand haben könnte, die er erst später ausspielt.

Etwas in die falsche Kehle kriegen

Eigentlich hat der Mensch nur eine Kehle, doch in dieser sitzt der Kehlkopf, der den Zugang zu zwei verschiedenen Systemen öffnet: dem Atem- und dem Verdauungssystem. Im übertragenen Sinne kriegt jemand etwas in die falsche Kehle, wenn er was übel nimmt, was gar nicht böse gemeint war – also genauso wenig als Beleidigung geplant war, wie Essensbrocken in der Luftröhre landen sollten.

Etwas in Kauf nehmen

Eigentlich kauft man nur Dinge, die man wirklich will, während man etwas, das man in Kauf nimmt, zwar notgedrungen hinnimmt, aber wenigstens kein Geld dafür ausgibt. Zunächst bezog sich die Redewendung auch darauf, dass man bei so manchem Kauf noch irgendwelche unnötigen Zugaben bekam. Später meinte man dann die negativen Aspekte eines Geschäftes, etwa wenn man gute Waren nur zusammen mit schlechten bekommt, wenn das ersehnte Stück nur mit Mängeln zu bekommen ist oder irgendwelche Begleitumstände nicht den Wünschen entsprechen. Inzwischen versteht man darunter generell negative Nebenaspekte einer positiven Sache, ohne dass es sich um einen Kauf handeln muss.

Etwas in petto haben

Petto kommt eigentlich von dem lateinischen Wort „pectoris", das Brust bedeutet. Das scheint auf Gefühle hinzudeuten, doch so wird die Redewendung nicht gebraucht. Wer etwas in petto hat, der hat es in Reserve. Oft wird die Sentenz angewendet, wenn jemand bei einer Diskussion noch nicht alle Argumente aufgefahren hat und sich noch welche aufhebt, um sie später nachzuschieben.

***

Etwas ist in den Eimer gegangen

Was in den Eimer geht, ist gründlich schiefgelaufen. Da ist nichts mehr zu reparieren. Die Sache taugt – tatsächlich oder im übertragenen Sinne – wirklich nur noch dazu, in den Abfalleimer geworfen zu werden.

Etwas ist in trockenen Tüchern

Diese Wendung ist noch recht jung und trotzdem rätseln die Sprachforscher, woher sie kommt. Dabei gibt es nur Spekulationen. Eine Vermutung ist, dass auf die trockenen Windeltücher eines Babys nach dem Wickeln angespielt wird. Aber auch alle anderen Dinge, die unfreiwillig nass geworden sind und dann in trockene Tücher gepackt werden, könnten Pate gestanden haben. Selbst bei der Käseherstellung wird die von der Molke getrennte Käsemasse in trockene Tücher gepackt. Auf jeden Fall steht die Wendung dafür, dass etwas in Sicherheit gebracht oder unumkehrbar geregelt ist.

***

Etwas ist mir nicht geheuer

Im Mittelhochdeutschen gab es das Wort „geheuer" noch. Es hatte eine ähnliche Bedeutung wie heimelig oder behaglich. Geheuer war es dort, wo man sich zu Hause fühlte und sich unbesorgt entspannen konnte. Nicht geheuer oder ungeheuer war also alles, was dieses Gefühl zerstörte und einen unsicher, nervös, ängstlich und misstrauisch machte.

Etwas ist tabu

Tabu ist ein Wort aus der polynesischen Sprache und bedeutet „unberührbar". Dinge, die tabu waren, durften in der polynesischen Kultur nicht angefasst werden. Ähnliche Tabus kannten jedoch auch zahlreiche andere Stammeskulturen. Im Gegensatz zu einem normalen Verbot gilt ein Tabu als etwas, was nicht aufgehoben und unter anderen Umständen erlaubt werden kann. Über Tabus kann man nicht diskutieren, weil es keine Begründung dafür gibt. Auch heutzutage versteht man unter einem Tabu ein absolutes, wenn auch nicht zwingend rational begründbares Verbot, das seine Wurzeln in grauer Vorzeit hat. In der Regel werden Tabus stillschweigend akzeptiert, reizen jedoch vor allem die jüngere Generation, sich zu widersetzen.

Etwas ratzekahl fressen

Wenn ein Rudel Ratten über etwas herfällt, ist danach meist wirklich nicht mehr viel übrig. Und so haben irgendwelche Witzbolde im 18. Jahrhundert oder sogar schon früher aus dem Wort radikal ratzekahl gemacht. Gemeint ist im Grunde das Gleiche, aber ratzekahl klang wohl einfach anschaulicher als das Fremdwort radikal.

Etwas Revue passieren lassen

Eine Revue ist heute eine Bühnenshow mit mehreren Nummern. Doch Revue heißt im Französischen eigentlich Rückblick. Viele Zeitungen tragen den Namen Revue, da sie einen Rückblick auf das bieten, was am vergangenen Tag oder in der vergangenen Woche passiert ist. Auch Jahresrückblicke, die in einzelnen Etappen das vergangene Jahr behandeln, werden als Revue bezeichnet. Ganz ähnlich ziehen einem vergangene Ereignisse noch mal am geistigen Auge vorbei, wenn man etwas Revue passieren lässt.

Etwas türken

Vermutlich ist der „Schachtürke" des österreichisch-ungarischen Erfinders Johann Wolfgang Ritter von Kempelen (1734–1804) schuld daran, dass „türken" zu einer Umschreibung für „etwas vortäuschen" wurde. Kempelen baute nämlich um 1770 einen Schachroboter, der die damals modische türkische Tracht mit Turban und Schnurrbart trug. Diese Figur hatte ein Schachbrett vor sich und konnte die Figuren darauf bewegen. Der Automat spielte sogar außergewöhnlich gut. Das lag aber daran, dass im Unterbau ein sehr erfahrener Schachspieler verborgen war, der die Bewegungen der Figur steuerte. Im Endeffekt spielte also ein Mensch, keine Maschine, wie Kempelen den staunenden Zuschauern weiszumachen versuchte. Es gibt jedoch noch einige andere Erklärungen für den Begriff „türken". So sollen die europäischen Heere während der Türkenkriege im 16. Jahrhundert figurenähnliche Zielscheiben für Schießübungen als „Türken" bezeichnet haben bzw. ziemlich aufwendige Truppenmanöver des preußischen Königs Friedrich Wilhelm IV. (1795–1861) von seinen Soldaten als Türkenmanöver bezeichnet worden sein – entweder wegen der bombastischen Inszenierung oder weil sie auf dem Tempelhofer Feld stattfanden, wo es ein türkisches Grabmal gibt. Diesen beiden Erklärungen fehlt allerdings das Element der Täuschung.

ETWAS VOM ZAUN BRECHEN

Entzündet sich heute ein spontaner Aufruhr, z. B. während einer Demonstration, dann greifen die Gewalttäter vielleicht zu Pflastersteinen. Im Mittelalter waren dicke Holzbretter oder -stöcke die am leichtesten verfügbare Waffe, wenn man spontan eine Schlägerei beginnen wollte. Man riss sie einfach aus den Zäunen. Dinge, die vom Zaun gebrochen werden, werden genauso hitzköpfig begonnen, wie eine Keilerei, bei der man zur nächstbesten Waffe greift.

Etwas wienern

Etwas, das gewienert wird, wird besonders gründlich geschrubbt und poliert. Das liegt daran, dass Wiener Kalk, ein Scheuermittel aus feinem Kalkmehl, früher ein weit verbreitetes Putzmittel war, das immer dann eingesetzt wurde, wenn etwas besonders blank werden sollte.

Ewig und drei Tage

Im Mittelalter war es üblich, den Fristen noch einmal ein paar Tage zuzuschlagen. Ein Kredit, der für ein Jahr gewährt worden war, wurde also nach einem Jahr und drei Tagen fällig. Damit gab man dem Schuldner Zeit, die Sache auch wirklich zu erledigen. In einer Zeit, in der man Onlineüberweisungen noch nicht kannte, konnte ja schließlich allerlei dazwischenkommen. Ewig und drei Tage ist deshalb eine ironische Steigerung von „ewig". Wer einen „ewig und drei Tage" warten lässt, mutet einem nicht nur eine als „ewig" empfundene Wartezeit zu, sondern lässt auch noch alle Zusatzfristen verstreichen.

Farbe bekennen

Kartenspieler wissen, was das bedeutet. Wird eine Farbe, sprich ein Kartensymbol (Kreuz, Pik, Herz, Karo) angespielt, müssen alle Mitspieler in der Regel Karten mit dem gleichen Symbol ausspielen. Nur wer nicht über diese Farbe verfügt, darf auch eine andere Karte ausspielen. Wer „Farbe bekennen" muss, kann also nicht länger sein Blatt bedeckt halten, sondern muss seine Karten ausspielen. Es zeigt sich, über welche Mittel und Fähigkeiten er verfügt. Während es im Kartenspiel aber oft strategisch günstig sein kann, wenn man nicht „bekennen" kann, gilt das im wahren Leben meist nicht.

Fersengeld geben

Im *Sachsenspiegel*, einem bedeutenden Rechtsbuch aus dem 13. Jahrhundert, heißt es, dass es bei den Wenden (Slawen) Sitte sei, dass ein Mann, der seine Frau verlässt, einen „versne pennige" zahlen muss. Was „versne" genau bedeutet, weiß man jedoch nicht. Es könnte sich auf die Fersen beziehen, die man ja nur von hinten richtig sieht, wenn einer davonläuft, könnte aber auch eine „Färse" meinen, eine junge Kuh, die der Mann als Wiedergutmachung für seine Flucht kaufen musste. Auch beim Militär gab es zeitweise den Brauch, eine Flucht vom Schlachtfeld mit einer Geldstrafe zu belegen. Wer Fersengeld gibt, ist also so fest zur Flucht entschlossen, dass er auch bereit ist, die negativen Folgen auf sich zu nehmen.

Feuertaufe

Als Feuertaufe bezeichnete man es beim Militär, wenn ein junger Soldat zum ersten Mal an einer Schlacht teilnahm und dem Feuer der feindlichen Waffen ausgesetzt war. Im übertragenen Sinne wird der Ausdruck für andere erstmalige Gelegenheiten verwendet, bei der sich jemand bewähren muss.

Fix und fertig

Heute wird die Redewendung im Sinne von „vollkommen fertig" gebraucht. Ursprünglich stand „fix“ für fixiert. War etwas fix, dann war es wieder fest oder befestigt. „Fix und fertig“ bedeutete also, dass etwas repariert und abgebrochene oder lose gewordene Teile wieder fixiert worden waren. Mit der Zeit wurde fix auch im Sinne von geschickt gebraucht und noch später auch als schnell. Wer etwas fixieren konnte, war also geschickt und wer geschickt war, erledigte die Dinge rasch und schnell. „Fix im Kopf“ oder „fix mit den Fingern“ wurde zum Synonym für Schnelldenker und geschickte, rasche Handwerker, obwohl der ursprüngliche Wortsinn genau das Gegenteil sagt. „Fix und Foxi“ ist eine scherzhafte Abwandlung, die sich auf die beiden gleichnamigen Comicfiguren bezieht, zwei kleine Füchse, die 1953 von dem Zeichner Rolf Kauka geschaffen wurden.

Flöten gehen

Was flöten geht, das geht verloren. Woher diese Redewendung kommt, weiß man nicht. Es gibt gleich drei mögliche Erklärungen, von denen jedoch keine etwas mit einer Flöte zu tun hat. Zum einen existiert die Vermutung, die Flöte könne eine Verballhornung der jiddischen „Pleitje“ (Pleite) sein. Zum anderen war Flöte im Rotwelsch ein Ausdruck für ein Gefängnis.

Zum Dritten könnte die niederdeutsche Wendung „dat is fleuten gahn“ (das ist davongeflossen) zugrunde liegen.

Frech wie Oskar

Vermutlich gab es keinen besonders dreisten Menschen namens Oskar, der für diese Redewendung Pate stand, auch wenn gelegentlich der bissige Berliner Theaterkritiker Oskar Blumenthal (1852–1917) in Erwägung gezogen wird. Sie leitet sich wohl eher von dem jiddischen Ausdruck „Ossoker“ ab, der eine freche Person umschrieb, was die Redewendung zu einer Tautologie macht, da sie wörtlich „frech wie ein Frecher“ lauten würde. Allerdings gab es früher auch noch andere Oskar-Vergleiche, etwa: „Stolz wie Oskar“ oder „Er glänzt wie Oskar“. Der Name Oskar könnte also ähnlich wie Hans (siehe: Hanswurst) oder Matz (siehe: Mätzchen machen) einfach zum Synonym für prahlerische, extrovertiert auftretende Menschen geworden sein, eventuell wegen der sprachlichen Nähe zum jiddischen Ossoker. Oder auch zum „flotten Otto“, denn auch diese Wendung geht aller Wahrscheinlichkeit nach nicht auf einen bestimmten Otto zurück, sondern eher auf die Tatsache, dass der

Name Otto in Kreisen, in denen man „flott" zu leben pflegte, einmal besonders in Mode war.

FREUND HEIN

Hinter dieser Anrede verbirgt sich ein alter Name für den Tod, den man – ähnlich wie den Teufel – nicht gerne direkt beim Namen nannte, weil man Angst hatte, ihn so herbeizurufen. Hein (Abkürzung von Heinrich) wurde im Mittelalter manchmal auch als Deckname für den Teufel benutzt, warum, ist unbekannt. Der Zusatz Freund sollte wohl besänftigend wirken. Bekannt gemacht wurde dieser Name des Todes vor allem durch den Dichter Matthias Claudius (1740–1815).

FRIEREN WIE EIN SCHNEIDER

Die Redensart erscheint recht widersinnig, denn ein Schneider, der ja immerhin Kleidung herstellt, sollte genügend anzuziehen haben, um nicht frieren zu müssen. Deshalb gibt es die These, dass es oft recht schwächliche, dürre Männer waren, die das körperlich nicht sehr anstrengende Schneiderhandwerk wählten und dass diese Schneiderlein auch leichter froren. Andererseits war es natürlich auch so, dass es sich im Mittelalter kaum jemand leisten konnte, seine Handwerksstube zu beheizen. Wer körperlich aktiver war, dem wurde auch wärmer als dem Schneider, der stundenlang still saß und nähte.

Fröhliche Urständ feiern

Urstände waren im mittelalterlichen Deutsch eine Erhebung. Man gebrauchte das Wort sowohl für die österliche Auferstehung als auch für andere Dinge, bei denen es um ein Aufstehen oder eine Erneuerung ging. Heute wird der Ausdruck meistens mit einem negativen Unterton gebraucht, wenn Dinge wieder auftauchen, die man schon der Vergangenheit zugerechnet hatte.

Für jemanden die Hand ins Feuer legen

Im frühen Mittelalter wandte man vor Gericht oft sogenannte Gottesurteile an, um den Schuldigen zu ermitteln. Eines davon war die Feuerprobe. Der Angeklagte musste seine Hand ins Feuer legen. Danach wurde sie verbunden. Wenn die Hand schnell wieder heilte, glaubte man, dass Gott damit die Unschuld des Angeklagten aufzeige, während er den Schuldigen mit Komplikationen bei der Heilung strafe. Unter bestimmten Umständen konnte auch jemand anders die Probe für den Angeklagten ablegen. Um so etwas zu tun, musste man natürlich fest von der Unschuld des anderen überzeugt sein, denn sonst – so die Überzeugung – würde man selbst mit einer nicht oder nur schlecht heilenden Hand bestraft.

Für jemanden eine Lanze brechen

Wer für jemanden eine Lanze bricht, setzt sich für ihn ein. Heute geschieht das in der Regel mit überzeugenden Worten. Wenn aber früher jemand im Kampf Mann gegen Mann in Gefahr geriet, konnte er oft gerettet werden, indem ein anderer mit seiner Lanze zwischen die Kämpfenden ging. Diese Lanze ging dann aber in der Regel zu Bruch. Bei mittelalterlichen Zweikämpfen war es sogar vorgesehen, dass jemand mit einer Lanze oder Stange bereit zum Eingreifen stand. Ganz Ähnliches drückt deshalb die Wendung „Jemandem die Stange halten" (siehe dort) aus, doch in der Regel verwendet man das „Lanze brechen" für einen aktiveren Beistand, als den anderen nur nicht im Stich zu lassen.

Für jemanden schwärmen

Alle Redewendungen, in denen von Schwärmen oder Schwärmerei die Rede ist, haben mit dem Verhalten von Bienenschwärmen zu tun. Wer für jemanden schwärmt, bewegt sich um ihn herum wie der Bienenschwarm um die Königin. Und ein bewunderter Mensch zieht einen Schwarm Verehrer an wie die Bienenkönigin ihr Volk. Bei einem Schwärmer sind die Gedanken so unruhig und durcheinander wie Bienen in einem Schwarm. Und auch der Nachtschwärmer flattert durch die nächtlichen Vergnügungen wie eine Biene von Blüte zu Blüte.

Für lau arbeiten

Mit einer lauwarmen Temperatur hat diese Redewendung nichts zu tun. Im Jiddischen bedeutet „lau" umsonst oder nichts. Und genau das ist auch gemeint.

Für'n Appel und 'n Ei

Äpfel und Eier waren früher auf Bauernhöfen die Dinge, die am häufigsten benutzt wurden, um kleine Gefälligkeiten zu belohnen. Aber viel Arbeit leistete man dafür natürlich nicht. Wurde richtig schweißtreibende Nachbarschaftshilfe geleistet, dann waren schon mindestens eine Wurst oder eine Flasche Selbstgebrannter fällig.

Gegen etwas gefeit sein

Wer gegen etwas gefeit ist, ist immun dagegen. Das Wort kommt vom lateinischen Fata, was sowohl eine Wahrsagerin meinte als auch der Name der Schicksalsgöttin war. Ursprünglich glaubte also derjenige, der sich gegen Gefahren gefeit fühlte, dass ihm ein anderes Schicksal bestimmt sei und er deshalb von dieser Gefahr nicht getroffen werden könne.

Gegen Windmühlen kämpfen

Wer gegen Windmühlen kämpft, ficht Kämpfe aus, die er unmöglich gewinnen kann. Genauso erging es dem spanischen Romanhelden Don Quichotte. In einem seiner Abenteuer hält der „Ritter der traurigen Gestalt", der offenbar auch mit einer ganz erheblichen Sehschwäche geschlagen war, Windmühlen für Riesen und versucht, sie zu bekämpfen, was natürlich schiefgeht. Der Kampf des Don Quichotte gegen die Windmühlen, den der Autor Miguel de Cervantes (1547–1616) beschrieb, wird auch als der aussichtslose Kampf des Menschen gegen die fortschreitende Technisierung begriffen.

Geld wie Heu haben

Heu braucht man in großen Mengen, wenn man Vieh über den Winter bringen will. Wer also Geld wie Heu hat, hat sehr viel davon und ist reich. Vermutlich waren es Räuberbanden, die diesen Vergleich aufbrachten. Wenn sie einen Bauernhof ausspähten und dort große Heuvorräte sahen, konnten sie darauf schließen, dass dort auch an Geld einiges zu holen war. Da diese Banden früher viele jiddische Wörter für ihre Gaunersprache Rotwelsch benutzten, um nicht von Außenstehenden verstanden zu werden, könnte auch die Ähnlichkeit zwischen dem jiddischen Matbea (Münze) und Matben (Streu) mit hineingespielt haben.

Geliefert sein

Mit einer normalen Warenlieferung hat diese Redewendung nichts zu tun. Es ging ursprünglich um das Ausgeliefertsein: etwa an seine Feinde, die Justiz oder gar den Henker. Dementsprechend wird der Ausdruck auch verwendet, wenn jemand an einen Punkt gelangt ist, an dem er sich selbst nicht mehr helfen kann, sondern anderen ausgeliefert ist, beispielsweise seinen Gläubigern.

Geschniegelt sein

Hinter dem Schniegeln steckt die Schnecke. Als Schneckl oder Schnichl bezeichnete man Haarlocken, die wie ein Schneckenhaus gekringelt waren. Locken aber drehten sich früher viele Leute, die nicht von Natur aus damit gesegnet waren, für feierliche Anlässe, was ein ziemlicher Aufwand war. Geschniegelt war also jemand, bei dem jede künstliche Locke saß und der auch ansonsten passend herausgeputzt war.

Gib ihm Saures!

Hier gibt es zwei mögliche Erklärungen. Die erste: Das Wortpaar „süß" und „sauer" wurde früher oft als Synonym für gut und schlecht benutzt. Ein gutes Leben war süß, ein hartes sauer. Wer einen anderen quälte, machte ihm das Leben sauer oder gab ihm Saures. Wer „sauer" wurde, ließ sich in schlechte Stimmung bringen. Schlechte Zeiten waren saure Zeiten und eine schlechte Ehe „schmeckte sauer". Eine zweite These ist, dass „Saures" eine Verballhornung des jiddischen „Zores" (Ärger, Sorgen) ist.

Graue Eminenz

Eine graue Eminenz ist jemand, der im Hintergrund die Fäden zieht, aber kaum selbst in Erscheinung tritt bzw. gar keine Amtsbefugnisse hat, um handeln zu können. Grau scheint hier für eine Tarnfarbe zu stehen, doch das ist nicht der Fall. Der Erste, der den Titel „Graue Eminenz" verliehen bekam, war nämlich François-Joseph du Tremblay (1577–1638), alias Père Joseph, ein Berater des französischen Kardinals Richelieu (1585–1642). Du Tremblay war Kapuzinermönch und trug als solcher ein graues Ordenshabit.

Große Rosinen im Kopf haben

Früher sagte man: „Große Rosinen im Sack haben", und meinte damit einen reichen Händler, genauso wie man einem reichen Bauern „große Kartoffeln" bescheinigte. Rosinen gehörten früher durchaus zu den Luxusgütern und waren nicht billig. Wer sie jedoch nicht im Sack, sondern nur im Kopf hat, ist nicht wirklich reich, sondern träumt nur davon. Während es heute etwas lächerlich wäre, Wohlstand an Rosinen zu messen, hat sich die Umschreibung „große Rosinen" für große Pläne erhalten. Oft schwingt dabei eine deutliche Kritik mit: Das Gegenüber wird als Träumer bezeichnet, der sich die schönsten Dinge ausmalt, aber nicht wirklich an der Umsetzung arbeitet bzw. keine realistischen Pläne schmiedet.

Grosskotzig sein

Wer großkotzig ist, erbricht sich oft geradezu vor Arroganz. Doch daher kommt das Wort nicht. Im Jiddischen bedeutet „kozin" schlicht vornehm, reich. Im Rotwelsch bezeichneten die kleinen Gauner dann einen Prahler als Kotz.

Grütze im Kopf haben

Die Grütze, die gemeint ist, hat weder mit roter Grütze noch mit Hafergrütze etwas zu tun. Zugrunde liegt das seltene Wort „Kritz", und das bedeutete im 16. Jahrhundert genau das, was in der Redewendung gemeint ist, nämlich Verstand. Übrigens gibt es im Russischen die Wendung „Grütze im Kopf haben" auch (kaša v golove). Kaša ist hier tatsächlich das gleiche Wort, das auch für das Lebensmittel Grütze verwendet wird. Aber mit der russischen Wendung wird eine ausgesprochene Dummheit umschrieben, im Sinne von „nur Brei im Kopf haben".

Gut beschlagen sein

Wer gut beschlagen ist, der weiß sehr viel. Vor allem verwendet man die Redensart, wenn jemand für die Anforderungen, die sich ihm stellen, etwa für eine Prüfung, sehr gut vorbereitet ist. So war das früher auch mit den Pferden. Je besser ein Pferd beschlagen war, desto besser konnte es seine Aufgaben bewältigen. Dabei war der Beschlag für Reit- oder Kutschpferde durchaus ein anderer als etwa für einen Ackergaul.

Haare auf den Zähnen haben

Ein starker Haarwuchs galt früher als Zeichen von Kraft und Stärke. Vermutlich sagte man deswegen jemandem, der scharf argumentieren kann, nach, er habe „Haare auf den Zähnen" – bzw. früher auch: Er habe „Haare auf der Zunge". Inzwischen wird der Ausdruck aber fast nur noch für zänkische Frauen benutzt.

Hals über Kopf

Normalerweise befindet sich der Kopf über dem Hals, es sei denn, man stürzt sich mit dem Kopf voraus in eine Sache. Im weiteren Sinne wird die Wendung für jegliche Art von überstürzten, hastigen Handlungen benutzt.

Hals- und Beinbruch!

Ein ziemlich makabrer Wunsch, der vor allem in manchen Sportarten, z. B. im Pferderennsport, üblich ist. Eigentlich sollte man dem Reiter doch eher das Gegenteil wünschen. Steckt dahinter der Aberglaube, Unglück zu bannen, indem man es beim

Namen nennt? Vielleicht hat sich der Spruch aus diesem Grund gehalten. Seine Wurzel jedoch ist eine ganz andere. Bei den jiddisch sprechenden europäischen Juden war die die Formel „Hatslokhe un Brokhe" üblich. Sie leitet sich aus dem Hebräischen ab und bedeutet „Erfolg und Segen". Also das, was man vor einem riskanten Unternehmen wirklich wünschen sollte!

HALTE DIE OHREN STEIF!

Menschen können ihre Ohren nicht nach Belieben steif machen oder hängen lassen, doch viele Tiere wie z. B. Hunde können es. Wenn sie die Ohren aufrichten oder spitzen, sind sie besonders wachsam, aufmerksam und konzentriert, und das soll auch jemand sein, dem geraten wird, die Ohren steif zu halten. Umgekehrt wird jemandem, der sich wie ein „geprügelter Hund" fühlt, geraten, nicht die Ohren hängen zu lassen, wie es Hunde in einem solchen Fall tun.

Hannemann, geh du voran!

Im Schwank von den *Sieben Schwaben* (16. Jahrhundert) bekämpfen die sieben Titelhelden ein vermeintliches Untier, das in Wahrheit aber nur ein harmloser Hase ist. Als sie zum Angriff rüsten, fordern sie einen der Ihren auf: „Hannemann, geh du voran! Du hast die größten Stiefel an!" Die Wendung wird deshalb gerne in Situationen zitiert, in denen keiner die Initiative ergreifen will, sondern jeder versucht, einen anderen vorzuschieben.

HASARD SPIELEN

„Jeu de hasard" heißt im Französischen Glücksspiel, und wer Hasard spielt, geht leichtfertig ein großes Risiko ein. Zwar ist der mögliche Gewinn meist relativ groß, wenn man von Hasard spricht, doch die Chance, ihn zu erreichen, ist ziemlich klein.

Heilig's Blechle!

Mit diesem Ausdruck tun Schwaben traditionell ihr Erstaunen kund. Ursprünglich war das „heilige Blechle" wohl eine Blechmarke, die vom sogenannten Heiligenpfleger ausgegeben wurde. Dieser war für die Versorgung der Armen in einer Kirchengemeinde zuständig. Wenn die Spendengelder für diesen Zweck nicht ausreichten, hatte er die Befugnis, den Bedürftigen das eigentlich verbotene Betteln zu erlauben. Als Ausweis führten die Armen dann ihr „Blechle" mit. Wieso aber aus der Bettelmarke ein Ausruf des Erstaunens wurde, ist unbekannt.

Henkersmahlzeit

Vor einer Hinrichtung war es vielerorts Brauch, dass sich der zum Tode Verurteilte noch eine letzte Mahlzeit wünschen durfte und dann auch alles bekam, was er haben wollte. In manchen Ländern, die immer noch hinrichten, wie etwa in den USA, gibt es diesen Brauch immer noch. Dass den Opfern ihr Lieblingsessen kurz vor der Begegnung mit dem Henker noch schmeckt, darf bezweifelt werden. Obwohl es die Henkersmahlzeit noch gibt, wird die Redewendung heute meist eher ironisch für minder schwere Situationen gebraucht, etwa für die letzte Mahlzeit vor einer Prüfung, einer Operation oder einem anderen einschneidenden Ereignis, dessen dunkler Schatten einem den Appetit verderben kann.

***

Herein, wenns kein Schneider ist!

Ursprünglich hieß es wohl: „Wenns kein Schnitter ist", und meinte den Tod, der oft als Schnitter mit der Sense dargestellt wurde. Gut möglich, dass die Variante mit dem Schneider auch deshalb so beliebt wurde, weil Schneider ein Handwerk ausübten, das die Leute besonders dazu verleitete, Schulden zu machen. Alte Redewendungen wie „Dastehen wie ein geleimter Schneider" oder einen „Schneidergang tun" zeigen, dass die armen Schneider wohl ziemlich oft ihre Kunden aufsuchen mussten, um ihr Geld einzutreiben. Willkommen waren sie bei diesen Gängen natürlich nirgendwo.

Herumstehen wie ein Ölgötze

Das Schimpfwort Ölgötze haben die protestantischen Reformatoren des frühen 16. Jahrhunderts erfunden. Sie kanzelten damit Kleriker ab, die dumm und stumm herumstanden und zu nichts nütze waren. Was sie genau mit dem Ölgötzen meinten, weiß man jedoch nicht. Es könnte sich auf die mit heiligem Öl gesalbten katholischen Priester beziehen, andererseits bezeichnete Luther jedoch auch sich selbst als Ölgötzen. Außerdem war es nicht hauptsächlich Untätigkeit, die die Reformatoren den katholischen Priestern vorwarfen. Wahrscheinlicher ist, dass sie die mit Ölfarbe gemalten und bemalten Heiligenbilder und Statuen meinten, die in jeder katholischen Kirche in großer Menge zu finden waren.

Heulen wie ein Schlosshund

Ein Schlosshund ist kein Hund, der auf einem Schloss lebt, sondern einer, der angeschlossen ist, also an der Kette liegt. Und diese können ziemlich erbärmlich heulen.

Hieb- und stichfeste Argumente

Im Mittelalter musste eine Rüstung ihren Träger sowohl gegen Hiebe als auch gegen Stiche des Gegners schützen. Beide Angriffsarten stellten jedoch andere Anforderungen an den Waffenschmied, sodass nur eine hieb- und stichfeste Rüstung perfekt war. Im übertragenen Sinn halten auch hieb- und stichfeste Argumente den verschiedensten Anfechtungen stand.

Hinten Lyzeum, vorne Museum

Als Lyzeum bezeichnete man früher eine höhere Mädchenschule, die also von jungen Mädchen bis 18 oder 20 Jahre besucht wurde. Das Museum dagegen steht für die oft sehr alten Gegenstände, die dort ausgestellt werden. Dementsprechend verspottet diese Redensart Frauen, die von hinten durch ihre Aufmachung wie ein junges Mädchen wirken, während ein Blick von vorne auf Gesicht und Hals das wahre Alter verrät.

Hinter schwedischen Gardinen sitzen

So bezeichnete man – im Rotwelsch früher und oft auch noch heute – einen Aufenthalt im Knast. Vermutlich ist schwedischer Stahl, der für die Gefängnisgitter benutzt wurde, die Grundlage für diese Wendung. Eventuell entstand sie aber auch im 17. oder 18. Jahrhundert in Pommern, das damals von den Schweden besetzt war, was zur Folge hatte, dass auch die Gefängnisse von den Schweden betrieben wurden.

Hinz und Kunz

Hinz und Kunz waren der Otto Normalverbraucher und das Lieschen Müller des Mittelalters. Heinrich und Konrad gehörten damals zu den häufigsten Namen, und beim einfachen Volk wurden diese oft zu Hinz und Kunz abgekürzt. Die beiden Namen standen also nicht nur für „jedermann", sondern auch für das einfache Volk, denn die „besseren Leute" benutzten diese Abkürzungen nicht, schon gar nicht die Könige aus dem Haus der Salier. Dieses regierte von 1024 bis 1125 und war wohl maßgeblich für die Inflation der beiden Namen verantwortlich, da seine männlichen Vertreter alle Heinrich (III., IV., V.) oder Konrad (II.) hießen. Im Übrigen stellen Sprachforscher ab dem 12. Jahrhundert eine Tendenz zu Modenamen fest, die noch schlimmer war als heute. Es wurden plötzlich viel weniger verschiedene Namen benutzt als in früheren Jahrhunderten. Kein Wunder also, dass man im 13. Jahrhundert dann über Hinz und Kunz zu spotten begann.

Hol's der Kuckuck!

Fluchen wurde früher als ernstes Delikt angesehen und so haben sich für bestimmte Fluchwörter unverfänglich klingende Ersatzwörter eingebürgert. Kuckuck stand in diesem Kontext für den Teufel. Aussprüche wie „Dich soll der Kuckuck holen" oder „Das weiß der Kuckuck" oder „Zum Kuckuck noch mal" beziehen sich also alle in Wahrheit auf den Teufel, den man jedoch nicht beim Namen nennen will.

Holzauge, sei wachsam!

Diese launige Aufforderung, aufmerksam zu sein, wird oft auf Kugelscharten zurückgeführt, wie sie früher in Stadt- oder Burgmauern eingelassen waren. Diese Scharten waren mit „Holzaugen" gefüllt, beweglichen Holzkugeln mit einem Loch in der Mitte. Durch dieses Loch konnte der Gewehrlauf gesteckt werden. Etwas sehen konnte man durch diese „Augen" allerdings nur, wenn das Loch frei war, und auch dann war der Blick äußerst eingeschränkt. Deswegen könnte es sein, dass die Redensart vielleicht doch eher auf Astlöcher im Holz zurückgeht, die teilweise auch als „Augen" bezeichnet wurden. Eine andere These ist die folgende: Es handelt sich um Galgenhumor der Soldaten im Ersten Weltkrieg. Angesichts der vielen verwundeten Kameraden, die hölzerne Arm- und Beinprothesen verpasst bekamen, wurde auch über Holzaugen für Blinde gespottet. Verhielt sich dann jemand „blind", bezeichnete man ihn folglich als „Holzauge". Die Bemerkung „Holzauge, sei wachsam" könnte von solchen Holzaugen-Scherzen übrig geblieben sein.

Hörner aufsetzen

Schon in der Antike wurde ein Mann, der von seiner Frau betrogen wurde, als „gehörnt" bezeichnet. Ganz genau weiß man nicht, wie es zu dieser Redewendung kam, doch im Allgemeinen geht man davon aus, dass der betrogene Ehemann hier mit gehörnten Vertretern aus dem Tierreich verglichen wird, deren Intelligenz in keinem besonders guten Ruf stand, etwa mit Ochsen oder Ziegen- und Schafsböcken.

Ich bin doch kein Krösus

König Krösus regierte von etwa 556 bis 541 v. Chr. das Land Lydien im Westen Anatoliens. In der griechischen Sage wird er als unermesslich reich dargestellt. Da könnte tatsächlich etwas dran gewesen sein, denn vermutlich wurde in dieser Zeit in Lydien das erste Geld der Welt hergestellt. Um aber auf die Idee zu kommen, Münzen prägen zu lassen, muss man bereits über einen florierenden Handel verfügen. Der Legende nach war Krösus auch sehr freigiebig, was bei seinem Reichtum allerdings eine leichte Sache war. Wer sich dagegen verwahrt, Krösus zu sein, will ausdrücken, dass er – im Gegensatz zum lydischen König – nichts zum Herschenken hat. Eine etwas modernere Variante des Spruches lautet: „Ich bin doch nicht die Bank von England." Doch auch dieser bezieht sich auf die Vergangenheit. Denn während der Glanzzeiten des britischen Empires galt die englische Staatsbank als unermesslich reich.

Ich glaub, es hackt!

Die Wendung wird meist im Sinne von: „Du spinnst wohl?" oder „Sind bei dir noch alle Tassen im Schrank?" gebraucht, bedeutet aber ursprünglich, dass jemand das Gefühl hat, der andere hackt oder schlägt auf ihn ein.

Ich glaub, mein Schwein pfeift

Schon mal ein Schwein pfeifen gehört? Natürlich nicht! Schweine können nämlich nicht pfeifen. Deshalb bürgerte sich die Redewendung für Situationen ein, die einem ähnlich überraschend vorkommen, als wenn Schweine plötzlich zu pfeifen anfingen. Tiere scheinen in solchen Situationen überhaupt gerne herangezogen zu werden: Im alten Rom etwa sagte man gerne von unwahrscheinlichen Dingen, das sei, als ob ein Wolf ein Schaf heiraten würde oder eine Heuschrecke einen Ochsen gebären.

Ich mach dir doch nicht den Leo

Vermutlich geht der Spruch auf den Löwen „Leo" zurück. Dieser war – ähnlich wie die Mainzelmännchen im ZDF – eine Zeichentrickfigur, die von den 1950er- bis in die 1980er-Jahre zwischen den Werbeblöcken des Bayerischen Fernsehens auftauchte. Als Werbefigur wurde er für alles Mögliche herangezogen. Eine ältere Variante lautet: „Ich mach dir doch nicht den Heinz", wobei hier kein spezieller „Heinz" auszumachen ist, auf den Bezug genommen wird. Am ehesten könnte man auf eine Kurzform von „Heinzelmännchen" tippen. Die Grundform beider Ausdrücke dagegen dürfte „Ich mach dir doch nicht den Affen" sein. Sie bezieht sich auf die dressierten Affen, die früher auf Jahrmärkten vorgeführt wurden.

Ich versteh nur Bahnhof

Die Wendung wurde wahrscheinlich von den Soldaten im Ersten Weltkrieg geprägt. Als sich die Gespräche mit zunehmender Kriegsdauer fast nur noch um Heimaturlaub und Kriegsende drehten, wurden andere Themen oft mit dem Einwand „Sei still, ich versteh nur noch Bahnhof" niedergebügelt. Außerdem gehörte „Bahnhof" wohl zu den wenigen Wörtern, die die Soldaten in der Landessprache ihrer Einsatzorte kannten. Zu Hause auf ihre Fremdsprachenkenntnisse angesprochen, mussten sie dann wohl oft zugeben, dass sie (fast) nur Bahnhof verstanden.

Ihm geht der Arsch auf Grundeis

Grundeis kann sich unter gewissen Bedingungen am Grund von Flüssen bilden, wenn es dort sehr kalt ist, der Fluss aber wegen seiner Fließgeschwindigkeit an der Oberfläche nicht zufriert. Dieses Grundeis kann sich jedoch vom Boden lösen und zu Treibeis werden, das der Schifffahrt schnell gefährlich wird. Abgehendes Grundeis galt deshalb als Synonym für Bedrängnis und beängstigende Situationen. Man sagte auch: „Ihm geht der Kopf mit Grundeis", wenn jemand nicht mehr klar denken konnte bzw. „Er ist ins Grundeis geraten", wenn jemand in Schwierigkeiten steckte. Ab dem 18. Jahrhundert finden sich dann auch Wendungen wie „Ihm geht der Hintern/die Buchse mit Grundeis". Dabei verglich man möglicherweise die Geräusche von losbrechendem Grundeis mit einem unbehaglichen Rumoren im Enddarm. Wann und warum aus „mit" dann „auf Grundeis" geworden ist, lässt sich nicht mehr feststellen.

Ihm gelingt ein großer Wurf

Der Wurf, von dem hier die Rede ist, wird beim Würfelspiel geworfen. Dort sind große Zahlen meist die besseren, weil sie mehr Punkte bringen. Ein großer Wurf verhilft deshalb zum Sieg oder lässt einen zumindest beträchtlich vorankommen.

Ihm schwillt der Kamm

Bei Hähnen passiert das tatsächlich. Wenn sie erregt sind, schwillt der Kamm auf ihrem Kopf an. Übertragen wird die Wendung für verschiedene Arten männlicher Erregungszustände gebraucht: Übermut, Imponiergehabe oder Aggression, allerdings weniger für sexuelle Begierde. „Ihm den Kamm stutzen" steht entsprechend für Maßnahmen gegen Übermut und Großtuerei. Früher glaubte man teilweise sogar, man könne einen Hahn unfruchtbar machen, indem man ihm seinen Kamm abschneidet.

Ihm schwimmen die Felle weg

Kürschner wohnten früher in der Regel an Wasserläufen, denn bis aus den rohen Tierhäuten edle, haltbare Pelze wurden, brauchte es viel Arbeit und noch mehr fließendes Wasser, um die Felle gründlich zu spülen. Dabei musste man sie natürlich gut befestigen, damit die Strömung die Felle nicht davontrug. Ein solches Malheur konnte einen Kürschner leicht in Existenznöte bringen. Entsprechend sagt man auch heute von jemandem, ihm schwämmen die Fälle weg, wenn ihm existenzbedrohend viele Dinge gescheitert sind. Auch die Redewendung „Das geht den Bach hinunter" geht darauf zurück, dass früher das fließende Wasser an so einigen schweren Verlusten schuld war, etwa beim Waschen der Wäsche.

Ihn sticht der Hafer

Hafer ist für Pferde echte Kraftnahrung, die sie viel leistungsfähiger macht. Von besonders übermütigen Tieren, die vor Kraft nur so strotzten, sagte man deshalb, sie hätten zu viel Hafer bekommen bzw. würden vom Hafer, den sie intus haben, gestochen (angestachelt). Übertragen gilt das für Menschen, die über überschüssige Kräfte zu verfügen scheinen – und sich dann oft in ziemlich überflüssigen Aktionen austoben.

Im Sande verlaufen

Sand ist so fein und beweglich, dass sich Spuren dort nicht lange halten. Man kann sie eine Weile verfolgen, doch über kurz oder lang werden sie einfach aufhören, weil der Wind sie zerstört.

Immer dieselbe alte Leier

Leierkästen oder Drehleiern, bei denen die Melodien durch das Drehen einer Kurbel erzeugt werden, gehören in der Regel nicht zu den Instrumenten, die eine besonders große Bandbreite von Tönen aufwiesen. Meistens wird damit nur eine relativ monotone Melodie erzeugt, die zur Untermalung eines Sprechgesangs dient. Aber auch dieser Gesang wird von vielen Leierkastenmännern „einfach heruntergeleiert".

In Bausch und Bogen verurteilen

Wer das tut, verurteilt etwas radikal, ohne die kleinste positive Seite daran gelten zu lassen. In der Flurmessung ist der Bausch traditionell die nach außen verlaufende Grenze, der Bogen die nach innen verlaufende. Wer also bei einer Messung weder Bausch noch Bogen anerkennt, erkennt gar nichts an.

In den Puff gehen

Heute ist diese Aussage klar. Der Puff ist ein Bordell. Früher war „Puff" jedoch ein Brettspiel, das dem Backgammon ähnelte. Irgendwann im 18. Jahrhundert schlich sich in Herrenkreisen die Gewohnheit ein, sich mit der Entschuldigung zu verabschieden, man wolle noch Puff spielen gehen, wenn man in Wahrheit ins Bordell ging. Der Geheimcode wurde bald ruchbar, Puff zum geläufigen Namen fürs Bordell und das Brettspiel in Tricktrack umbenannt.

In den Schornstein schreiben

Was in den Schornstein geschrieben wird, ist verloren, denn im Schornstein, der ständig neu durch Ruß geschwärzt wird, kann man keine Schulden notieren. Ähnliches sagen Redewendungen wie „In den Wind schreiben", „In den Sand schreiben" oder „Mit Kreide an die Wand schreiben" aus.

In den Sielen sterben

Die Sielen sind das Zuggeschirr eines Ackergauls oder Zugochsen. Ein Tier, das in den Sielen stirbt, verendet also während der Arbeit. Übertragen wird hier also Menschen, die nicht aufhören können zu arbeiten, prophezeit, sie würden in den Sielen sterben.

In der Kreide stehen

Wer bei jemandem in der Kreide steht, der steht in seiner Schuld. Heute ist das häufig eine moralische Schuld. Früher ging es aber ganz konkret um Geld. Wer irgendwo anschreiben ließ, dessen Schulden wurden mit Kreide auf einer Tafel notiert. Auf diese Weise konnten die aktuellen Zahlen leicht nach oben oder unten korrigiert bzw. ganz gelöscht werden, wenn jemand seine Schulden abgetragen hatte.

In der Tinte sitzen

Diese Umschreibung von „Sich mitten im Unglück befinden" war schon im 16. Jahrhundert üblich. Man findet sie z. B. in Predigten. Tinte war damals allgemein schwarz und nicht blau wie heute, und man kann vermuten, dass sie als zartfühlende Umschreibung anderer dunkler Flüssigkeiten diente. Im Klartext: Von der Tinte sprachen die, die nicht „in der Scheiße sitzen" sagen wollten. Eine andere Variante ist „In der Patsche sitzen". Die „Patsche" ist dabei aufgeweichter Matsch und Straßenschmutz, der patschende Geräusche macht, wenn man ihn in großer Menge an den Schuhen hat.

In der Tretmühle sein

Tretmühlen gab es früher tatsächlich. Bevor im 12. Jahrhundert das Prinzip der Windmühle von Asien nach Europa importiert wurde, musste man auf Menschen und Tiere zurückgreifen, um eine Mühle anzutreiben, wenn man keinen Bach zur Verfügung hatte. Im Tiergöpel liefen Tiere im Kreis, um den Mühlstein über einen Antrieb zu bewegen, während man in der Tretmühle Sklaven in einer Art Hamsterrad laufen ließ.

In der Versenkung verschwinden

So nennt man es in der Theatersprache, wenn ein Schauspieler „nach unten" abgeht. Dabei handelt es sich meist nicht um das gemächliche Hinuntersteigen auf einer Leiter, sondern um einen etwas drastischeren und schnelleren Abgang, etwa um eine Höllenfahrt. Wer in der Versenkung verschwindet, gerät deshalb ziemlich radikal aus dem Blickfeld. Im übertragenen Sinn ist jemand, der in der Versenkung verschwunden ist, nicht gestorben oder weggezogen. Er wird einfach nicht mehr wahrgenommen. Oft deshalb, weil er sich selbst bei den alten Bekannten nicht mehr bemerkbar macht – oder weil er aus irgendeinem Grund nicht mehr so interessant wie früher ist.

IN DER WOLLE GEFÄRBT SEIN

Schon in früheren Zeiten war es ein Qualitätsunterschied, ob bereits die Wolle, aus der ein Stoff hergestellt wurde, gefärbt worden war, oder ob man erst das fertige Gewebe einfärbte. Die bereits in der Wolle gefärbten Stoffe waren wesentlich farbechter, weil die Farbe tiefer in die Fasern eindringen konnte. Im übertragenen Sinne benutzt man den Ausdruck entweder für einen sehr redlichen Menschen oder für jemanden, der sein Handwerk von Grund auf gelernt hat und diese Tätigkeit auch mit Leib und Seele ausübt.

In die Binsen gehen

Was in die Binsen geht, missglückt oder geht verloren. So war es früher auch bei der Vogeljagd. Fiel ein an- oder abgeschossener Vogel in die Binsen, war er für den Jäger meist verloren, denn aus einem Dickicht hartstängeliger Binsen, die zudem noch auf morastigem Boden oder sogar im Wasser wachsen, konnten die Apportierhunde die Beute ihrer Herrchen in den seltensten Fällen bergen.

IN DIE BRESCHE SPRINGEN

Wer für einen anderen in die Bresche springt, kommt ihm mit großem Mut und hohem Einsatz zu Hilfe, obwohl er eigentlich nicht dazu verpflichtet ist. So war das auch früher, wenn die Feinde bei einer Belagerung eine Bresche, d. h. eine Lücke, in die Stadtmauer geschlagen hatten. Wer in eine solche Bresche sprang, um die Feinde abzuwehren, bezahlte seinen Einsatz höchstwahrscheinlich mit dem Leben, gab aber den anderen Verteidigern die Möglichkeit, sich neu gegen die Angreifer zu formieren.

☆☆☆

In die Flitterwochen fahren

Das mittelhochdeutsche Wort „vlittern" stand für Kichern und Flüstern, aber auch für Kosen, also den Austausch von Zärtlichkeiten. Die Flitterwochen waren also jene Wochen nach der Hochzeit, in denen der Alltag noch nicht wieder eingekehrt war und sich die jungen Eheleute hauptsächlich miteinander beschäftigten. Dass man dagegen nach der Trauung eine Hochzeitsreise machte und während der Flitterwochen wegfuhr, kam erst später mit steigendem Wohlstand in Mode.

♥✿♥

In die Mangel nehmen

Der Name Mangel kommt vermutlich von einer antiken griechischen Steinschleuder (mánganon). Im Deutschen steht er jedoch für Maschinen mit mehreren Walzen. Am bekanntesten ist die Wäschemangel. Die gewaschene Wäsche wird zwischen den Walzen geglättet und in der Heißmangel auch getrocknet. Aber auch Maschinen, in denen Folien ausgewalzt werden oder Nudelteigplatten, entsprechen im Grunde dem Prinzip der Mangel. Immer wird das Material zwischen den Walzen stark gepresst und so geht es auch jemandem, der im übertragenen Sinn in die Mangel genommen wird.

***

In die Röhre schauen

Vermutlich handelt es sich bei der Röhre aus diesem Sprichwort um ein Fernrohr. Wer durch ein solches schaut, der kann zwar entfernte Dinge gut erkennen, aber er kann in das Geschehen, das er sieht, nicht eingreifen, weil er zu weit weg ist. Wer nur noch „durch die Röhre" erkennen kann, dass jemand anderes ihm eine Beute wegschnappt, der hat keine Chance mehr, selbst an das begehrte Gut zu gelangen. Deshalb wurde der Blick durch die Röhre zu einem Synonym für „leer ausgehen".

###

In die Vollen gehen

Ein Kegler, der in die Vollen geht, versucht, alle neun Kegel mit einem Wurf abzuräumen. Wer im übertragenen Sinn in die Vollen geht, setzt sich entweder mit ganzer Kraft für etwas ein oder er visiert die maximale Ausbeute an.

In dieselbe Kerbe hauen

Wer einen Baum mit der Hand fällen will, sollte mit der Axt immer wieder in genau dieselbe Kerbe im Holz treffen, um möglichst schnell zu einem Ergebnis zu kommen. Oft wechseln sich dabei auch zwei Holzfäller ab, von denen ebenfalls jeder in dieselbe Kerbe schlägt wie der andere. Was beim Baumfällen von Vorteil ist, ist im übertragenen Sinne oft sehr unangenehm. Etwa wenn einem mehrere Personen genau dieselben Vorwürfe machen.

In Harnisch bringen

Der Harnisch ist jener Teil einer Rüstung, der den Rumpf bedeckt. Schon in der Antike und noch in der frühen Neuzeit, also zu Zeiten, in denen eine komplette Ritterrüstung nicht mehr bzw. noch nicht üblich war, trugen die meisten Soldaten einen Harnisch, um sich zu schützen. Den Harnisch legte man an, um eine kriegerische Auseinandersetzung zu beginnen. Jemanden in Harnisch zu bringen, heißt also, ihn so wütend zu machen, dass er zum Kampf rüstet – wozu man heute allerdings andere Vorbereitungen trifft.

In Saus und Braus leben

Saus und Braus stehen für das Sausen und Brausen des Windes. Wer in Saus und Braus lebt, der lebt so überschäumend fröhlich und unbekümmert wie ein sausender und brausender Wind, der alles mit sich hinwegfegt.

In seinem Element sein

Die vier Elemente Feuer, Erde, Luft und Wasser spielten in der antiken und auch der mittelalterlichen Vorstellungswelt eine große Rolle. Dabei war klar, dass nicht jedes Lebewesen in jedem Element existieren konnte. Das Element der Fische ist das Wasser, das der Vögel die Luft und die Menschen waren dafür geschaffen, zwar nicht in, aber auf der Erde zu leben. In fremden Elementen können die jeweiligen Lebewesen entweder gar nicht existieren oder sind den eigentlichen Bewohnern dieses Elements doch zumindest weit unterlegen wie z. B. ein schwimmender Mensch den Fischen. Übrigens: Vom Feuersalamander glaubte man tatsächlich, sein Element sei das Feuer.

In Teufels Küche kommen

Die Höllenfantasien früherer Zeiten waren ziemlich drastisch. Da wurden die armen Sünder von den Teufeln bei lebendigem Leibe gekocht, gebraten, mit Gabeln gequält, lebendig verspeist etc. Kein Wunder, dass man von des Teufels Küche sprach, in der all diese Grausamkeiten ausgeheckt wurden. Wer in Teufels Küche geriet, war deshalb in höchster, akuter Gefahr, aber er war immerhin erst in der Küche und noch nicht im Kochtopf oder am Bratspieß. In Teufels Küche ist also jemand, der in eine Lage geraten ist, in der ziemlich schreckliche Dinge drohen, ohne dass es eine reelle Chance auf einen Ausweg gibt.

Ins Bockshorn jagen

Vermutlich ist das Bockshorn eine Verballhornung vom mittelhochdeutschen „Bocksham", was Bockshaut bedeutete. Das arme Opfer wurde also nicht in das Horn, sondern in die Haut eines Ziegenbocks gejagt. Damit könnte auf Formen des Femegerichts wie z. B. das bayerische Haberfeldtreiben angespielt sein, bei dem Menschen, die sich irgendeiner Verfehlung schuldig gemacht hatten oder einfach gesellschaftliche Außenseiter waren, in die Haut eines Ziegenbocks gesteckt und dann von einer johlenden Meute über die Felder getrieben wurden. Allerdings hat die Redensart heute nichts mit Schande und Bestrafung zu tun, sondern bedeutet schlicht und einfach, jemandem Angst zu machen.

Ins Fettnäpfchen treten

Leder muss regelmäßig gut eingefettet werden, damit es geschmeidig bleibt, besonders wenn es ständiger Nässe ausgesetzt ist. Zu diesem Zweck stand früher in vielen Häusern in der Nähe der Tür ein Fettnäpfchen, damit jeder, der es nötig hatte, jederzeit seine Stiefel nachfetten konnte. Trat man aus Versehen dort hinein, war das natürlich eine ziemlich unangenehme und peinliche Sache. Auch heute steht das Fettnäpfchen für Peinlichkeiten, in die jemand aus Ungeschicklichkeit und mangelnder Umsicht hineinstolpert.

Ins Gehege kommen

Heute kennt man nur noch Hühnergehege, doch früher war jedes Haus eingehegt, also mit einem Zaun oder einer Einfriedung umgeben. Im mittelalterlichen Recht war der Besitzer innerhalb dieser Einhegung absoluter „Herr im Haus." Ein Fremder hatte ihm dort nichts zu sagen und ein unerlaubtes Eindringen in dieses Gehege war bereits Hausfriedensbruch. Wer dem anderen ins Gehege kam, mischte sich also unberechtigt in dessen Angelegenheiten ein. Wenn man heute davon spricht, dass sich zwei ins Gehege kommen, dann geht es meist auch um Kompetenzstreitigkeiten und Ansprüche. Allerdings ist es oft nicht so klar wie beim mittelalterlichen Gehege, wo das Recht des einen aufhört und die Einmischung des anderen beginnt.

Ins Gras beißen

Diese ziemlich flapsig klingende Umschreibung des Sterbens stammt aus dem Wortschatz der Soldaten oder der Jäger.

Denn wer auf dem Boden liegt, schwerst verletzt ist und große Schmerzen hat – egal ob Mensch oder Tier – sucht tatsächlich oft Erleichterung, indem er ins Gras beißt. Man darf aber vermuten, dass die Umschreibung ursprünglich eher nicht frivol gemeint war, sondern dass die Soldaten eher ihr Unbehagen über das Sterben ihrer Kameraden bekämpfen wollten, indem sie nicht explizit vom Tod sprachen. Im Englischen und Französischen gibt es die Redewendung „In den Staub beißen".

Ins Hintertreffen geraten

Dieser Ausdruck stammt aus der Soldatensprache, beruht aber auf einer ziemlich naiven Sicht des Krieges. Nur wer an vorderster Front steht, so die Vorstellung, kann Treffer setzen, Feinde töten und sich so Ruhm und Beute sichern. Wer sich dagegen nach hinten abdrängen lässt, der geht leer aus. Dass derjenige, der nicht ganz vorne kämpft, im Krieg aber oft am Ende der Gewinner, sprich Überlebende ist, steht auf einem anderen Blatt.

Ins Kraut schießen

Wenn Pflanzen ins Kraut schießen, dann wachsen sie schnell, entwickeln aber mehr Blattwerk als Früchte. Für den Gärtner ist dieses wilde Wachstum also ziemlich unvorteilhaft. Wenn im übertragenen Sinne z. B. Spekulationen ins Kraut schießen, wird damit ebenfalls gesagt, dass ein ziemlich wildes und keineswegs nützliches Gewucher vorliegt. Die Spekulationen etwa werden zu wilden Gerüchten, die kein Mensch mehr nach ihrer Seriosität beurteilen kann.

Ja und Amen zu etwas sagen

Die hebräische Gebetsformel Amen bedeutet „So soll es sein". Wer also Ja und Amen zu einer Sache sagt, der stimmt im Grunde zweimal zu. Benutzt wird die Wendung aber eigentlich nur, wenn jemand nicht gerade leichten Herzens, sondern eher notgedrungen zustimmt.

Jacke wie Hose

Niemand, der eine Jacke braucht, wird sich als Ersatz eine Hose andrehen lassen. In einer Schneiderwerkstatt kommt es aber manchmal nicht darauf an, ob an der Jacke oder der Hose gearbeitet wird. Seit dem 17. Jahrhundert – der Zeit, in der auch diese Redewendung entstand – pflegt man Jacke und Hose für einen Anzug meist aus dem gleichen Material anzufertigen. Außerdem muss beides gleich sorgfältig genäht werden. Es ist also egal, ob man gerade an der Jacke oder der Hose arbeitet. Im übertragenen Sinne sagt die Wendung, dass es egal ist, für welche Alternative man sich entscheidet, da für beide das Gleiche zutrifft.

Jemandem am Zeug flicken

Das „Zeug" war früher in erster Linie ein Wollstoff und in zweiter die Kleidung, die daraus gemacht wurde. Erst in dritter Linie verstand man darunter „alles mögliche Zeug", also die verschiedensten Dinge. Die Redewendung bezieht sich auf die Kleidung. Wer einem anderen am Zeug flickt, vergreift sich an dessen Kleidung und flickt daran herum, weil sie ihm nicht gefällt. Da Kleidung etwas ziemlich Persönliches ist, stellt es einen gröberen Eingriff in die Privatsphäre dar, daran herumzumäkeln. Heute wird die Wendung allerdings weniger gebraucht, wenn jemand einem anderen im Privaten zu nahe tritt, sondern eher wenn er dessen Kompetenzen in Frage stellt und ungebeten Verbesserungsvorschläge aufdrängt bzw. sogar versucht, die Arbeit des anderen zu übernehmen.

✦✧✦

Jemandem auf den Leim gehen

Mit Leim arbeiteten früher die Vogelfänger. Sie bestrichen Ruten mit einem starken Kleber, der aus den Früchten der Mistel gekocht wurde. Daneben wurde dann ein Lockvogel postiert, ein gefangener Vogel in einem Käfig. Flogen neugierige Vögel heran und ließen sich auf der Rute neben dem Käfig nieder, klebten sie fest. Es war also nicht allein der Leim, der die Vögel in die Falle lockte, sondern auch der zur Leimfalle gehörige Lockvogel. Statt der Leimrute konnte man auch Schlingen auslegen, sogenanntes Vogelgarn, wovon der Ausdruck „Jemandem ins Garn gehen" kommt.

ooo

Jemandem auf den Zahn fühlen

Auch bei Menschen kann man an den Zähnen einiges ablesen, wie jeder weiß, der im Fernsehen schon mal einen Gerichtsmediziner den Schädel eines Mordopfers hat untersuchen sehen. Vor allem aber bei Pferden ist das Gebiss entscheidend. Rosstäuscher hatten früher alle möglichen Tricks, um alte Klepper gesund und feurig aussehen zu lassen, aber deren Zähne konnten sie nicht verändern. Experten fühlten deshalb den Tieren auf den Zahn, um anhand der Form und Abnutzung das wirkliche Alter zu erkennen. Wer jemand anderem auf den Zahn fühlt, unterzieht ihn auch einer eingehenden Prüfung, die sich mit Äußerlichkeiten und Oberflächlichkeiten nicht zufrieden gibt.

✗✗✓

JEMANDEM AUFS DACH STEIGEN

Das bedeutet, einen anderen zu bedrängen und zu bedrohen. Im Mittelalter war damit eine Strafaktion verbunden. Wenn jemand aus einer Gemeinschaft, wie z. B. einem Dorf, ausgeschlossen werden sollte, deckte man ihm einfach das Dach ab, so-

dass ein weiterer Aufenthalt in seinem Haus äußerst ungemütlich zu werden versprach. Es gehörte schon ziemlich viel dazu, auszuharren, wenn einem die anderen aufs Dach stiegen.

Jemandem das Handwerk legen

In den Städten des Mittelalters gab es strenge Marktordnungen. Beispielsweise musste ein Fisch- oder Fleischverkäufer dem Kunden seine Ware auf Verlangen von allen Seiten zeigen, durfte sie aber keinesfalls mit der Hand anfassen. Und natürlich war es streng verboten, Mehl zu strecken, zu leichte Brote zu verkaufen und dergleichen mehr. Kontrolliert wurde das durch die Marktaufsicht. Bei geringen Vergehen mussten Bußgelder bezahlt werden und bei schwereren Verstößen bekam der Betreffende seine Berufserlaubnis entzogen, ihm wurde im damaligen Sprachgebrauch das Handwerk gelegt. Sagt man heute, dass jemandem das Handwerk gelegt wird, ist eigentlich immer von Kriminellen die Rede, die ertappt worden sind oder gestellt werden sollen.

Jemandem das Wasser abgraben

Früher passierte das im wörtlichen Sinne: Wer am Oberlauf eines Baches oder Flusses saß, grub sich oft Stichkanäle, über die so viel Wasser abfloss, dass bei jenen, die weiter unten wohnten, nicht mehr genug ankam. Besonders schlimm war es, wenn einer Wassermühle der Zulauf abgegraben wurde. Auch einer belagerten Burg oder Stadt versuchte man oft das Wasser abzugraben, sodass sie nicht mehr ausreichend versorgt war und kapitulieren musste. Im übertragenen Sinne versucht man, jemandem das Wasser abzugraben, indem man ihm den Zulauf an Geld, an nötigen Materialien oder an Helfern stört.

Jemandem den Garaus machen

Der Garaus ist das Ende, der Tod. Wörtlich ist von „ganz (gar) aus“ die Rede. Im späten Mittelalter hatte „Garaus“ aber eine harmlosere Bedeutung. Die Stadtwächter verkündeten mit diesem Ruf die Polizeistunde. Alle Geschäfte mussten beendet werden. Später wurde Garaus dann allgemein auf Abend und Ende und schließlich auf den Tod übertragen.

Jemandem den Hof machen

Daru,nter versteht man heute eigentlich nur das Bemühen eines Mannes um die Gunst einer Frau. Früher war das anders. Die Wendung stammt aus dem Französischen und lautete: „Faire la cour à quelqu'un." Sie sagte aus, dass sich jemand einem anderen gegenüber so unterwürfig und schmeichlerisch benahm, wie es viele Höflinge taten. Diese Mitglieder eines Königs- oder Fürstenhofes waren in der Regel vollständig von der Gunst ihrer Herren abhängig. Später wurde das Hofmachen dann positiver gesehen und mit „höflichen", formvollendeten, ritterlichen Umgangsformen gleichgesetzt, vor allem bei der Werbung um eine Frau. Gerade hier unterschied sich der höfische Minnekult des Spätmittelalters ja extrem von den eher geschäftsmäßig geschlossenen Vernunftehen der Bevölkerungsmehrheit. Dass auch Adlige oft nicht die Dame heiraten durften, der sie den Hof machten, steht wiederum auf einem anderen Blatt.

Jemandem den Marsch blasen

Soldaten, die in die Schlacht oder auch nur ins Manöver ziehen sollten, wurden früher mit Marschmusik in Bewegung gesetzt. Begann die Musik zu spielen, bedeutete das „Abmarsch", ohne nachzudenken und ohne Zögerlichkeiten. Genauso gehorsam und unverzüglich soll jemand agieren, dem der Marsch geblasen wird.

Jemandem den Schwarzen Peter zuschieben

Das bedeutet, eine Schuld auf jemanden abzuwälzen. Genauso wird beim Kinderspiel „Schwarzer Peter" die Karte des Schwarzen Peter nach Möglichkeit weiter geschoben. Wer sie am Schluss noch hat, ist der Verlierer. Vorbild für den Schwarzen Peter war vermutlich Peter Petri (um 1752–1812), ein Räuber aus dem Odenwald und Kumpan des legendären Schinderhannes. Das Spiel ist aber viel älter und u. a. auch unter dem Namen „Jackass" bekannt. Für die klassische Variante entfernt man aus einem Skatblatt einen Buben oder eine Dame. Verloren hat zum Schluss, wer auf der einzelnen Karte sitzen bleibt.

Jemandem die Flötentöne beibringen

Bei dieser Redewendung ging es nie darum, jemandem das Flötespielen beizubringen. Die Flötentöne stehen vielmehr für die verschiedensten militärischen Signale, auf die die Soldaten prompt und korrekt zur reagieren hatten. Wer jemandem die Flötentöne beibringen will, der droht in der Regel auch ein hartes Durchgreifen ähnlich dem militärischen Drill an.

Jemandem die Hammelbeine lang ziehen

Ein Hammel ist etwas zu groß, als dass man ihn einfach nehmen könnte und dorthin tragen, wo er hin soll, wenn er sich weigert, selbst zu gehen. Eine Methode ist, das störrische Tier bei den Hinterfüßen zu packen und zu schleifen. Dabei werden die Beine des widerspenstigen Hammels natürlich ganz schön lang gezogen. Übertragen dient die Wendung für jegliche Art von erzieherischen Maßnahmen der drastischeren Sorte.

***

Jemandem die Hucke volllügen

Eine Hucke war früher ein großer Korb, den man auf dem Rücken trug. Wer einem anderen die Hucke volllügt, deckt ihn einerseits mit einer ganzen Menge Lügen ein, denn diese Hucken pflegten ziemlich groß zu sein. Andererseits macht das Bild deutlich, dass er ihm diese Lügen bzw. deren Konsequenzen als Last aufbürdet. Die Hucke fand auch noch in zahlreiche andere Wendungen Eingang wie „Die Hucke vollsaufen" oder „Die Hucke vollkriegen".

Jemandem die Stange halten

Wer einem anderen die Stange hält, steht ihm auch in bedrohlichen Situationen zur Seite. In solche Bedrängnis geriet früher ein Ritter, der einen Zweikampf ausfocht. War er geschlagen, konnte es passieren, dass der Gegner ihn tötete oder zumindest schwer verletzte, bevor er seine Niederlage eingestehen konnte. In solchen Situationen hatte sein Sekundant einzuspringen. Dieser ging mit einer Stange zwischen die Kämpfenden und verhinderte so, dass seinem geschlagenen Freund noch mehr passierte. Aber auch bei Übungsgefechten stand der Fechtmeister mit der Stange bereit, um Unfälle zu verhindern. Zwar steckte man zum Üben eine Holzkugel auf die Spitzen der Klingen, doch diese konnte im Eifer des Gefechts leicht herunterfallen. Ein Fechtmeister oder ein Sekundant, der es versäumte, mit der Stange einzugreifen, ließ seinen Schüler oder Freund „im Stich", weil er nicht verhinderte, dass sich dieser weiterhin in der Stichrichtung des Gegners befand.

Jemandem eine Abfuhr erteilen

Das bedeutet, jemandem ein Anliegen auf sehr grobe und deutliche Art abzuschlagen. Ursprünglich durfte man das mit dem „Schlagen" wörtlich nehmen, denn die Wendung stammt aus der Studentensprache, genauer gesagt aus dem Wortschatz der schlagenden Verbindungen. Wenn sich dort zwei Studenten duellieren, geht der Kampf normalerweise über eine bestimmte Zeit. Gibt einer der beiden vorzeitig auf, wird er anschließend aus dem Saal abgeführt. Jemandem im Säbelgefecht eine „Abfuhr" zu erteilen, ist also so etwas Ähnliches wie ein K.-o.-Sieg beim Boxen.

Für den Betroffenen ist die Niederlage in einem solchen Fall natürlich besonders schmerzhaft und demütigend.

Jemandem einen Bärendienst erweisen

Unüberlegte oder ungeschickte Hilfsbereitschaft kann oft mehr Schaden anrichten als nützen. Dies will diese Redewendung ausdrücken. Sie geht auf eine Fabel des französischen Dichters Jean de la Fontaine (1621–95) zurück. Dieser erzählt von einem Bären und einem alten Mann, die sich anfreunden. Eines Tages will der Bär eine Fliege vom Gesicht des schlafenden Mannes verscheuchen. Dazu nimmt er einen großen Stein und schlägt die Fliege tot – aber leider auch den alten Mann.

Jemandem einen Korb geben

In mittelalterlichen Handschriften wie dem *Codex Manesse* gibt es Bilder, die schöne Burgfräulein zeigen, die ihren Angebeteten in einem Korb zu sich hinauf in die Kemenate ziehen. Ob das in der Realität wirklich oft passierte, darf bezweifelt werden. Vermutlich wurden über einen Korb an einer Schnur nur Botschaften und Geschenke ausgetauscht. Allerdings scheint es üblich gewesen zu sein, mit einem Korb ohne Boden anzudeuten, dass man nicht interessiert sei. Jedenfalls gab es im 17. und 18. Jahrhundert die Sitte, einen Liebes- oder Heiratsantrag abzuweisen, indem man dem Antragsteller einen Korb ohne Boden überreichte.

Jemandem etwas abknöpfen

Knöpfe an der Kleidung waren früher in erster Linie Schmuckelemente. Viele hatten gar nicht die Funktion, etwas zusammenzuhalten, sondern stellten reinen Zierrat dar. Die meisten Knöpfe waren deshalb nicht nur schön gearbeitet, sondern auch äußerst wertvoll – eine lohnende Beute für Langfinger also.

Jemandem etwas in die Schuhe schieben

Das bedeutet, einen anderen für etwas verantwortlich zu machen, das man selbst getan hat. Die Redewendung kommt aus dem Mittelalter. Da Diebe in der Regel arm waren, hatten sie keine eigenen Unterkünfte, sondern mussten die Nächte in Gasthäusern in Massenquartieren verbringen. Wo aber sollten sie da ihre Beute verstecken? Viele schoben die Sachen über Nacht in die Schuhe, aber nicht in die eigenen, sondern lieber in die eines anderen. Wurde das Beutegut entdeckt, waren sie es zwar los, wurden aber immerhin nicht als Diebe ertappt.

Jemandem etwas weismachen

Weis steht eigentlich für weise oder wissend. Wer jemandem etwas weismacht, belehrt ihn also, macht ihn in einer Sache wissend. So wurde die Redewendung im Mittelalter auch noch benutzt, wenn auch schon der Aspekt der Besserwisserei mitschwang. Im 16. Jahrhundert kehrte sich die Bedeutung dann um. „Etwas weismachen" stand plötzlich für eine falsche Belehrung, die nicht weise macht, sondern zur Verdummung beiträgt. Der Grund ist nicht ganz klar. Wahrscheinlich wurde das Weismachen als immer negativer empfunden und aus „Mach mir nichts weis" im Sinne von „Versuche nicht, mich zu belehren" wurde „Erzähl mir keinen Unsinn".

Jemandem etwas zuschanzen

Der Ausdruck kommt von dem französischen Wort „chance" (Glück, Zufall). Wer folglich einem anderen etwas zuschanzt, sorgt also dafür, dass dieser eine Chance bekommt.

Jemandem goldene Brücken bauen

Das bedeutet, jemandem jede erdenkliche Hilfestellung zu geben, damit er einen bestimmten Weg einschlägt, z. B. indem man es ihm leicht macht, sich für einen Fehler zu entschuldigen. Ursprünglich stammt der Begriff aus der Militärtaktik: Im Krieg ist es oft keine weise Entscheidung, einen Feind in die Enge zu treiben, wo er dann mit äußerster Verzweiflung – und Rücksichtslosigkeit – kämpft. Wer dagegen immer dafür sorgt, dass dem Gegner eine bequeme Fluchtmöglichkeit offensteht, kann die eigenen Kräfte schonen. Im Extremfall kann es da sogar ratsam sein, extra eine Brücke zu bauen, über die der Gegner fliehen kann. Eine moderne Form ist der goldene Handschlag, wobei man Führungskräfte, die man nicht mehr braucht, mit einem finanziell attraktiven Angebot zum Rückzug von ihrem Posten bewegt.

Jemandem heimleuchten

Wer droht, jemandem heimzuleuchten, will ihn für sein Verhalten bestrafen. Oft steckt ein – wenn auch sehr rabiater – erzieherischer Ansatz dahinter. Der andere soll zur Räson gebracht werden, begreifen, dass er auf dem Holzweg und sein Verhalten falsch ist. In Zukunft soll er sich fügen. Auch ursprünglich bedeutete das „Heimleuchten", jemand anders auf den rechten

Weg zu bringen. Allerdings war es etwas überaus Nettes. Wer einem Gast „heimleuchtete“, brachte ihn mit einer Fackel oder Laterne sicher zu seinem eigenen Haus zurück und ließ ihn – eventuell mit einigen Promille im Blut – nicht alleine im Dunkeln seinen Weg finden.

☆☆☆

Jemandem in die Parade fahren

Im Fechten, aber auch in anderen Sportarten, ist eine Parade eine Abwehrreaktion, etwa die „Glanzparade“ eines Fußballtorwartes bei einem gefährlichen Torschuss. Jemandem in die Parade fahren, bedeutet dann, ihn genau in dieser Abwehrbewegung anzugreifen. Im übertragenen Sinne versteht man darunter, dass jemand dem anderen in einer Diskussion sehr rigoros das Wort abschneidet. Während es aber im Sport durchaus regelkonform ist, eine Abwehrleistung zu verhindern, gilt es als schlechte Gesprächskultur, jemanden anzugreifen, während er gerade dabei ist, seine Position darzulegen oder sich zu rechtfertigen.

Jemandem ins Handwerk pfuschen

Dieses Vergehen legte man früher Menschen zur Last, die nicht in der Zunft waren, aber trotzdem versuchten, mit handwerklicher Arbeit ihr Geld zu verdienen. Die meisten Handwerke durften eigentlich nur von Zunftmitgliedern ausgeübt werden. Auch eine Ausbildung gab es nur innerhalb der Zunft. Der „Pfuscher“ hatte also weder eine richtige Ausbildung noch die Erlaubnis, in diesem Handwerk zu arbeiten. Trotzdem kann er natürlich sehr gut gewesen sein. Überhaupt wurden die Zunftvorschriften mit der Zeit zunehmend kritisiert, denn sie schützten oft auch den unbegabten Sohn eines Handwerkers gegen viel talentiertere Konkurrenten, die aber aus verschiedensten Gründen nicht in die Zunft aufgenommen wurden. Heute gebraucht man die Wendung aber, wenn jemand durch seine ungeschickte Einmischung der Arbeit des anderen schadet.

Jemandem nicht grün sein

„Alles im grünen Bereich“, sagt man heute, wenn keine Probleme zu erwarten sind. Das kommt daher, dass nicht nur an der Ampel, sondern auch bei den meisten anderen Kontrolllichtern Grün für freie Fahrt oder normalen Betrieb, Rot dagegen für Stopp oder Gefahr steht. Doch schon bevor es Ampeln gab, galt Grün als die Farbe, die für Harmonie und Wachstum steht. In der mittelalterlichen Farbsymbolik war Grün die Farbe der Sympathie und der beginnenden Liebe. Wer sich nicht grün war, war sich also schlicht unsympathisch.

Jemandem zeigen, was eine Harke ist

Verwendet man diese Redewendung heute, dann geht es meist darum, den anderen zu beeindrucken. Die Harke steht für etwas Besonderes. Genau das war sie früher aber nicht. Eine Harke war auf dem Land ein ganz alltägliches Gerät. Jemand, dem man erst einmal zeigen musste, was eine Harke war, hatte wirklich überhaupt keine Ahnung. Entsprechend sagte man auch von Leuten, die ihre bäuerlichen Wurzeln verleugneten, wie z. B. von studierten Söhnen: „Sie kennen die Harke nicht mehr."

Jemandem Zunder geben

Zunder benutzte man früher, um ein Feuer zu entfachen. In erster Linie war das ein getrockneter Pilz, der Zunderschwamm. Aber auch andere leicht brennbare, feine, trockene Pflanzenfasern konnten als Zunder dienen. Teilweise legte man sie noch in Salpeterlösung ein. Ein Feuer, dem man „ordentlich Zunder gab", entzündete sich also besonders leicht. Im übertragenen Sinne handelt es sich um einen Antrieb, der jemanden genauso schnell aktiv werden lässt wie die Flamme, die ordentlich Zunder bekommt.

Jemanden an der Nase herumführen

Tanzbären und Zuchtbullen sind heute eine Seltenheit geworden. Beide sind zwar mächtig und gefährlich, können aber mithilfe eines Nasenrings kontrolliert werden. Der Schmerz, den ein Anziehen am Ring in ihrer empfindlichen Nase verursacht, ist so stark, dass sie gar nicht auf die Idee kommen, sich mit ihren Körperkräften zu wehren. Aber natürlich braucht es einiges Geschick, einen Nasenring so zu handhaben, dass man einen Bären oder Bullen damit herumführen kann. Solches Geschick bringt auch jemand auf, der einen anderen an der Nase herumführt. Mit Tricks anstatt eines Nasenrings bringt er den anderen dazu, genau das zu tun, was er will.

Jemanden auf 180 bringen

Eigentlich ist es an der Zeit, diese Redewendung mal wieder nach oben zu korrigieren. Aufgekommen ist sie in der ersten Hälfte des 20. Jahrhunderts. Damals lautete sie noch: „Auf 80 bringen", denn

80 Stundenkilometer waren damals die Höchstgeschwindigkeit normaler Autos. Wer „auf 80" war, befand sich also in einem Zustand maximaler Raserei. Später schraubte man das Ganze dann auf 180 hoch. Inzwischen wäre wohl ein Wert deutlich jenseits der 200 angebracht.

Jemanden auf dem Kieker haben

Der Kieker ist im Niederdeutschen ein „Gucker", also ein Fernglas. Wer jemanden auf dem Kieker hat, der hat ihn ständig im Visier. Doch für ein bloßes gesteigertes Interesse oder Beobachten wird die Redewendung meist nicht gebraucht, sondern dann, wenn jemand den Anvisierten auch ständig ärgert, kritisiert oder ihm zu schaden versucht.

Jemanden auf den Schild heben

Nicht nur der Häuptling Majestix in den Asterix-Comics wird zum Zeichen seiner Würde auf einem Schild getragen. Ein neu gewählter Häuptling wurde bei den Germanen und den Kelten nicht gekrönt oder auf einen Thron gesetzt, sondern generell auf einen Schild gehoben. Heute verwendet man diese Redewendung oft, wenn jemand ohne ein geregeltes Verfahren eine Führungsposition übertragen bekommt. Bei den Germanen und Kelten war eine Häuptlingswahl aber eine ziemlich demokratische Angelegenheit, wenn man davon absieht, dass Frauen und Sklaven nicht stimmberechtigt waren.

Jemanden aufs Korn nehmen

Wer einen anderen aufs Korn nimmt, wählt ihn als Opfer aus. Mit Getreide hat diese Redewendung jedoch nichts zu tun, sondern kommt aus der Sprache der Schützen und Jäger. Das Korn ist dort ein Teil der Zieleinrichtung des Gewehres. Es hat oft die Form eines Balkens mit einer Spitze. Wenn sich das Ziel im Visier genau über dieser Spitze, also „auf dem Korn" befindet, muss abgedrückt werden.

Jemanden aus dem Sattel heben

Das klingt nach einer höflichen Geste, ist aber nicht so gemeint. Vielmehr wird auf ein mittelalterliches Ritterturnier angespielt, bei dem die Gegner versuchten, einander in vollem Galopp mit langen Stangen zu treffen. Beim Aufprall konnte man durchaus ein Stück im Sattel nach oben gehoben werden, bevor man das Gleichgewicht verlor und zur Erde fiel. Das Heben meinte also das Gleiche, wie aus dem Sattel stoßen oder stechen. Wer den Sattel, wie auch immer, verlassen hatte, war besiegt und damit aus dem weiteren Turnier ausgeschlossen. Im übertragenen Sinn spricht man meist davon, dass jemand aus dem Sattel gehoben wird, wenn er seinen Posten und damit seine Befugnisse verliert.

Jemanden ausbooten

Früher waren die Häfen noch nicht so gebaut, dass große Schiffe überall einfach am Kai anlegen konnten. Um an Land zu gehen, mussten die Passagiere von den großen Schiffen in kleine Boote wechseln, die sie dann ans Ufer brachten. Auf Helgoland etwa ist es immer noch üblich, dass alle Besucher „ausgebootet" werden. Wer ausgebootet wurde, war also nicht mehr an Bord. Aber während mit dem Wort heute ein unfreiwilliges Abgeschobenwerden gemeint ist, ließen die Passagiere sich früher in der Regel freiwillig „ausbooten", weil sie ihr Ziel erreicht hatten.

Jemanden ausstechen

Wer jemanden ausstechen will, gibt sich alle Mühe, den Rivalen in irgendeiner Form zu übertreffen. Natürlich vor Publikum. Im Mittelalter wurden solche Rivalitäten durch Turniere geregelt. Dort gab es allerlei Wettkämpfe, aber die Königsdisziplin war der Tjost, auch „Lanzenstechen" genannt. Dabei versuchten die Gegner, sich ganz wörtlich auszustechen, indem sie nämlich den anderen mit einer stumpfen Holzlanze aus dem Sattel hoben. Das war damals eine gefährliche Angelegenheit, bei der es mitunter sogar Tote gab.

Jemanden durch den Kakao ziehen

Wer durch den Kakao gezogen wird, auf dessen Kosten machen sich die anderen lustig. Das kann Lästern hinter seinem Rücken sein, aber auch ein handfester Streich auf seine Kosten. Wer durch den Kakao gezogen wird, wird meist ziemlich bedröppelt dastehen. Doch dies ist nicht der Ursprung dieser Redewendung. Vermutlich war ursprünglich von „Kacke" die Rede, die aber später in einer Mischung aus Sittsamkeit und Ironie in „Kakao" geändert wurde, wobei der Witz wahrscheinlich noch einige Zeit speziell darin bestand, dass alle genau wussten, was mit Kakao wirklich gemeint war.

Jemanden hänseln

Man glaubt es kaum, doch diese Umschreibung für Ärgern oder Auslachen kommt tatsächlich von den stolzen Hansekaufleuten. In den Kaufmannsgilden müssen teilweise recht drastische Aufnahmeriten geherrscht haben, ähnlich wie es sie z. B. in manchen Studentenverbindungen immer noch gibt. Der Neuling musste so einiges über sich ergehen lassen, weswegen Außenstehende begannen, eine solche Behandlung als Hänseln zu bezeichnen.

Jemanden hinters Licht führen

Krumme Geschäfte macht man am besten nicht dort, wo alle sie sehen können. Betrüger versuchen deshalb gerne, ihre Opfer ins Abseits zu führen, in schummrige Ecken etwa, wo man nicht so gut erkennen kann, dass ein Geldschein falsch ist oder die Ware nicht einwandfrei.

***

Jemanden in die Schranken weisen

Dies passierte ursprünglich vor Gericht. Schon bei den Germanen war der Gerichtsplatz mit Absperrungen versehen, mit denen der eigentliche Ort der Verhandlung vom Zuschauerraum getrennt wurde. Nur die Richter durften bestimmen, wer den Raum innerhalb der Schranken zu betreten bzw. wieder zu verlassen hatte. Später bezog sich die Redensart dann eher auf soziale Schranken. Jemand, der in die Schranken verwiesen wird, wird daran gehindert, soziale Barrieren zu überschreiten.

\#\#\#

JEMANDEN LYNCHEN

Es scheint ziemlich sicher, dass das Lynchen auf einen Herrn namens Lynch zurückgeht, der es sich anmaßte, (mutmaßliche) Verbrecher ohne Gerichtsverfahren und Urteil hinzurichten. Es ist jedoch strittig, ob der Namensgeber ein Farmer namens John Lynch war, der im 16./17. Jahrhundert in North Carolina dergestalt agierte, oder ein Richter namens Charles Lynch, der während des Amerikanischen Unabhängigkeitskrieges (1775–83) meinte, auf ordentliche Gerichtsverfahren verzichten zu können. Auch ein James Lynch, im 15. Jahrhundert Bürgermeister der irischen Stadt Galway, wird manchmal angeführt.

✦✧✦

Jemanden nach seiner Pfeife tanzen lassen

Unter „Pfeife" verstand man früher eine Flöte oder ein ähnliches Blasinstrument, und wenn ein Pfeifer zum Tanz aufspielte, wurde natürlich nach seiner Pfeife getanzt. Pfeifer waren jedoch oft umherziehende Spielleute, die auf Jahrmärkten dressierte Tiere nach ihrer Pfeife tanzen ließen oder die Menge spontan zum Tanzen verleiteten. Der Obrigkeit waren die Pfeifer und ihre Macht, andere nach ihrer Vorgabe zum Tanzen zu bringen, deshalb oft ein Dorn im Auge.

***

JEMANDEN PIESACKEN

Wer gepiesackt wird, der wird gequält, allerdings nicht massiv, dafür aber ständig.

Da verwundert es, dass das „Piesacken" von dem alten norddeutschen Wort „Ossenpesek" kommt, das für einen Ochsenziemer stand. Einen Menschen konnte man mit einem Ochsenziemer natürlich nicht nur Piesacken, sondern auch übel verdreschen. Für den Ochsen dagegen waren die ständigen Schläge mit dem „Pesek" wahrscheinlich wirklich eher ein Piesacken.

Jemanden prellen

Prellen klingt nach einem unsanften Aufschlag, und genau das war das Prellen ursprünglich auch. Das Fuchsprellen gehörte zu den ebenso beliebten wie grausamen Vergnügen des 17. und 18. Jahrhunderts. Man legte dabei den Boden in einem abgesperrten Bezirk mit Netzen aus und ließ einen gefangenen Fuchs frei. Kam er auf ein Netz, wurde er hochgeschleudert. Kaum war er wieder auf die Erde geknallt und versuchte, zu entkommen, wurde er vom nächsten Netz hochgeschleudert. Vermutlich übernahmen dann Studenten den Ausdruck des „Prellens", wenn sie die Unerfahrenheit von Neulingen ausnutzten, die im Studentenjargon Füchse genannt wurden.

Jemanden über die Klinge springen lassen

Wer einen anderen über die Klinge springen lässt, gibt ihn bewusst dem Verderben preis. Entweder, indem er ihm nicht hilft, obwohl er das durchaus könnte, oder indem er ihm sogar bewusst schadet. Die Klinge von der die Rede ist, ist die des Henkers.

Jemanden versohlen

Versohlen steht für kräftige Prügel. Aber nicht etwa deshalb, weil man früher bevorzugt mit der Schuhsohle zugeschlagen hätte. Vielmehr verglich man das Prügeln mit dem kräftigen Einschlagen der Nägel, wenn man eine Schuhsohle auf den Schuh nagelte. Wer versohlt wird, erhält also nicht nur ein paar Schläge, sondern wird ordentlich verdroschen (was wiederum vom Dreschen des Getreides herrührt, das auch länger dauerte).

Jemanden windelweich prügeln

Wer so verprügelt wird, der blutet nicht etwa so heftig, dass er eigentlich Windeln anlegen müsste. Windelweich war früher vielmehr eine gängige Beschreibung für etwas besonders weiches. Schließlich wurden Windeln aus dem weichsten und zartesten Stoff hergestellt, um die empfindsame Babyhaut nicht zu strapazieren. Etwas weich zu prügeln, war eine gängige Vorstellung: So schlug man z. B. Fleisch, um es zarter zu machen.

Jemanden zum Besten halten

Ursprünglich stand diese Redewendung für eine ganze bestimmte Art, jemanden aufzuziehen – nämlich so zu tun, als würde man ihn für den Besten halten und ihn so zu irgendwelchen Demonstrationen herauszufordern, die er nicht bestehen konnte. Inzwischen wird die Redensart immer dann gebraucht, wenn es gelingt, dem Opfer etwas vorzumachen.

Jetzt ist Sense!

Diese Umschreibung dafür, dass eine Sache vorbei ist, stammt aus der Soldatensprache. Vermutlich bezog sie sich zunächst nur auf den Tod, der ja oft als Schnitter mit der Sense dargestellt wurde, und wurde dann auf andere Dinge ausgeweitet.

Jetzt ist Zapfenstreich

Als Zapfenstreich wird seit dem 16. Jahrhundert der Beginn der Nachtruhe im Militär bezeichnet. Vermutlich kommt der Ausdruck daher, dass am Abend ein bestimmtes Signal geblasen wurde, auf das hin der Zapfen ins Bierfass geschlagen werden musste und damit der Ausschank für diesen Tag beendet war. Später war der Zapfenstreich dann ganz allgemein das Signal zur Nachtruhe. Im russischen Heer war es üblich, zum Zapfenstreich einen Choral zu singen. Das beeindruckte den preußischen König Friedrich Wilhelm III. (1770–1840) derart, dass er ebenfalls ein Zapfenstreichzeremoniell mit Musik und Gebet einführte. Für besonders festliche Gelegenheiten wurde der „Große Zapfenstreich" entwickelt. Aber auch außerhalb des Militärs wurde der Zapfenstreich zum Synonym für „Jetzt ist Schluss", vor allem – aber nicht nur – wenn es um den Beginn der Nachtruhe geht.

Jetzt schlägt's dreizehn!

Wer diesen empörten Ausruf tut, der ist im Allgemeinen der Überzeugung, dass das, was sich gerade abspielt oder gesagt wurde, einfach nicht sein darf. Dreizehn Schläge kommen auch bei einer Turmuhr nicht vor. Die Höchstzahl ist Zwölf. Was heute als 13 Uhr bezeichnet wird, ist ein Uhr am Nachmittag und wird auch nur mit einem Schlag markiert. Dreizehn gilt als Unglücks- oder Teufelszahl und früher glaubte man, wenn es „dreizehn schlug", sei etwas so Unerhörtes vorgefallen, dass der Teufel seine Hand im Spiel haben müsse.

KADAVERGEHORSAM

Sowohl der heilige Franziskus von Assisi (um 1181–1226) als auch der Gründer des Jesuitenordens, Ignatius von Loyola (1491–1556), beschrieben den absoluten Gehorsam als den eines entseelten Leibes (Kadavers), der willenlos alles mit sich machen lässt. Da Ignatius' Jesuiten die Träger der Gegenreformation waren, die dem Papst ihren Gehorsam gelobt hatten, wurde diese Aussage erst von den Protestanten und später auch von religiös-liberalen Kreisen begierig aufgenommen und gegen das katholische System verwandt, das die Menschen zu gehorchenden Kadavern herabwürdige. Später wurde der Begriff dann eher auf blinden, sklavischen politischen Gehorsam umgemünzt.

Kalte Füße kriegen

Wer kalte Füße kriegt, zieht sich aus einer bereits beschlossenen Unternehmung zurück, weil sie ihm doch zu riskant erscheint. Angeblich soll die Wendung daher kommen, dass sich früher Menschen am Spieltisch gerne mit der Entschuldigung entfernten, sie hätten kalte Füße bekommen und müssten sich etwas aufwärmen gehen, wenn ihnen der Einsatz zu hoch wurde.

Katzenjammer

Wenn man heute von Katzenjammer spricht, meint man meistens einen seelisch elenden Zustand. Vor allem, wenn jemand einsehen muss, dass er einen Fehler gemacht hat und sein Unglück selbst verschuldet hat, stellt sich hinterher oft Katzenjammer ein. Ursprünglich war aber vermutlich ein körperlich elender Zustand damit gemeint, der direkt und derb Kotzenjammer genannt wurde.

KATZENMUSIK

Katzenmusik ist Musik, die ähnlich grässlich klingt wie das Liebesgeschrei und Geheul brünstiger Kater. Besonders gehasst werden die liebeskranken Miezen, wenn sie ihre Gesänge direkt unter dem Schlafzimmerfenster anstimmen. Dadurch angeregt kam im frühen 19. Jahrhundert die Sitte auf, missliebige Politiker zu ärgern, indem man nachts unter ihren Fenstern eine möglichst grässliche Katzenmusik anstimmte.

Kein Blatt vor den Mund nehmen

In den Zeiten der Zensur war es früher üblich, dass Schauspieler heikle Texte nicht frei sprachen, sondern ein Blatt Papier vor das Gesicht hielten. Darauf stand nicht unbedingt der Text, aber die Schauspieler taten zumindest so, als würden sie ablesen. Auf diese Weise machten sie klar, dass ihre Worte nur vorgegebener Text waren und nicht ihre eigene Meinung, für die man sie zur Rechenschaft hätte ziehen können. Im übertragenen Sinne bedeutet „Kein Blatt vor den Mund nehmen" allerdings nicht, die Verantwortung für seine Worte zu übernehmen, sondern Klartext zu sprechen und Kritisches deutlich anzusprechen.

Kein Sterbenswörtchen verlauten lassen

Früher starb man in der Regel nicht im Krankenhaus, sondern im Kreise seiner Angehörigen. Gerade wenn sie merkten, dass es zu Ende ging, versammelten viele Sterbende ihre Familie um sich und versuchten noch, letzte Botschaften zu übermitteln. Doch da die Kräfte schon nachließen, waren diese „Sterbensworte" oft unzusammenhängend, abgebrochen oder nur leise dahingehaucht. „Kein Sterbenswort" über eine Sache zu verlieren, bedeutet also, dass jemand nicht einmal eine leise Andeutung macht.

Kein Wässerchen trüben können

Wasser trüb zu machen, ist nicht gerade ein schweres Delikt, es sei denn, man hantiert mit Giftstoffen. Doch die Redewendung bezieht sich nicht auf antike Umweltkriminalität. Vielmehr hieß es früher über besonders unschuldige Menschen, sie könnten „kein Wasser betrüben". Dahinter verbarg sich die Vorstellung, dass klares Wasser trüb wird, wenn ein böser Mensch hineinschaut. Wer sogar kein „Wässerchen" trüben kann, hat also noch nicht einmal so viele dunkle Seiten, dass diese das kleinste Gewässer trüb machen könnten.

Kein Zielwasser getrunken haben

Bei Schützenfesten geht es gesellig zu. Dazu gehört in der Regel auch reichlich Alkohol. Man müsse „Zielwasser trinken", um zu treffen, lautet die Ausrede, ungeachtet dessen, dass einige Promille die Treffergenauigkeit nicht gerade erhöhen. Im allgemeinen Sprachgebrauch wird damit einfach ein deutliches Verfehlen des Ziels bezeichnet, ohne dass irgendwelche Flüssigkeiten im Spiel sind.

Keinen Fuß auf den Boden kriegen

Wer beim Ringen von seinem Gegner so hochgehoben wird, dass er keinen Fuß mehr auf den Boden kriegt, hat praktisch keine Möglichkeit mehr, einen Konter zu setzen, da er sich nirgends abdrücken und so keine Kraft aufbringen kann. Im übertragenen

Sinne kriegt jemand keinen Fuß mehr auf den Boden, dem im beruflichen oder privaten Leben gar nichts mehr gelingt.

Keinen Schuss Pulver wert sein

Selbst im Tod sind nicht alle gleich. Verurteilte Edelleute pflegte man früher zu enthaupten, später dann zu erschießen, wohingegen gewöhnliche Kriminelle gehängt wurden. Doch bei einem Verbrechen, das als besonders ehrlos angesehen wurde, konnte auch ein Bessergestellter zum Tod durch den Strick verurteilt werden. Gerade beim Militär galt es als Zeichen von Respekt, bei einem Todesurteil wenigstens noch von anderen Soldaten erschossen zu werden und nicht von einem gewöhnlichen Henker getötet zu werden. Auch die Nazis hängten die Attentäter des 22. Juli, von denen viele Offiziere waren, anstatt sie auf andere – „ehrenvollere" – Art zu töten. Im Gegenzug wurden auch die auf den Nürnberger Kriegsverbrechertribunalen zum Tode verurteilten Obernazis gehängt.

Kind Gottes!

Glaubt man der Bibel, sind ja eigentlich alle Menschen Kinder Gottes. Doch viele sehen sich nicht gerade gerne in der Rolle des Kindes. Hinter diesem Ausruf jedenfalls steckt die Auffassung, dass ein Kind Gottes ein einfältiger Mensch ist, der in besonderem Maße auf den väterlichen, himmlischen Schutz angewiesen ist. Genauso gut könnte man also „Wie naiv bist du nur?" rufen. In manchen Gegenden bezeichnete man besonders naive Menschen auch als Christkinder.

Klar Schiff machen

Wer klar Schiff macht, räumt nicht nur ein bisschen auf, sondern sorgt gründlich für Ordnung. Egal, ob er wirklich putzt oder andere Dinge neu organisiert. Auch in der Seefahrt war „Klar Schiff machen" das Putzen und In-Ordnung-bringen des Schiffes, und das geschah nicht nebenher. Wenn klar Schiff gemacht wurde, mussten alle Mann mit anfassen und nicht nur das Deck schrubben, sondern z. B. auch Anstriche erneuern, schadhaft gewordene Taue ausbessern oder den Rumpf abkratzen, damit sich nicht etwa gefährliche Schmarotzer darauf festsetzen konnten, die dem Holz gefährlich werden konnten usw.

Klar wie Kloßbrühe

Kloßbrühen müssen nicht klar sein. Man kann die runden Dinger in klaren

Brühen servieren, aber auch in gebundenen (also trüben), wie z. B. Königsberger Klopse. Und das Kochwasser von Klößen neigt schon gar nicht zu besonderer Klarheit, weil nämlich beim Kochen oft Stärke entweicht, die die Brühe ziemlich trüb werden lässt. Trotzdem wurde die Kloßbrühe zu einer Umschreibung für besonders klare Sachen. Das liegt daran, dass es sich ursprünglich wahrscheinlich nicht um Kloß-, sondern um Klosterbrühe handelte. Den Klöstern aber unterstellte man gerne, nur dünne Suppen zu servieren, in denen wenig Nahrhaftes schwamm (wie z. B. Klöße) und dass sie auch nicht mit Sahne oder Eiern gebunden waren. Als dieser Bezug dann verloren ging, wurde die Wendung eher ironisch gebraucht, da das Kloßwasser eben gerade nicht klar ist. Entsprechend gab es noch eine Reihe ähnlicher Wendungen wie z. B. „Klar wie dicke Tinte".

Klipp und klar

Was klar bedeutet, ist natürlich sonnenklar. Aber klipp? Es handelt sich hierbei um ein altes niederdeutsches Wort, das passend bedeutet. Während die Redewendung heute im Sinne von „besonders klar" verwendet wird, bedeutet sie eigentlich passend und klar erkenntlich.

Klippschulniveau

Wer jemandem Klippschulniveau bescheinigt, bezichtigt ihn zwar nicht der Unwissenheit, erkennt ihm jedoch nur das unterste Niveau der Bildung an. Klippschulen (damals noch Winkelschulen genannt; vergleiche: Winkeladvokat) kamen im späten Mittelalter auf. Es waren private Schulen, in denen einfache Menschen, z. B. Handwerker und kleine Kaufleute bzw. deren Kinder, Lesen, Schreiben und einfaches Rechnen lernen konnten. Da die Schulen kostenpflichtig waren, bekam man nur das vermittelt, was man für seinen (späteren) Beruf brauchte, nicht etwa eine sogenannte gute Allgemeinbildung. Ab dem 18. Jahrhundert kam ein Interesse an einer allgemeinen Volksbildung und modernen pädagogischen Konzepten auf und die Klippschulen mit ihrem geringen Bildungsniveau und den primitiven pädagogischen Methoden kamen immer mehr in Verruf.

Knall auf Fall

Früher sagte man: „Auf Knall und Fall", wenn man meinte, dass etwas sehr plötzlich passierte. Gemeint war damit das Erschießen des Wildes auf der Jagd. Ein Schuss knallte, das Reh fiel um. Die moderne Variante ist insofern „falsch", als dass sie die richtige Reihenfolge der Ereignisse vertauscht. „Fall auf Knall" würde umschreiben, dass sofort nach dem Knall der Fall kommt. Hier ist es jedoch umgekehrt. Entweder hat man sich dabei gar nichts gedacht oder man hatte – da kaum noch jemand auf die Jagd geht – jemanden vor Augen, der ins Fallen gerät und dann auf den Boden knallt. In diesem Fall folgt wirklich „Knall auf Fall" und das Ganze passiert ebenfalls sehr plötzlich.

Kohldampf haben

Kohldampf ist so richtig großer Hunger. Der Begriff kommt aus der alten Gaunersprache, dem Rotwelsch. Dampf nannte man dort „normalen" Hunger und „Kohlen haben" (Romani: kalo = schwarz) bedeutete, dass man völlig abgebrannt war. Kohldampf war also eine echte Notsituation. Man hatte Hunger, hatte aber nicht die Möglichkeiten, etwas dagegen zu tun, weshalb die Leere im Bauch natürlich immer größer wurde.

Kotau vor jemandem machen

Als Kotau bezeichnete man im chinesischen Kaiserreich eine Geste vollkommener Unterwerfung, die jeder zu vollführen hatte, der vor den Kaiser trat. Der Besucher warf sich auf die Knie und berührte dreimal mit der Stirn den Boden. Dabei bot er dem Herrscher symbolisch seinen Nacken dar, lieferte sich also vollkommen aus, denn der Kaiser hätte ihm in dieser Haltung z. B. den Fuß in den Nacken setzen können oder den Kopf abschlagen lassen. Die Forderung, dass auch ausländische Diplomaten diese Geste ausführen sollten, führte zu allerlei Verwicklungen, denn zum einen bestanden die Chinesen auf dieser Reverenz, zum anderen interpretierten sie sie aber als Unterwerfung der fremden Macht unter die Oberhoheit des Kaisers. Der Kotau wurde damit im Westen zum Symbol der Demütigung. Wer Kotau macht oder zum Kotau gezwungen wird, ordnet sich dem anderen vollständig unter. Heute gibt es den Kotau noch in der buddhistischen Religion oder in asiatischen Kampfsportarten, wo sich aber beide Seiten mit Kotau begrüßen.

Krokodilstränen

Krokodile, so konnten Biologen beobachten, weinen tatsächlich gelegentlich beim Fressen. Der Grund, warum ihnen Tränen in die Augen treten, ist die Anstrengung beim Verschlingen besonders großer Beutestücke. Im übertragenen Sinne wurden Krokodilstränen jedoch zu einem Synonym für schreckliche Heuchelei. Jemand, der Krokodilstränen vergießt, ist genauso wenig glaubhaft wie ein Krokodil, das beim Verschlingen seiner Opfer Reue über deren Tod verspürt. Doch diese Interpretation ist teilweise verloren gegangen. Heute werden oft alle Tränen, über die sich ein anderer ärgert, die jemanden nerven oder durch die man sich unter Druck gesetzt fühlt, als Krokodilstränen bezeichnet.

Krumme Touren machen

Heute versteht man unter einer Tour eine Rundreise. Ursprünglich bedeutete das französische Wort aber Dreh oder Drehung. Auch der Dreh, wie man eine Sache anging, konnte als Tour bezeichnet werden. Und eine krumme Tour war eben ein illegaler Dreh bzw. eine illegale Vorgehensweise. Auch die Wendung „Auf Touren kommen" knüpft noch an die ursprüngliche Bedeutung des Wortes an: bei einem Fahrzeug, bei dem sich die Drehzahl des Motors steigert.

Kümmeltürke

Dieses Schimpfwort hatte früher mit Türken nicht das Geringste zu tun, vielmehr wurden Menschen aus der Gegend um Halle damit bedacht. Auch die Deutung, es wäre eine Verballhornung von Atatürks Vornamen Kemal, ist falsch, denn es existierte schon in einer Zeit, in der der türkische Staatsgründer (1881–1938) noch gar nicht lebte. Allerdings ging schon eine Abwertung der Türkei damit einher. So wie man nämlich früher besonders schöne Landstriche gerne als „Schweiz" bezeichnete (etwa Sächsische Schweiz), tat man ziemlich entlegene, trostlose als Türkei ab. Deshalb wurde um 1700 die Gegend um Halle, wo viel Kümmel angebaut wurde, als Kümmeltürkei bezeichnet. Studenten von dort wurden entsprechend als Kümmeltürken abgewertet. Später galt es auch anderen Studenten vom Lande und schließlich Sonderlingen aller Art, wohingegen sich diese Beleidigung inzwischen in erster Linie auf Ausländer allgemein und Türken im Speziellen bezieht.

Kürzertreten müssen

Das gilt zuerst einmal für marschierende Soldaten. In einer Kurve wird es für die innen laufenden Männer eng und sie müssen kürzere Schritte machen, damit die Formation gewahrt bleibt. Im übertragenen Sinn wird es auch oft eng, wenn jemand beschließt, kürzerzutreten. Oft wird das Geld knapp oder der Körper ist nicht mehr so belastbar wie früher.

Lange Zähne machen

Wer lange Zähne macht, ist wählerisch oder mäkelig beim Essen. Pate stand eine Grimasse des Abscheus mit hochgezogenen Lippen und entblößten Zähnen. Die Wendung aber wird auch gebraucht, wenn jemand seine Abneigung kultivierter äußert.

Leben wie Gott in Frankreich

Wie es zu diesem Vergleich gekommen ist, ist nicht genau bekannt. Auf jeden Fall spielt eine Bewunderung für die französische Küche und das französische „savoir vivre" hinein. Aber warum Gott? Eine Erklärung ist, dass die Redensart nach der Französischen Revolution

entstand und Gott mit der beginnenden Trennung von Kirche und Staat praktisch arbeitslos oder doch zumindest Kurzarbeiter wurde, es sich also gut gehen lassen konnte. Die andere ist, dass es der französischen Kirche sehr gut ging und in diesen prächtigen Kirchen und mit diesen reichen Pfründen nicht nur die Geistlichkeit, sondern auch Gott in Saus und Braus leben konnte.

Lehrgeld zahlen

Zugegeben: Viele Lehrlingsgehälter sind heute sehr mager, aber noch vor 100 Jahren war es undenkbar, dass ein Lehrling überhaupt etwas gezahlt bekam. Stattdessen hatte er – bzw. seine Eltern – Lehrgeld zu zahlen. Bildung war früher kein Recht, sondern ein wertvolles Gut, das man nur gegen Bares erhielt. Für die Schule war Schulgeld zu zahlen und Handwerksmeister gaben ihr Wissen nur gegen Lehrgeld preis. Heute ist ein großer Teil der Bildung frei, doch immer wieder passiert es, dass man aus Unerfahrenheit einen Fehler macht und materiellen Verlust erleidet. Hat man aus der Sache immerhin etwas gelernt, dann kann man den Verlust für sich ganz klassisch als Lehrgeld verbuchen.

Leichenbittermiene

Mit Leichen hat dieser Ausdruck schon etwas zu tun, mit Bitterkeit jedoch nicht. Der Leichenbitter war früher derjenige, der nach einem Todesfall von Haus zu Haus ging und die Menschen bat, zur Beerdigung zu kommen. Manchmal verrichteten Angehörige des Toten diese Aufgabe, aber oft verdiente sich ein ärmeres Gemeindemitglied als „Leichenbitter" ein kleines Zubrot. Gerade diese professionellen Leichenbitter scheinen – so ist der Literatur zu entnehmen – ihren Job oft sehr ernst genommen zu haben und ein geradezu theatralisch tragisches Gesicht aufgesetzt zu haben, was dann zur sprichwörtlichen Leichenbittermiene wurde. Auch heute verwendet man den Begriff eigentlich nur dann, wenn man die Miene eines anderen unangemessen tragisch findet.

Lunte riechen

Die Lunte war die Zündschnur, die man früher zum Zünden von Kanonen und den ersten einfachen Gewehren benutzte. Wenn eine solche Lunte angezündet wurde und dann abbrannte, konnte man das durchaus riechen. Vor allem Tiere, die eine bessere Nase als der Mensch haben, merkten so, dass Gefahr drohte, und konnten sich in Sicherheit bringen, bevor der Schuss losging.

Mach keine Fisimatenten!

Mit diesem Satz werden vor allem Jugendliche ermahnt, wenn die Eltern befürchten, dass sie Dinge tun könnten, die von erwachsener Sicht aus dumm und überflüssig sind und nur Scherereien für die armen Eltern bringen. Es gibt die Deutung, diese Warnung stamme aus napoleonischer Zeit. Als Napoleons Soldaten 1806 Preußen besetzten, warnten die Eltern ihre Töchter, der Einladung der Franzosen „Visite ma tente" (besuche mein Zelt) ja nicht nachzugeben. Doch das Wort ist älter und seine Herkunft kann nicht hundertprozentig geklärt werden. Eine andere Auslegung versteht es z. B. als Verballhornung der „visae patentes", bürokratischer Patentbescheinigungen aus dem 16. Jahrhundert. Vermutlich sahen die meisten Leute diese nur schwer und umständlich zu beschaffenden Papiere als völlig überflüssig an und bezeichneten Dinge als Fisimatenten, die nur Umstände mit sich brachten.

Mal ausspannen

Wer ausspannen will, der will sich entspannen. Doch daher kommt diese Redewendung nicht. Sie geht auf die Zugtiere zurück, die nach getaner Arbeit ausgespannt werden, indem man ihnen das Zuggeschirr abnimmt und sie in den Stall oder auf die Weide lässt, wo sie sich frei bewegen und erholen können.

MAN HAT SCHON PFERDE KOTZEN SEHEN

Pferde können gar nicht kotzen, heißt es immer. Aber stimmt das wirklich? Diese um 1900 entstandene Redewendung drückt jedenfalls äußerstes Misstrauen aus. Wirklich kotzen können Pferde tatsächlich nicht. Es kann allerdings passieren, dass sie Futter aus dem Schlund wieder hochwürgen. Das kann einem Erbrechen ähnlich sehen, ist aber keines, weil das Futter noch nicht im Magen gewesen ist.

Manschetten haben

Im 18. und 19. Jahrhundert gab es in den besseren Kreisen zwei Fraktionen junger Männer: Die einen waren „schneidige Burschen", gehörten schlagenden Studentenverbindungen an und suchten immer wieder Gelegenheiten, „sich zu schlagen". Die anderen trugen Manschetten und wichen Auseinandersetzungen aus. Die Manschetten waren beim Fechten hinderlich, da sich der Degen darin verfangen konnte. Wer Manschetten an den Armen hatte, outete sich also im Weltbild der Burschenschafter zwangsläufig als Feigling.

Mätzchen machen

Das Mätzchen war ursprünglich ein kleiner Junge mit dem Namen Matthäus oder Matthias. Und genauso wie man früher den Namen Hans benutzte, um alle möglichen Typen zu kennzeichnen (z. B. Hanswurst, Hans Liederlich), so geschah das auch mit Matz oder Mätzchen. Während Hans jedoch eher für grobe, dumme oder unmoralische Charaktere verwendet wurde, benutzte man Matz für junge, leicht närrische. Den Hosenmatz für kleine Jungen und den Piepmatz für kleine Vögel kennt man immer noch. Früher gab es noch mehr Varianten, z. B. den Plaudermatz, der andauernd nur unsinniges Zeug von sich gab. Mätzchen machen bedeutet dementsprechend, den kleinen Narren zu geben.

Maulaffen feilhalten

Diese inzwischen aus der Mode geratene Kritik richtet sich gegen Schwätzer, die lang und breit über ein Problem tratschen, aber nichts tun, um es zu beheben. Daneben gibt es auch die Wendung „Dastehen wie ein Maulaffe", die sich an jemanden richtet, der nicht einmal etwas sagt, sondern mit offenem Mund ziemlich desorientiert herumsteht und bloß gafft. Maulaffen waren früher kleine Köpfe aus Ton, in deren offene Mäuler man Kienspäne stecken konnte, die zur Beleuchtung dienten. Die ersten Maulaffen scheinen im 13. Jahrhundert in Österreich hergestellt worden zu sein. Zwar gestaltete man diese Halter gerne als Affenköpfe, doch das Wort lautete ursprünglich „Maulauf."

Mein lieber Freund und Kupferstecher!

In diesem Ausruf schwingt oft ein leichter Tadel mit. Wer ihn gebraucht, ist nicht einverstanden mit seinem Freund oder empfindet zumindest ein leichtes Missbehagen angesichts dessen, was dieser gesagt oder getan hat. Der Dichter Friedrich Rückert (1788–1866) jedoch redete seinen Freund, den Kupferstecher Carl Barth (1787–1853), in seinen Briefen ganz vorbehaltlos so an. Deshalb sind sich die Sprachforscher auch nicht so ganz einig, ob wirklich Rückert diese Redewendung erfunden hat, zumal es früher auch ähnliche Wendungen gab, in denen der Kupferstecher durch den Bildermann (Verkäufer von Bildern, z. B. Kupferstichen) oder Petschaftsstecher (Stempelhersteller) ersetzt wurde. Manche Experten meinen, Kupferstechern und ähnlichen Berufen könnte durch die Nähe zur Geldfälscherei etwas leicht Anrüchiges angehaftet haben. Eine ähnliche, manchmal aber etwas positivere Aussage als der „Freund und Kupferstecher" hat „Mein lieber Herr Gesangsverein!", aber zur Entstehung dieser Redewendung gibt es keine plausible Erklärung. Wahrscheinlich handelt es sich um bewussten Nonsens.

Mein lieber Scholli!

Ferdinand Joly (1765–1823) hieß der Namensgeber dieser Redewendung. Er wurde während seiner Studienzeit in Salzburg von der Universität verwiesen und führte dann ein Vagantenleben. Mit selbst gedichteten Liedern, kleinen Stücken und Predigten verdiente er sich sein Auskommen und wurde im Österreich und Bayern seiner Zeit zum bekannten Original. In dem Ausruf „Mein lieber Scholli" kann auch ein gewisser ungläubiger Respekt vor einer außergewöhnlichen, aber mutigen Handlungsweise mitschwingen. Oft wird sie aber auch drohend gebraucht, um dem anderen zu signalisieren, dass sein bisheriges Verhalten gerade noch hingenommen wird, aber kein bisschen mehr.

Mich laust der Affe!

Dieser Ausruf der Verwunderung rührt vermutlich tatsächlich von lausenden Affen her. Während es heute wohl kaum jemandem passiert, dass er unversehens von einem Affen gelaust wird, konnte das früher durchaus vorkommen. Zum einen führten Schausteller auf Jahrmärkten dressierte Affen vor, zum anderen waren kleine Äffchen zeitweise als Schoßtiere in Mode. Dabei ist es mit Sicherheit hin und wieder geschehen, dass ein Affe ausgebüxt ist, einem Menschen auf die Schulter sprang und in seinen Haaren zu wühlen begann. Irgendwann hat man dann wohl begonnen, den Ausruf auf ähnlich merkwürdige und überraschende Situationen zu übertragen. Übrigens: In Wahrheit lausen sich Affen nicht. Die gegenseitige Fellpflege dient vor allem der sozialen Kontaktaufnahme und entfernt werden vor allem Hautschüppchen und nur selten Ungeziefer.

Mir geht ein Seifensieder auf

Auch schon im 19. Jahrhundert wurden in der Jugendsprache etwas ausgelutschte Redewendungen verulkt. Und so gab es gleich mehrere studentische Varianten von „Mir geht ein Licht auf" – etwa mit Talglicht, Gasbeleuchtung, Gasfabrik, Christbaum oder Kronleuchter. Der Seifensieder scheint auf den ersten Blick nichts mit dem Beleuchtungswesen zu tun zu haben, doch das stimmt nicht: Seifensieder stellten nämlich oft auch Kerzen her.

Mir ist so blümerant

Im 17. Jahrhundert kam in den besseren Kreisen Berlins eine Farbe in Mode, die mit dem französischen Wort „bleu mourant" bezeichnet wurde, was wörtlich sterbensblau hieß, in der Realität aber einen blassblauen Farbton meinte. Die Farbe war so häufig zu sehen, dass die Berliner spotteten: „Mir wird so blümerant", wenn sie von zu viel blassblau umgeben waren. Mit der Zeit ging die Redewendung auf Zustände über, bei denen man sich selbst leicht blassblau im Gesicht fühlte.

Mir schwant nichts Gutes

Schwäne galten früher auch als Boten, die mit ihrem Gesang etwa einen nahen Tod voraussagten. Doch vermutlich hat das

Wort „schwanen" damit gar nichts zu tun. Für Vorausahnungen gab es früher auch das Wort „wānen" (vergl. wähnen) und eventuell wurden irgendwann die beiden ersten Worte des Satzes: „Es wānet mir", zu einem „schwanet" zusammengezogen.

Mit Ach und Krach

Etwas mit Ach und Krach zu schaffen, das bedeutet, es gerade so eben unter Aufbietung aller Möglichkeiten zu schaffen. Früher hieß es, dass jemand eine Arbeit unter Einsatz seiner letzten körperlichen Kräfte bewältigte, was dann häufig mit einem gewaltigen Stöhnen, Schnaufen, „Ächzen und Krächzen" einherging. Letzteres schliff sich mit der Zeit zu „Ach und Krach" ab.

Mit allen Schikanen

Eine Sache „mit allen Schikanen" ist technisch vom Feinsten. Gleichzeitig steht „schikanieren" für böswilliges Quälen. Wie passt das zusammen? Das alte Wort „schikken" bedeutete ursprünglich „ordnen" und wurde später vor allem im Französischen für Gerichtssachen benutzt. Mit der Zeit stand „chicaner" dann für eine besonders kunstvolle juristische Prozessführung und da gab es natürlich immer zwei Seiten: Für denjenigen, der Opfer solcher juristischen Kniffe wurde, hatte Schikane nichts mehr mit Gerechtigkeit zu tun. Für den, der profitierte, war es Rechtsauslegung nach allen Regeln der Kunst bzw. mit allen Schikanen.

Mit allen Wassern gewaschen sein

Wer mit allen Wassern gewaschen ist, der ist clever, kennt alle Tricks und lässt sich von niemandem etwas vormachen. Dazu gehört natürlich Lebenserfahrung. Für einen Seemann bedeutete dies, viel herumgekommen zu sein. Wer erst einmal die Wasser aller Sieben Weltmeere abbekommen hatte und dabei auch die Gebräuche aller fünf Kontinenten kennengelernt hatte, dem machte wirklich so leicht niemand mehr etwas vor.

Mit dem ist nicht gut Kirschen essen

„Das Sprichwort gilt", ist beim Schweizer Schriftsteller Jeremias Gotthelf (1797–1854) zu lesen, „es sei bös, mit großen Herren Kirschen essen, weil sie den Mitessern gerne Steine und Stiele ins Gesicht würfen, das Fleisch aber behielten." Die Redewendung war also damals schon sehr alt, und als Begründung für das Bild des „Kirschenessens" liefert Gotthelf die ungleiche Teilung in gutes Fruchtfleisch und Kerne bzw. Stiele. Die Vorstellung, dass ein Reicher und ein Armer wirklich miteinander Kirschen essen und Ersterer dem Letzteren die Kerne ins Gesicht wirft, ist natürlich recht absurd. Vielleicht sagte man ja ursprünglich, dass mit jemandem nicht gut „Kirschen teilen" sei?

Mit dem Klammerbeutel gepudert sein

Als Klammerbeutel bezeichnete man früher einen Beutel in einer Mühle, durch den das Mehl gesiebt wurde, um es von der Kleie zu trennen. Dieser Beutel wurde mechanisch gerüttelt und ist auch für die Redewendung „Jemanden beuteln" (jemandem heftig zusetzen) verantwortlich. Dieser Beutel war mit klammerartigen Vorrichtungen so aufgehängt, dass die Kleie an einem Ende herausgeschüttelt und über einen „Kleiekotzer" ausgespuckt wurde. Wenn der Müller den Beutelkasten, in dem dieser Vorgang ablief, während des Mahlens öffnete, dann wurde er mit Mehl eingestäubt bzw. „gepudert". Aber natürlich war es völlig verrückt, den Kasten beim Mahlen zu öffnen. Folglich steht die Redewendung auch für verrücktes Handeln und wird meist in der Form „Ich bin doch nicht mit dem Klammerbeutel gepudert" gebraucht. Es gibt jedoch noch eine zweite These, die sich vor allem auf die Variante „Dich hat man wohl als Kind mit dem Klammerbeutel gepudert" bezieht. Demnach würde mit dieser Wendung unterstellt, der Angesprochene sei als Kind beim Wickeln nicht gepudert, sondern mit dem Wäscheklammerbeutel verdroschen worden, was Schäden hinterlassen hat (Ähnlich wie: „Dich haben sie wohl mit Mostrich/Senf geimpft."). Möglicherweise kam es aber erst zu dieser Interpretation, als in den Mühlen nicht mehr mit Beuteln gesiebt wurde und auch kaum noch jemand Bezug zum Müllerhandwerk hatte.

Mit den Wölfen heulen

Wölfe sind Rudeltiere, und wenn sie jaulen, heulen sie nicht den Mond an, sondern verständigen sich miteinander. Deshalb heulen sehr oft mehrere Wölfe zusammen. Für die Menschen früherer Zeit, die sich vor Wolfsrudeln fürchteten, klang das oft wie ein Zeichen zum Angriff. Gelegentlich stimmten auch die Haushunde in solches Geheul mit ein, was deren Besitzer offenbar fürchten ließ, die Hunde würden sich mit den Wölfen verbünden. Schon die alten Römer sprachen deshalb davon, dass jemand mit den Wölfen heult, wenn er sich auf die Seite der herrschenden Mehrheitsmeinung schlägt.

Mit der Wurst nach der Speckseite werfen

Heute sieht man das vielleicht anders, aber früher war Fett wertvoll und begehrt.

Eine einzelne Wurst war also wesentlich weniger wert als eine ganze Speckseite, der gesamte, unzerteilte Rückenspeck eines Schweines. Wer also mit einer Wurst nach einer Speckseite wirft, der gibt ein kleines Geschenk in der Hoffnung, dafür ein größeres Gegengeschenk zu bekommen. Der Ausdruck „werfen" zeigt, wie sehr der Schenker damit rechnet, mit dieser Aktion automatisch den gewünschten Erfolg zu haben. Heute, wo die Wertschätzung von Speck stark gesunken ist, kann es auch passieren, dass das Sprichwort ganz anders verwendet wird, nämlich in dem Sinne, dass jemand etwas Wertvolleres (Wurst) vergeudet, um etwas weniger Wertvolles (Speck) zu bekommen.

Mit einer Träne im Knopfloch

Diese Wendung macht sich über sowohl rührselige als auch feierliche Abschiede lustig. Wer sagt, dass er sich mit einer Träne im Knopfloch verabschiedet, will nicht zugeben, dass ihm wirklich feierlich oder wehmütig zumute ist, es aber doch irgendwie andeuten. Die Wendung entstand dadurch, dass irgendjemand – die genauen Umstände liegen im Dunkeln – einmal die Beschreibung „Mit einer Nelke im Knopfloch und einer Träne im Auge" umgedreht hat. Übrig geblieben ist nur der erste Teil, die „Nelke im Auge" hat es nicht geschafft, sprichwörtlich zu werden.

Mit etwas Staat machen

Mit einem Staat im Sinne einer Staatsnation hat die Redewendung nichts zu tun. Das Wort Staat leitet sich vom lateinischen „stare" (stehen) ab und ist mit dem Status verwandt. Es steht für einen beständigen, aber auch vorzeigbaren Zustand. Vor allem im 16. Jahrhundert wurde Staat dann zu einer Bezeichnung für die äußere Repräsentation. Das ging so weit, dass man die Kleidung für Feiertage als Festtagsstaat bezeichnete. „Mit etwas Staat machen" wurde zum Synonym für „Eindruck schinden".

Mit etwas zurande kommen

Der Rand, von dem hier die Rede ist, ist das rettende Ufer. Schon der Barockdichter Martin Opitz (1597–1639) benutzte die Wendung im übertragenen Sinne. „Ich walle wie ein Schiff, das durch das wilde Meer / von Wellen umgejagt, nicht kann zu Rande finden", schrieb er. Heute benutzt man die Redewendung jedoch nicht, wenn jemand sich retten kann, sondern dann, wenn er eine Aufgabe löst.

Mit Fug und Recht

Fug kommt von fügen und steht in dieser Rechtsformel für das Passende, Schickliche. Wer mit Fug und Recht etwas behauptet, der ist nicht nur mit dem Gesetz in Einklang, sondern auch mit der Tradition, den Sitten und dem allgemeinen Gerechtigkeitsempfinden. Heute wird derselbe Grundsatz mit „recht und billig" umschrieben. Billigkeit ist im Juristendeutsch die Umschreibung für die Beurteilung eines Rechtsfalles nach dem natürlichen Gerechtigkeitsempfinden. Wenn zum Beispiel ein sehr reicher Mensch einem sehr Armen unverschuldet einen Schaden zufügt, kann der Reiche aus Billigkeitsgründen zum Schadenersatz verpflichtet werden, obwohl man normalerweise nur für das haften muss, was man auch verschuldet hat.

Mit Geduld und Spucke

... fängt man eine Mucke, heißt es gelegentlich. Doch die Mucke ist nur nachträglich des Reimes Willen in die Redewendung gekommen. Zum wirklichen Mückenfangen taugt die Spucke wenig, doch wenn man einen Faden in ein enges Nadelöhr fädeln will, dann ist es hilfreich, wenn man das Fadenende mit etwas Spucke glättet. Trotzdem klappt es oft nicht auf den ersten Versuch, sodass Geduld und Spucke zum Einfädeln vonnöten sind. Auch andere Dinge klappen oft am besten, wenn man einen Kniff parat hat, sich aber auch noch in Geduld übt.

Mit gleicher Elle messen

Die Elle ist der längere der beiden Unterarmknochen eines Menschen und wurde früher als Maßeinheit verwendet. Dabei legte man in der Regel den Abstand zwischen dem Ellenbogen und dem ausgestreckten Mittelfinger eines durchschnittlich großen Mannes zugrunde. Zwar wurden von den Herrschern Standards festgesetzt, aber in den einzelnen deutschen Staaten kam man dabei zu ziemlich unterschiedlichen Ergebnissen. Die meisten deutschen Ellen waren zwischen 53 Zentimeter (Kurpfalz) und 60 Zentimeter (Baden) lang. Am längsten war eine Elle in Bayern mit 83,3 Zentimetern. Nimmt man die Maße von ganz Europa zusammen, so war die Spannweite der verschiedenen Ellen noch viel größer. Um vergleichbare Ergebnisse zu bekommen, war es also wichtig, sich vorher zu einigen, mit welcher Elle man messen wollte.

Mit Haken und Ösen

Die Redewendung steht entweder für Widrigkeiten oder bedeutet: „Mit allen erlaubten und unerlaubten Mitteln." Vor allem im Sport kann ein Kampf mit Haken und Ösen einer sein, bei dem sich beide Seiten sehr schwertun, Chancen herauszuarbeiten, aber auch einer, bei dem viele unfaire Mittel eingesetzt werden. Wieso ausgerechnet Haken und Ösen als Vergleich bemüht werden, ist nicht wirklich geklärt. Am ehesten lässt sich ein Wettkampf mit vielen kleinen Schwierigkeiten mit dem Kampf gegen die kleinteiligen und sich leicht verklemmenden Verschlüsse in Beziehung setzen. Speziell weibliche Unterwäsche war noch vor gut 100 Jahren mit einer Vielzahl versteckter Häkchen versehen, was romantische Schäferstündchen häufig zu einem erbitterten Kampf gegen Haken und Ösen gemacht haben dürfte.

Mit Haut und Haar

Eine Vorliebe für Reime oder feste Wendungen, in denen die Hauptwörter mit demselben Buchstaben angehen, gab es schon bei den alten Germanen und auch im mittelalterlichen Deutsch ist sie noch weitverbreitet. Damals sprach man z. B. von einer Strafe „an Haut und Haar“, wenn jemand sowohl geschoren als auch geprügelt wurde. Das Scheren wurde dabei als Ehrenstrafe empfunden, die das Opfer bloßstellen sollte, das Prügeln als „peinliche“, also Pein und Schmerzen bringende Strafe. Wer also an „Haut und Haaren“ gestraft wurde, wurde in jeder Hinsicht gestraft. Aus der Formel „Haut und Haar“ entwickelte sich deshalb eine Umschreibung für „ganz und gar“.

Mit jemandem Fraktur reden

Fraktur war eine vom 16. bis in die erste Hälfte des 20. Jahrhunderts sehr verbreitete Druckerschrift, die nicht gerade zierlich geschwungen ist, sondern recht kantig und grob daherkommt. Wird mit jemandem Fraktur geredet, wird mit ihm unverblümt Klartext gesprochen. Während die Fraktur heute eher als unklare, schwer zu lesende Schrift erscheint, galt sie früher – vielleicht auch im Gegensatz zu Handschriften – als sehr deutliche Schrift. Vielleicht schwang auch der Wunsch mit, jemandem eine Sache quasi wie mit der Druckerpresse „einzuprägen“.

Mit Kind und Kegel

Wer mit Kind und Kegel unterwegs ist, hat die ganze Familie dabei und schleppt zudem noch viel Gepäck mit sich herum. Ursprünglich jedoch war damit die ganze Großfamilie einschließlich aller nicht ganz legitimen Anhängsel gemeint, denn Kegel ist eine mittelalterliche Bezeichnung für uneheliche Kinder. Ganz ursprünglich aber bedeutet das Wort Stock, Knüppel oder Prügel. Wieso man es dann auf außereheliche Kinder ummünzte, ist nicht bekannt. Der Ausdruck „kegeln“ scheint aber auch als Slang für eine schnelle Nummer üblich gewesen zu sein – aber möglicherweise erst nachdem man bereits angefangen hatte, außereheliche Kinder als Kegel abzutun.

Mit seiner Meinung nicht hinter dem Berg halten

Die Redewendung nimmt Bezug auf die militärische Taktik, Truppenteile möglichst lange hinter einer Anhöhe zu verstecken und somit den Gegner im Unklaren über seine wahre Stärke zu lassen. Genau das Gleiche trifft für die Wendung „Seine Meinung nicht hinter dem Busch halten" zu.

***

Mit Stentorstimme

Homer berichtete in seiner *Ilias* von einem griechischen Kämpfer namens Stentor, der mit seiner „ehernen Stimme" so laut habe schreien können wie 50 andere Menschen. Deshalb bürgerte sich Stentorstimme als Umschreibung für eine extrem laute Stimme ein.

Montezumas Rache

Der Aztekenkönig Motecuhzoma II. (um 1465–1520), bekannt geworden als Montezuma, wurde genau wie ein Großteil seines Volkes von den spanischen Eroberern ermordet, obwohl er sich um Kooperation bemüht hatte. Er hätte also allen Grund zur Rache an den Europäern und so wird der Durchfall, den sich viele europäische Touristen in Mexiko holen, scherzhaft in die verspätete Vergeltung des Aztekenkönigs umgedeutet. Überhaupt gibt es für Durchfall zahlreiche blumige Umschreibungen. Unter dem flotten Otto etwa, einem Spitznamen, der früher wirklich einen flotten Menschen meinte, versteht man heute fast nur noch einen heftigen Durchfall, der flott den Darm verlässt.

Mundtot machen

Wer jemanden mundtot macht, der macht dessen Mund tot, hindert ihn also am Reden, könnte man meinen. Doch im 17. Jahrhundert stand „mundtot machen" noch für entmündigen. Jemand, der mundtot gemacht wurde, hatte nicht mehr die „Munt" (Mündigkeit, Verfügungsgewalt) über sich selbst. Wer entmündigt wird, wird natürlich meist auch am Äußern der eigenen Meinung gehindert, sodass die ursprüngliche und die heutige Bedeutung eng beieinanderliegen.

Nach Canossa gehen

Wer nach Canossa gehen muss, hat einen äußerst schweren und demütigenden Bittgang vor sich. Er muss zu Kreuze kriechen und kann nur hoffen, dass der andere sich erweichen lässt. Canossa ist eine Burg in der Poebene in der Nähe von Reggio Emilia, von der heute nur noch eine Ruine übrig ist. Dort nötigte Kaiser Heinrich IV. im Jahr 1077 Papst Gregor VII., ihn vom Kirchenbann zu befreien. Da Heinrich als reuiger Büßer auftrat, konnte Gregor nichts anderes tun, als christliche Milde walten zu lassen. Das Ganze war für Heinrich sicher sehr schwer, zumal der winterliche Zug über die verschneiten Alpen bestimmt mörderisch war und ihm im Falle

eines Misserfolgs immense politische Probleme in der Heimat drohten. Aber seine Demut gegenüber dem Papst war nur ein taktischer Kniff. Fast 800 Jahre später machte der deutsche Kanzler Bismarck (1815–98) mit dem markigen Spruch „Nach Canossa gehen wir nicht" den Canossagang zum Symbol für eine durch und durch schmachvolle Niederlage.

Nach Gutsherrenart

Die Grundherrschaft wurde in Deutschland zwar bis zur Mitte des 19. Jahrhunderts abgeschafft, doch vor allem die Besitzer der großen Rittergüter östlich der Elbe („ostelbische Junker") konnten sich nicht so schnell an die veränderten Verhältnisse gewöhnen. Ende des 19. und Anfang des 20. Jahrhunderts gehörten die meisten von ihnen zu den besonders entschiedenen Feinden der Demokratie. Auch im zwischenmenschlichen Bereich neigten sie oft dazu, Menschen zu behandeln, als hätten sie noch ihr persönliches Gesinde vor sich, über das sie weitgehend hatten verfügen können. „Nach Gutsherrenart" steht deswegen entweder für antidemokratische, autoritäre Entscheidungen oder ein barsches, herablassendes Benehmen.

Nach Schema F verfahren

Schema F war eine Abkürzung für die Frontrapporte, die im preußischen Heer in regelmäßigen Abständen zu schreiben waren. Jeder Kommandierende hatte Mannschaftsstärke, Ausrüstungsstand usw. an das Kriegsministerium zu melden. Dazu wurde ein Formular mit dem Vermerk „F" benutzt, das auf die immer gleiche Art auszufüllen war. In vielen Fällen ist es natürlich zweckmäßig, sich an eingespielte Verfahren zu halten, doch heute wird der Begriff allgemein als Tadel für Leute verwendet, die nicht fähig sind, etwas einmal anders zu machen als nach dem altbekannten Schema F.

Nach Strich und Faden fertigmachen

Wer das tut, macht jemanden komplett fertig. Der Ausdruck kommt aus der Webersprache. Dort bezeichnete man mit Strich die Webart und mit Faden die Art des verwendeten Fadens. Kannte man also Strich und Faden, wusste man, was für einen Stoff man vor sich hatte. Strich und Faden gaben eine komplette Information.

Nachtigall, ick hör dir trapsen

In der Liedersammlung *Des Knaben Wunderhorn* von Achim von Arnim (1781–1831) und Clemens Brentano (1778–1842) findet sich das Lied *Frau Nachtigal.* Die ersten beiden Strophen beginnen mit den Zeilen: „Nachtigal, ich hör dich singen" und „Nachtigal, ich seh dich laufen". Überdies wird die Nachtigall als Ratgeberin bezeichnet. „Komme doch und sag mir bald, / wie sich alles hier verhalt'", heißt es in der ersten Strophe. Die Berliner machten aus „Ich seh dich laufen" das flapsige „Ick hör dir trapsen". In der Redewendung erwartet man die Nachtigall auch nicht für einen guten Rat, sondern will aussagen, dass der Sprecher gemerkt hat, worauf eine Sache hinausläuft bzw. den Pferdefuß dabei entdeckt hat.

Nägel mit Köpfen machen

Die Aufforderung, Nägel mit Köpfen zu machen, ist die, eine Sache richtig zu machen. Oft wird sie auch benutzt, um zu betonen, dass jetzt der richtige Moment sei, eine Sache anzugehen. Doch das war ursprünglich nicht gemeint. Das Schmieden von Nägeln und das Schmieden ihrer Köpfe sind nämlich zwei verschiedene Arbeitsschritte. Brauchbare Nägel bekommt man aber nur, wenn man beide Schritte ausführt. Die Aufforderung sagt also eigentlich aus, Dinge so komplett zu erledigen, dass man auch ein Ergebnis bekommt und es nicht beim ersten Schritt zu belassen und den zweiten zu verschieben.

Nesthäkchen

Als Nesthäkchen wird gelegentlich das Letzte von mehreren Geschwistern bezeichnet, vor allem dann, wenn es wesentlich jünger als die anderen ist. Mit dem Nest ist natürlich das elterliche Zuhause gemeint, in dem das jüngste Kind am längsten bleibt. Doch das „Häkchen" will nicht aussagen, dass sich dieses Kind am längsten im Nest festklammert, sondern kommt von „Hockerchen". Ein Nesthäkchen ist also ein Kind, das im elterlichen Nest hockt. Dafür, dass es das noch tut, während die älteren Geschwister schon ausgeflogen sind, kann es eigentlich nichts. Eine besondere, „festhakende" Affinität zum Hotel Mama beinhaltet das Wort jedenfalls nicht.

Neuralgischer Punkt

Eine Neuralgie ist ein Nervenschmerz, der durch eine Schädigung der Nerven entsteht. Entsprechend ist ein neuralgischer Punkt ein besonders empfindlicher Punkt. Das kann sich auf eine Sache, aber auch auf die Psyche einer Person beziehen. Wird dieser empfindliche Punkt getroffen, führt das leicht zu großen Schäden oder seelischen Schmerzen. Vergleichbar sind der „wunde Punkt" oder die „Achillesferse" (siehe dort).

Nicht alle Tassen im Schrank haben

Man könnte denken, mit der Redewendung werde auf eine gewisse Leere angespielt, die es im Gehirn gewisser Leute ebenso zu geben scheint wie in einem Geschirrschrank, in dem sich nicht alle Tassen befinden. Doch die Tassen sind eine Verballhornung des jiddischen Wortes „Toschia", das Verstand bedeutet. Auch der Ausdruck „trübe Tasse" bezieht sich auf einen Menschen, dessen Toschia nicht allzu hell ist.

Nicht lange fackeln

Fackeln spenden Licht. Aber ihre Flammen flackern auch unruhig hin und her. So sagte man früher, dass jemand fackelt, wenn er wie die Flamme einer Fackel mal in die eine, mal in die andere Richtung flackert, ohne sich entscheiden zu können. Heute wird die Redewendung fast nur noch in ihrer negativen Form gebraucht. Jemand, der schnell tätig wird, wird gelobt, dass er nicht lange fackelt, und jemand, der sich nicht entscheidet, wird aufgefordert, nicht länger zu fackeln.

Nicht viel Federlesens machen

Federlesen bedeutete früher, dass jemand Federn, Flusen und Ähnliches, das sich unterwegs an seinem Mantel festgesetzt hatte, abzupfte. Ein Federleser war jemand, der dies bei anderen tat, in der Hoffnung, sich durch diesen kleinen Dienst einzuschmeicheln. Jemand, der nicht viel Federlesens machte, war dagegen jemand, der in keiner Weise versuchte, irgendjemanden für sich einzunehmen. Wie man sieht, war es schwer, es dem Volk recht zu machen: Wer Federn las, wurde als Speichellecker abgetan, wer es nicht tat, als rücksichtsloser Grobian.

Noch grün hinter den Ohren sein

Grünes Obst ist meist noch unreif und so steht Grün in der Farbsymbolik seit jeher für Unreife. Grüne Jungen oder Grünschnäbel (im Englischen Greenhorns) sind noch „unreif" und nicht erwachsen. Hinter den Ohren aber siedelte man Mutterwitz und Lebensklugheit an, wie auch die Wendungen „Es faustdick hinter den Ohren haben" (siehe dort) oder „Noch nicht trocken hinter den Ohren sein" (d. h., noch Reste der Geburtsschmiere hinter den Ohren haben) verraten. Übrigens: Statt Grünschnabel sagte man früher Gelbschnabel, weil der Schnabel junger Vögel oft mit einer hellgelben Haut überzogen ist. Aber vermutlich hat man das später angepasst, weil eben grün und nicht gelb allgemein für Unreife steht.

Nur nicht hudeln!

Oder auf gut Schwäbisch: „No net hudle!", das bedeutet, die Dinge nicht überhastet anzugehen. Ein Hudel war ein Wischlappen, mit dem man die letzten Reste der Asche aus einem vorgeheizten Backofen wischte, bevor man das Brot hineinschob. Da dies sehr schnell gehen musste, damit der Ofen möglichst wenig auskühlte, war hastiges Arbeiten angesagt. Für die meisten anderen Arbeiten dagegen erweist sich ein derartiges „Gehudel" als eher kontraproduktiv.

Oberwasser haben

Für den, der Oberwasser hat, läuft es gerade richtig gut. Dasselbe gilt auch für eine Mühle, denn Oberwasser ist das Wasser oberhalb der Mühle, das das Mühlrad antreibt, Unterwasser dagegen jenes, das von der Mühle wegfließt. Viele Mühlen hatten jedoch nicht immer Oberwasser. Das Wasser wurde oberhalb gestaut und nur bei Bedarf öffnete man das Wehr und leitete Wasser auf die Mühle, um sie anzutreiben.

Ohne Netz und doppelten Boden

Ohne Netz arbeiten Zirkusartisten, die unter ihrem Hochseil kein Netz spannen,

das sie im Falle eines Sturzes auffängt. „Ohne Netz" bedeutet also ohne Absicherung. Mit der Zeit kam die Ergänzung „und doppelten Boden" hinzu, die ebenfalls aus der Zirkussprache kommt. Behältnisse mit doppeltem Boden dienten Zauberern für ihre Tricks. Ohne doppelten Boden heißt also ohne Betrug und Hintergedanken. „Ohne Netz und doppelten Boden" steht damit für eine Sache, bei der alles auch tatsächlich so ist wie es auf den ersten Blick scheint.

Öl auf die Wogen schütten

Ob die alten Griechen und Römer auch schon ihre Ölkatastrophen hatten? Etwa wenn ein Schiff mit Olivenöl an Bord leckschlug? Auf jeden Fall wussten sie, dass ein zäher Ölfilm, der auf dem Wasser schwimmt, imstande ist, die Wellen zu glätten und den Seegang zu beruhigen, und benutzten das Bild im übertragenen Sinn, wenn jemand versuchte, einen Streit zu schlichten. Das Gegenteil ist „Öl ins Feuer schütten", denn das heizt die Flammen natürlich erst recht an.

Paroli bieten

Wer jemandem Paroli bietet, nimmt eine Herausforderung an. Das Wort kommt aus dem Italienischen und leitet sich von „paro" (gleich) ab. Es wurde ursprünglich vor allem beim Kartenspielen gebraucht. Wer Paroli bot, akzeptierte den Einsatz seines Vorgängers und setzte die gleiche Summe. Als Parolispielen bezeichnet man beim Kartenspiel oder Roulette das Stehenlassen eines Gewinns als Einsatz für das nächste Spiel.

Pfeffer in den Arsch blasen

Diesen Trick wandten früher die schwarzen Schafe unter den Pferdehändlern an. Das scharfe Gewürz im Enddarm peinigte die armen Tiere, sodass sie nervös und unruhig wurden. Das ließ dann so manchen alten Gaul lebhaft und feurig erscheinen. Entsprechend steht die Wendung für eine verschärfte Form, jemanden in die Gänge zu bringen. Und jemand, der „Pfeffer im Hintern hat", ist ein besonders unruhiger oder sogar zappeliger Mensch, der einfach nicht still sitzen kann.

Pi mal Daumen

Die Kreiszahl Pi ist eine äußerst exakte Größe, auch wenn man sich ihr in Zahlen nur annähern kann – bisher ist das bis auf mehr als eine Billion Dezimalstellen gelungen. Der eigene Daumen dagegen ist alles andere als ein zuverlässiges Maß. Pi mal Daumen ist also eine Mischung aus Berechnung und Schätzung. Wer ein Ergebnis „Pi mal Daumen" verkündet, erklärt, dass es sich nicht um eine exakte Berechnung handelt, aber um einen recht zuverlässigen Näherungswert, der eine erste Einschätzung der Sache möglich macht.

Pingelig sein

In manchen Gegenden heißt es auch: „Du bist ein alter Pingelpott", wenn jemand überakkurat ist und ständig an der Arbeit der anderen herumnörgelt, weil sie ihm nicht sorgfältig genug getan ist. Einen Pingelpott verwendeten früher die Blaufärber zum Zermahlen ihrer Farbe. In diesem Topf befanden sich Eisenkugeln, die ständig bewegt werden mussten. Auch musste man immer wieder gegen den Topf schlagen, um zu verhindern, dass sich Farbe festsetzte. Man musste also wirklich äußerst pingelig vorgehen, wenn man die teure Farbe davon abhalten wollte, am Topf kleben zu bleiben und damit verloren zu gehen.

Pleite machen

Das jiddische Wort „Pleitje" bedeutete Flucht. Wer Pleite machte, ergriff also die Flucht – oft, weil er kein Geld mehr hatte und seine Schulden nicht bezahlen konnte. Aus dem „Pleitjegeher", dem auf die

Flucht Gehenden, wurde dann bei der nicht jiddisch sprechenden deutschen Bevölkerung der Pleitegeier. Im Gegensatz zu einem Pleitjegeher, der bereits pleite und auf der Flucht ist, droht der sprichwörtliche Geier die Pleite erst an. Schließlich sind Geier Aasfresser, die über ihren Opfern kreisen, die im Sterben liegen.

Postwendend reagieren

Briefe konnte man früher nicht einfach in den Briefkasten werfen, sondern musste sie der Postkutsche mitgeben. Wer ein Schreiben so schnell beantwortete, dass er es gleich der nächsten Postkutsche, die in die Gegenrichtung fuhr, mitgeben konnte, reagierte postwendend, also direkt nach dem Wenden der Kutsche.

Potz Blitz!

Hierbei handelt es sich um einen Ausdruck höchsten, ja erschreckten Erstaunens. In Situationen, in denen man sich irgendwie mit Kraftausdrücken Luft verschaffen muss, neigte man früher dazu, himmlische Mächte anzurufen. Allerdings verbot es die Bibel, den Namen Gottes zu missbrauchen. Deshalb verstümmelte man ihn. Potz stand für Gott, Sapperment oder Sack Zement für Sakrament und Herrschaft für Herrgott. Das Ganze kombinierte man gerne mit Naturereignissen wie Blitz, Donner und Hagel, wohl weil man die Situation wie ein derartiges Naturereignis empfand. Man wollte Gott beschwören, traute sich aber nicht so recht und so kam es zu Ausrufen wie „potz sapperment" oder „Himmelherrschaftszeiten". Im Französischen gab es Ähnliches. Dort sagte man Pieu für Dieu (Gott). Im Deutschen wurde es dann später Mode, Potz-Ausdrücke mit Flüchen zu kombinieren, und das Ganze potenzierte sich zu einer Art kraftmeierischen Rebellenslang.

PRÜGELKNABE

Der Prügelknabe ist heute vielfach der Schwächste in einer Gruppe, an dem die anderen ihre Aggressionen auslassen. Ursprünglich war es jedoch jemand, der für die Fehler der anderen bestraft wurde. Vor allem am englischen Hof des 15. bis 17. Jahrhunderts war der Prügelknabe eine Institution. Da man sich nicht traute, den Thronfolger, der ja immerhin der künftige König war, für Verfehlungen zu schlagen, bekam der Prügelknabe statt seiner die Hiebe. Dem Prinz wurde so vor Augen geführt, was er eigentlich verdient hätte. Außerdem hoffte man natürlich, dass ihm der arme Prügelknabe leidtat und er sich deshalb besserte. Auch in Spanien und Frankreich waren Prügelknaben teilweise üblich.

Pünktlich wie die Maurer

Hinter dieser Redewendung steckt ein altes Vorurteil, das nicht unbedingt besagt, dass die Maurer besonders pünktlich zur Arbeit erscheinen. Vielmehr standen sie im Ruf, auf die Minute genau die Kelle fallen zu lassen, um ihre Pausen einzuhalten oder ihren Feierabend zu beginnen.

Pustekuchen

Mit diesem Wort werden Dinge als gehaltloser Quatsch abgetan. In Berlin sagte man früher in solchen Fällen auch: „Ja, Kuchen." Eine Interpretation ist, dies sei eine Abkürzung von „Ja, wenn's Kuchen wäre", eine andere meint, es würde sich von der jiddischen Wendung „Ja cochem, aber nicht lamdon" (zwar gerissen, aber nicht klug) ableiten. Dieser „Kuchen" wurde dann im Scherz noch variiert. Sehr beliebt war z. B. „Ja, Kirschkuchen". Pate des Pustekuchens dagegen war wahrscheinlich ein biederer Schriftsteller und Geistlicher namens Johann Friedrich Wilhelm Pustkuchen (1793–1834). Dieser war dafür bekannt geworden, dass er eine Fortsetzung zu Goethes *Wilhelm Meister* geschrieben hatte, in der er traditionelle bürgerliche Werte predigte. Goethe überzog ihn dafür mit Hohn und Spott. Dieser Herr Pustkuchen hatte also einerseits einen lustigen Namen, der irgendwie an Pusteblume erinnert und deshalb windig klingt, und hat zweitens ziemlichen Quatsch geschrieben (jedenfalls, wenn man Goethe glaubt). Kein Wunder also, dass „Pustekuchen" als Variante von „Ja, Kuchen" das Original schnell an Beliebtheit überflügelte. Es gibt aber auch Sprachforscher, die meinen, Herr Pustkuchen habe mit der ganzen Geschichte gar nichts zu tun. Auch „Puste" stamme aus dem Jiddischen und habe ursprünglich „poschut" (wenig) geheißen.

Quartalsäufer

Ein Quartalsäufer trinkt nicht oft Alkohol, aber wenn, dann viel. Am besten bis zur Besinnungslosigkeit. So hielten es früher viele Handwerksgesellen. Normalerweise konnten sie sich Alkohol nicht oder kaum leisten. Wenn aber bei der vierteljährlichen Versammlung, dem Quartal, die angesammelten Strafgelder in Freibier umgewandelt wurden, legten sie sich keine Beschränkungen auf.

Rabatz machen

Rabatz ist ein altes Wort für Getümmel und Unordnung. Möglicherweise kommt es vom mittelhochdeutschen Wort „rabusch", das Kerbholz bedeutete, aber auch für so einiges stand, was man auf dem Kerbholz haben konnte, vor allem wilde Plünderungen, z. B. im Rahmen von Volksaufständen.

Rabeneltern

Da sich Raben (auch) von Abfall und Aas ernähren, galten sie in der griechischen und römischen Antike als Unglücksvögel. Alles, was mit Raben zusammenhing, war schlecht bzw. wurde mit schlechten Dingen sprachlich in Verbindung gebracht. So war eine Rabennachricht eine schlechte Nachricht und ein rabenschwarzer Tag ein Unglückstag. Als man dann auch entdeckte, dass Raben ihre Jungen sehr rabiat aus dem Nest werfen, unterstellte man ihnen, schlechte Eltern zu sein, die sich ihrer Brut einfach entledigen, wenn sie keine Lust mehr haben, diese zu füttern. Doch das stimmt nicht. Kleine Raben werden aufs Beste umsorgt. Wenn sie allerdings flügge geworden sind, dann schmeißen ihre Eltern sie wirklich ziemlich unsanft aus dem Nest. Aber das tun andere Vögel auch.

Radebrechen

Radebrechen oder rädern war eine mittelalterliche Hinrichtungsmethode (vergleiche: sich wie gerädert fühlen), bei der dem Opfer mit dem Rad die Glieder zerschlagen wurden. Im 17. Jahrhundert fing man dann an, den Ausdruck „radebrechen“ für eine „verhackstückte“ Sprache zu benutzen.

Rattenfängermethoden

Eigentlich sind im Märchen *Der Rattenfänger von Hameln* ja die Bürger die Bösen, die dem Rattenfänger seinen versprochenen Lohn verweigern, nachdem er die Stadt von den Ratten befreit hat. Trotzdem ist der Rattenfänger, der erst die Ratten, dann die Kinder der Stadt dazu bringt, nach seiner Pfeife zu tanzen und ihm zu folgen, unheimlich. Obwohl das Geheimnis der Musik des Rattenfängers im Märchen nicht gelüftet wird, wurden in der Folge Menschen, die andere mit leeren Versprechungen, Populismus, Appellen an die niedrigsten Instinkte usw. dazu bringen, ihnen gedankenlos zu folgen, als Rattenfänger bezeichnet. In Wahrheit war der Rattenfänger wahrscheinlich ein Werber, der im 13. Jahrhundert junge Siedler für neue Ortschaften im Osten anwarb. Sprachforscher wollen Charakteristika des Hamelner Dialektes in manchen Gegenden Brandenburgs gefunden haben.

Reibach machen

Reibach ist eine richtig reiche Beute. Für das Wort wurde Anleihe in der Sprache der jiddischen Händler genommen. „Rebbes“ oder „Rebbach“ hieß dort schlicht Zinsen, leitete sich aber vom hebräischen „Rewach“ (Gewinn) ab.

Reihern

Mancherorts sagt man auch: „Kotzen wie ein Reiher.“ Wie die meisten anderen Vögel füttern auch Reiher ihre Jungen mit halb verdautem Nahrungsbrei. Dass gerade sie zum Namensgeber für heftiges Erbrechen wurden, liegt vielleicht daran, dass sie auch noch heisere, würgende Geräusche von sich geben, die den Lauten beim Erbrechen nicht unähnlich sind.

Reinhauen wie ein Scheunendrescher

Schon im *Simplicissimus* von Christoph von Grimmelshausen (um 1622–76) ist zu lesen: „Ich mochte damals fressen wie ein Drescher." Drescher mussten das Korn aus den geernteten, in der Scheune ausgebreiteten Ähren schlagen. Dazu benutzten sie einen Dreschflegel, einen Stock mit einem beweglichen, sehr schweren Gewicht an der Spitze. Dreschen war härteste Arbeit und entsprechend hungrig waren die Drescher.

Ringelpiez mit Anfassen

Ringelpiez bzw. Ringelreigen beschreibt ein beliebtes Kinderspiel. Es handelt sich um einen Kreistanz, bei dem sich die Kinder entweder an den Händen halten („mit Anfassen") oder frei tanzen. Der Wortteil Piez kommt von dem polnischen Wort für Lied (Pieśń). Darüber hinaus meint Ringelpiez in Berlin ein Volksfest oder eine ähnliche Veranstaltung, wo viel los ist und es rundgeht. Außerdem nennt man es Ringelpiez, wenn ein Flugzeug am Boden eine Drehung oder Kreisfahrt vollführt, ohne damit einen bestimmten Zweck zu verfolgen.

Ross und Reiter nennen

Wer in einer Diskussion Ross und Reiter nennt, redet Klartext, vor allem auch, was seine eigenen Absichten betrifft. Die Karten werden auf den Tisch gelegt und es wird nicht um den heißen Brei herumgeredet. Ross und Reiter wurden üblicherweise auch vor einem mittelalterlichen Zweikampf klar genannt. Schließlich konnten die Zuschauer nicht sehen, wer in der Rüstung steckte. Allerdings gab es immer wieder schwarze Ritter, die ihre Identität verschleierten und anonym den Kampf suchten. Dies galt jedoch nicht als ehrenvoll.

Rot sehen

Nein, Stiere werden nicht durch die Farbe Rot gereizt. Sie würden auf ein blaues Tuch des Toreros in der Arena genauso aggressiv reagieren. Aber lange Zeit wusste man nicht, dass Rinder farbenblind sind, und glaubte, es wäre die Farbe, die Kampfstiere so wild machte. Also sagte man, jemand sehe rot, wenn er so wutschnaubend wie ein gereizter Kampfstier reagierte.

Rutsch mir doch den Buckel runter!

Normalerweise hat man lästige Zeitgenossen nicht auf dem Buckel sitzen. Es sei denn, man ist ein Pferd. Und wenn Pferde einen Reiter oder eine Last loswerden wollen, dann buckeln sie, bis das Ärgernis auf ihrem Rücken ins Rutschen kommt. Die Aufforderung, den Buckel runterzurutschen, heißt also im Klartext, dass man den anderen als eine Last empfindet, die man loswerden möchte.

✦✧✦

Salamitaktik betreiben

Salami wird normalerweise in sehr dünnen Scheiben gegessen und demnach bedeutet Salamitaktik, eine Sache nach und nach in ganz kleinen Schritten umzusetzen. Das können kleine Veränderungen sein, die jede für sich auf keinen nennenswerten Widerstand stoßen, aber auch das schrittweise Gewinnen von Verbündeten. Natürlich hätte man auch andere Würste als Namenspaten nehmen können, aber kaum eine andere steht so sehr für die Servierform in Scheiben wie Salami.

✗✗✓

Samt und sonders

„Samt" ist eine Kurzform von gesamt, während „sonders" für das Besondere steht. „Samt und sonders" schließt also wirklich alle Dinge ein, nicht nur jene, die sowieso schon als zusammengehörig oder als Gesamtheit bekannt sind, sondern auch die Besonderen, weit Entfernten und Abseitigen.

☆☆☆

Sankt-Florians-Prinzip

Der heilige Florian (gest. 304) soll sich einst geweigert haben, den römischen Göttern Brandopfer darzubringen, und gilt deshalb als Patron der Feuerwehrleute. Auf zahlreichen Gebetstafeln wurden früher Bitten an den Heiligen notiert, das eigene Haus vor einem Brand zu schützen. Einer dieser Sprüche lautet: „O heiliger Sankt Florian, verschon mein Haus, zünd andre an!" Ob dieser Reim als Scherz oder tatsächlich im Ernst entstand, ist nicht sicher, aber er hatte zur Folge, dass ein Abschieben von Unglück auf andere als Sankt-Florians-Prinzip bezeichnet wird.

△△△

Saure-Gurken-Zeit

Heute erleben vor allem Medien und Politiker im Hochsommer ihre Saure-Gurken-Zeit. Während viele Menschen im Urlaub sind, passiert wenig. In diesem „Sommerloch" werden dann plötzlich die absonderlichsten Themen wichtig, die sonst keine Beachtung finden. Die Politiker diskutieren über Lappalien und die Presse berichtet, dass Nessie mal wieder gesehen worden sein soll – oder Dinge von ähnlicher Bedeutung. Aufgebracht wurde der Begriff aber wohl im späten 18. Jahrhundert von Kaufleuten, für die der Hochsommer früher eine „saure Zeit" war, weil auch die Geschäfte nur flau liefen, wenn ein

Großteil der Bevölkerung in der Sommerfrische weilte. Warum ausgerechnet saure Gurken dieser Zeit ihren Namen gegeben haben, dafür gibt es zwei mögliche Erklärungen. Zum einen könnte es sich um eine Verballhornung des jiddischen Ausdrucks Zores- und Jokresszeit (Zeit der Not und Teuerung) handeln. Zum anderen waren frisch eingelegte saure Gurken aus dem Spreewald früher in Berlin eines der wenigen Produkte, die während der Ferienzeit „Saison" hatten. Vielleicht stimmt auch beides: Die Spreewälder Gurken veranlassten die Berliner aus „Zores und Jokres" „saure Jurken" zu machen.

Schäferstündchen

Sowohl in der Antike als auch im 18. Jahrhundert gab es eine Zeit, in der das Leben der Schäfer romantisch verklärt wurde. Der Adel las Schäferromane und Gedichte, die das idyllische Leben der Schäfer feierten. Wer es sich leisten konnte, ließ sich entsprechende, romantische Landschaften anlegen und hielt dort Picknicks mit neckischen Schäferspielchen ab. Und auf den Bildern dieser Zeit sind die Schäfer natürlich gerade nicht am Arbeiten, sondern leisten sich ein Mußestündchen mit einer hübschen Schäferin im Arm, während ihre Schäfchen malerisch über die grünen Hügel verteilt sind und dort friedlich grasen. Heute jedoch wird der Ausdruck für jegliche Art von flüchtigem erotischem Zusammentreffen benutzt – auch dann, wenn die Romantik dabei fehlt.

Schaum schlagen

Schaumberge sehen zwar imposant aus, aber im Grunde steckt nichts darin und bei der geringsten Berührung fallen sie in sich zusammen. Deshalb stand der Schaum früher generell für Nichtiges, wie es etwa auch das Sprichwort „Träume sind Schäume" ausdrückt. Schaumschläger par excellence war der Barbier, der das Schlagen des Rasierschaums häufig eindrucksvoll zelebrierte, aber am Ende doch nur ein Produkt herstellte, das während der Rasur mit Wasser in den Ausguss gespült wurde.

Scheibe!

Ausrufe wie „Ja, Scheibe!" stehen dafür, dass etwas schiefgegangen ist. Mit irgendwelchen Scheiben, die zu Bruch gegangen sind, hat das aber gar nichts zu tun. Scheibe ist ein Ersatz für „Scheiße". „Scheiße" war schon im Mittelalter ein Fluch, der oft in Zusammenhang mit Pech und Unglück gebraucht wurde. Damals war das Wort auch noch Alltagssprache. Später galt es dann als unfein und man wollte es – trotz großen Ärgers – nicht in jeder Situation unverhüllt gebrauchen. Deshalb wurde die fast gleich klingende

„Scheibe" daraus. Scheibenhonig und Scheibenkleister sind dann scherzhafte Erweiterungen davon, die aber im Grunde auch nichts anderes bedeuten.

Scherbengericht

Das Scherbengericht war im 5. Jahrhundert v. Chr. ein Bestandteil der Attischen Demokratie. Jedes Jahr wurde zunächst darüber abgestimmt, ob ein Scherbengericht abgehalten werden sollte. Gab es eine Mehrheit, dann schrieb jeder stimmberechtigte Bürger den Namen eines missliebigen Menschen auf eine Tonscherbe. Derjenige, auf dessen Namen die meisten Stimmen fielen, musste für zehn Jahre in die Verbannung gehen. Er verlor aber weder seine Ehre noch sein Vermögen. Auf diese Weise wollte man Politiker, deren Machtstreben allgemeines Misstrauen erweckte, auf legale Weise unschädlich machen. Einige Scherbenentscheide sind aus historischer Sicht ziemlich dumm und ungerecht gewesen, in anderen Fällen dagegen wurden Männer verbannt, die der fortschreitenden Demokratisierung Athens gefährlich hätten werden können. Heute jedoch steht der Begriff Scherbengericht rein negativ für ungerechte Verurteilungen von verdienten, aber unbequemen Menschen. Meist wird er für Politiker verwendet.

Schildbürgerstreich

Die Einwohner von Schilda, so berichtet eine anonyme Erzählung aus dem späten 16. Jahrhundert, waren so schlau, dass alle Welt Rat von ihnen wollte. Als ihnen das zu lästig wurde, fällten sie den Beschluss, von nun an total dumm zu sein. Ihre Streiche spielten sie dann immer sich selbst. So versuchten sie etwa, das kostbare Salz anzubauen, und versalzten sich dabei die Äcker. Oder sie bauten ein Rathaus ohne Fenster und versuchten dann, Licht in Körben hineinzutragen. Als Schildbürgerstreiche werden deshalb meist politische und bürokratische Fehler bezeichnet, die so hanebüchen sind, dass sie fast aus Schilda stammen könnten.

Schimpfen wie ein Rohrspatz

Der Rohrspatz ist kein gewöhnlicher Spatz, sondern der Drosselrohrsänger, der früher auch als Rohrsperling oder eben Rohrspatz bezeichnet wurde. Er lebt im Schilf (Röhricht) und gehört nicht gerade zu den Vögeln, deren Gesang besonders melodisch klingt. Seine Rufe sind ziemlich laut und quäkend und werden auch schon mal mit dem Quaken von Fröschen verglichen.

Schindluder treiben

Der Schinder war eigentlich der Abdecker, der Tiere, die das Schlachten nicht lohnten, tötete und ihnen die Haut abzog. Viele gingen dabei sprichwörtlich grausam und roh vor. Außerdem fungierten Schinder häufig gleichzeitig als Henker, Henkersknechte oder Folterknechte. Dadurch wurde „schinden" zum Synonym für quälen. Ein Leuteschinder quält andere, und wer sich schindet, quält sich selbst. Auch alle anderen Wortspiele mit Schinden sind negativ belegt, etwa Zeit schinden, Eindruck schinden oder einen Gewinn herausschinden. Immer handelt es sich um ziemlich ehrloses Tun, mit dem man entweder sich selbst oder anderen schadet oder zumindest Unannehmlichkeiten bereitet. Als „Schindluder" bezeichnete man das Vieh, das zum Schinder kam. Gleichzeitig war Schindluder oder Schinderaas ein heftiges Schimpfwort. Wer Schindluder mit jemand anders trieb, behandelte ihn so, als sei er nicht besser als ein wertloses Tier, das jeder Schinder quälen durfte.

Schmarrn

Was war zuerst: das Schimpfwort oder die Mehlspeise? Es war die Mehlspeise. Das Wort „Schmarren" kommt von Schmiere und wurde für in Fett gebackene und anschließend zerrissene Pfannkuchen verwendet, die man je nach Rezept mit Zucker, Obst oder Marmelade mischte. Das Gericht war zwar sehr beliebt, bestand aber aus ziemlich einfachen, billigen Zutaten, weswegen die Bezeichnung „Schmarrn" zunächst für schöne, aber im Grunde wertlose Dinge stand. Erst später wurde es dann mit „Unsinn" gleichgesetzt.

Schmiere stehen

Wenn jemand Schmiere stehen muss, dann sind wahrscheinlich irgendwelche „schmierigen", unlauteren Dinge im Gange. Doch damit hat die Redewendung nichts zu tun. Schmiere stammt aus dem Rotwelsch und ist eine Verballhornung des jiddischen Wortes „schemirah", das Bewachung heißt.

Schreib dir das hinter die Ohren!

Diese strenge Ermahnung hat ihren Ursprung darin, dass man früher, in den Zeiten der Brachialpädagogik, glaubte, ein paar Ohrfeigen könnten dazu beitragen, dass ein Kind sich eine Lektion besser merke. Dabei ging man so weit, dass man das Kind nicht nur für eigene Fehler schlug. So gab es früher den Brauch, kleine Jungen zu Zeugen von Grenzsteinlegungen zu machen. Gerade weil sie noch so jung waren, sollten sie sich möglichst lang an die richtige Lage der Grenzsteine erinnern. Damit die Kinder ihrer Zeugenpflicht auch mit dem nötigen Ernst nachkamen und sich die Lage der Steine genau einprägten, gab es ein paar hinter die Ohren oder einen kräftigen Kniff in dieselben.

Schund

Schund war früher das, was der Schinder von den Häuten toter Tiere kratzte: Haare, Blut- und Fettreste. Teilweise konnte man damit noch etwas anfangen, etwa Schweinefutter oder einen billigen Brennstoff daraus herstellen, aber das Ganze war natürlich eine ziemlich unappetitliche Masse von geringem Wert. Im 19. Jahrhundert wurde der Begriff dann vor allem für „schmutzige und unappetitliche“ Literatur verwendet und 1926 erließen die Politiker der Weimarer Republik das Schmutz- und Schundgesetz gegen jugendgefährdende Schriften. Auch heute noch versteht man unter Schund vor allem Schundliteratur, allerdings nicht mehr in erster Linie erotisch Freizügiges wie im 19. Jahrhundert, sondern handwerklich Minderwertiges.

Schwamm drüber!

Mit diesem Spruch signalisiert man dem anderen, dass man ihm was nachsieht und eine Sache erledigt ist. Früher waren das Schulden. Die wurden meist auf einer Kreidetafel angeschrieben. Ging man mit dem Schwamm drüber, wurden die Schulden ausgelöscht.

Schwein haben

Ein Schwein zu haben, war für die einfachen Leute im Mittelalter ein großes Glück – und „viel Schwein“ noch mehr. Anzahl und Ernährungszustand der Schweine gaben Aufschluss darüber, wie gut es jemandem ging. Deshalb stand in älteren Sprichwörtern die Sau oder das Schwein für das wirtschaftliche Wohlergehen. Über jemanden, bei dem alles gedieh, sagte man beispielsweise: „Seine Sau ist fett.“ Wohl deshalb werden die Asse im Kartenspiel auch als die „Säue“ bezeichnet. Außerdem waren der Preis bei dörflichen Wettspielen oft Schweine. Manchmal bekam auch der Letzte als Trostpreis ein Schwein, sodass er, wenn schon keine Ehre, doch zumindest Glück hatte. Es gab also viele Gründe, Schweine mit Glück zu verbinden.

Schwitzen wie ein Schwein

Das bedeutet, extrem stark zu schwitzen. Der Vergleich hinkt jedoch, da Schweine überhaupt nicht schwitzen können. Er kommt auch nicht daher, dass man sowohl das Schwitzen als auch die Schweine als etwas besonders Unappetitliches betrachtete. Vielmehr wurde früher zwischen Schweiß und Blut nicht so genau unterschieden. Das Wort „schweißen“ konnte auch bluten bedeuten. In der Jägersprache spricht man immer noch von schweißendem Wild, wenn

man verletzte, blutende Tiere meint. Schwitzen wie ein Schwein meinte also ursprünglich, dass jemand wie ein abgestochenes Schwein blutete.

Seilers Tochter heiraten

Als Seilers Tochter bezeichnete man früher den Strick, und wer eine Verbindung damit einging, wurde gehängt. Die Redewendung ist einer der vielen flapsigen Ausdrücke, mit denen man versuchte, die Beklemmung zu überspielen, die man angesichts des Todes, vor allem des gewaltsamen Todes, empfand.

Sein Fähnlein nach dem Wind drehen

Fahnen flattern immer in die Richtung, in die der Wind sie treibt. Sie gelten deshalb von alters her als Symbol für Wankelmut und Unbeständigkeit. „Wie die Wetterfahne sein", ist ein Vorwurf gegen einen schwachen Charakter, der sich immer den Verhältnissen anpasst. Sein Fähnlein sogar aktiv nach dem Wind zu drehen, ist ein noch heftigerer Vorwurf. Hier wechselt jemand nach Belieben seine Gesinnung und seine Position, wenn sich die Verhältnisse geändert haben, nur um von den neuen Umständen zu profitieren – so wie die Müller früher ihre Mühlen immer nach dem Wind drehten, um sie zum Laufen zu bringen und dadurch bei jedem Wetter Profit mit ihnen machen zu können.

Sein Fett abbekommen

Das war ursprünglich eine feine Sache, denn nach einer Schlachtung bekam jeder, der dabei geholfen hatte, von dem Fett ab – früher ein begehrtes Gut. Wann daraus eine Drohung im Sinne von „Na warte, du bist auch noch fällig" wurde, ist nicht genau bekannt. Vielleicht liegt es daran, dass diese Drohung sich ursprünglich meist auf Ohrfeigen bezog, dem armen Sünder also ein paar „geschmiert" wurden.

Sein Pulver trocken halten

Die Redewendung stammt aus der Zeit, in der Gewehre noch vor jedem Schuss mühselig mit der Hand geladen werden musste. Das Pulver trocken zu halten, war dabei oberstes Gebot, denn mit nassem Pulver konnte man nicht mehr schießen und war in der Schlacht hilflos ausgeliefert. Im übertragenen Sinne meint man damit jemanden, der seine Ressourcen, z. B. sein Geld, nur sehr vorsichtig, ja sogar übervorsichtig einsetzt, damit ja nichts „nass wird".

Seine Felle davonschwimmen sehen

Das konnte früher dem Gerber passieren, wenn er nicht aufpasste. Während der einzelnen Schritte der Lederherstellung mussten die Häute immer wieder in fließendes Wasser gehängt werden, um sie zu reinigen. Wurden sie dabei nicht ordentlich festgebunden, drohte die Gefahr, dass sie vom Wasser davongespült wurden, was natürlich einen empfindlichen materiellen Verlust bedeutete. Sah der Gerber seine Felle davonschwimmen, konnte er sie eventuell durch schnelles Handeln noch in Sicherheit bringen. Heute verwendet man die Redewendung deshalb auch, wenn noch nicht alles verloren ist, aber wenn jemand merkt, dass etwas im Scheitern begriffen ist und er – wenn er überhaupt noch eine Chance hat – sofort handeln muss, um noch etwas zu retten.

Seine Schäfchen ins Trockene bringen

Schafen macht es eigentlich recht wenig aus, wenn sie im Regen stehen. Auch dass ihre Wolle nass wird, ist kein Problem, da sie nach dem Scheren sowieso gründlich gewaschen und entfettet werden muss. Anders sieht es mit Schiffen aus. Ihren Gewinn hatten die Fernhandelskaufleute erst gemacht, wenn ihre Schiffchen (niederdeutsch: Schepken) wieder sicher im Hafen waren.

Seinen Friedrich Wilhelm daruntersetzen

Zwischen dem 17. und dem 19. Jahrhundert wurde Brandenburg-Preußen von zahlreichen Herrschern namens Friedrich Wilhelm regiert. War mal kein Friedrich Wilhelm an der Macht, dann war es entweder nur ein Friedrich oder nur ein Wilhelm. Die Berliner waren also gewohnt, unter einer staatlichen Urkunde den Namenszug Friedrich Wilhelm zu lesen, weshalb sie begannen, den Doppelnamen als scherzhafte Umschreibung für eine Unterschrift schlechthin zu benutzen.

Seinen Obolus leisten

Obolos ist eigentlich ein altgriechisches Wort für Bratspieß, bezeichnete aber auch eine kleine Münze, die anfangs noch nicht rund und geprägt, sondern einfach ein längliches Metallstück war. Sechs Oboli waren eine Drachme wert. Einen Obolos legte man im alten Griechenland auch den Toten unter die Zunge. Die Münze wurde als Entlohnung des Fährmanns Charon betrachtet, der – so glaubte man – die Toten über den Unterweltfluss Styx rudere. Auf diese Weise wurde Obolus zu einer Umschreibung für eine eher kleine Zahlung, etwa ein Eintrittsgeld, eine kleinere Spende oder ein Beitrag zu einer Sammlung. Meist verwendet man die Redensart nur für Beträge, die noch mit Münzen beglichen werden können und für die man keinen Geldschein aufwenden muss.

Seinen Senf dazugeben

Als Senf tat man früher überflüssiges Gerede ab. Gab jemand seinen Senf dazu, dann sagte er ungefragt seine Meinung. Gelehrter Senf war hochtrabendes Gerede, „Mach keinen Senf" eine Aufforderung, den Mund zu halten, und wer durch den Senf gezogen wurde, über den wurde mit Worten hergezogen. Ganz ähnlich wurden auch Quark oder Kohl (bzw. Kappes) verwendet, wobei es eventuell eine gewisse Assoziation zwischen dem „Wörterbrei" und breiartigen Speisen wie Senf, Quark und gekochtem Kohl gab.

Sich am Riemen reißen

Wer sich am Riemen reißt, beweist Disziplin und stellt sich einer Sache, obwohl ihm eigentlich gar nicht danach ist. Aufgekommen ist die Redewendung bei den Soldaten im Ersten Weltkrieg. Der Riemen, von dem die Rede ist, ist der Gürtel ihrer Uniform, der zugeschnallt oder zumindest zurecht gerückt wurde, bevor man sich wieder dem Kampf stellte.

Sich an den eigenen Haaren aus dem Sumpf ziehen

Eines Tages, so erzählt der berühmte Lügenbaron Karl Friedrich Hieronymus Freiherr von Münchhausen (1720–97), sei er mit seinem Pferd in einen Sumpf geraten und drohte zu versinken. Da niemand da war, der ihm hätte helfen können, habe er sich einfach selbst an seinem eigenen Zopf gepackt und sich an diesem aus dem Sumpf gezogen. Obwohl diese Geschichte natürlich technisch vollkommener Unsinn ist, hat sich die Wendung „An den eigenen Haaren aus dem Sumpf ziehen" für eine Selbstrettung in schwieriger Lage eingebürgert. Man verwendet sie entweder für sehr spektakuläre Rettungen oder aber moralisch, wenn man jemandem nicht helfen möchte, sondern ihn auffordert, sich selbst aus der Lage zu befreien, in die er sich gebracht hat.

Sich an die eigene Nase fassen

Bei den Normannen gab es im Frühmittelalter den Brauch, dass jemand, der einen anderen beleidigt hat, sich beim Widerruf an die eigene Nase fassen musste. Solche Gesten waren im mittelalterlichen Recht sehr wichtig, was diese aber genau aussagen sollte, ist nicht bekannt. Möglicherweise sollte die Beleidigung damit auf den Beleidiger zurückfallen. Jedenfalls verwendet man die Redensart, wenn man jemanden auffordert, die Fehler und Schwächen, die er bei anderen kritisiert, auch bei sich selbst wahrzunehmen.

Sich auf die Hinterbeine stellen

Für Menschen ist es natürlich völlig normal, auf den Hinterbeinen zu stehen. Aber viele Tiere tun das nur oder vor allem dann, wenn sie sich verteidigen, etwa ein Bär oder ein Pferd. Dementsprechend steht die Redensart für jemanden, der (endlich) wagt, sich zu verteidigen.

Sich auf die Socken machen

Das steht für einen Aufbruch, doch keineswegs für einen so überhasteten, dass man sich nicht einmal mehr Schuhe anziehen kann. Der Soccus war in der Antike nämlich noch ein Schuh, genauer gesagt ein Schlupfschuh, nach dem die Socken benannt wurden.

Sich auf einem absteigenden Ast befinden

Äste wachsen normalerweise gerade oder nach oben, aber nicht absteigend, und selbst dann würde man wahrscheinlich eher von einem hängenden Ast sprechen. Vermutlich liegt dieser Redewendung deshalb kein gewöhnlicher Ast zugrunde. Entweder dachte man an die absteigenden Äste von mathematischen Kurven oder an Stammbäume, wo die Zweige der Familie, die von jüngeren Geschwistern abstammen, in absteigender Reihenfolge immer bedeutungsloser für die Erbfolge werden.

Sich auf Französisch verabschieden

Das bedeutet, sich ohne formellen Abschied klammheimlich zu verdrücken. Wie es zu diesem Vorurteil gegenüber unseren Nachbarn im Westen gekommen ist, ist unbekannt. Allerdings kennen die Briten dieselbe Redewendung (to take a french leave), während die Franzosen solch unhöfliche Abschiede als typisch Englisch ansehen (filer à l'anglaise). Ob das etwa einfach daran liegt, dass Ausländer, die einer Sprache nicht besonders gut mächtig sind, dazu tendieren, sich vor wortreichen Abschiedszeremonien zu drücken?

Sich aufs Altenteil zurückziehen

Man stellt sich gerne vor, dass früher mehrere Generationen friedlich unter einem Dach lebten. Doch das war keineswegs so. Vielmehr war man sich sehr wohl bewusst, dass es massive Probleme geben konnte, wenn Vater und Sohn gemeinsam einen Hof bewirtschafteten und Mutter und Schwiegertochter zusammen für den Haushalt verantwortlich waren. Deshalb war es vielerorts üblich, dass die Eltern irgendwann den Hof übergaben – oft anlässlich der Hochzeit des Erben – und sich dann aufs Altenteil zurückzogen. Das war entweder ein eigenes kleines Haus oder zumindest eine eigene Wohnung innerhalb des Bauernhauses, zu der auch ein Garten und etwas Land gehörten, sodass das alte Bauernpaar zwar deutlich kürzertrat, aber doch noch seine eigene Wirtschaft hatte, wo die beiden, solange es ging, weiter arbeiten und selbstständig ihr Leben gestalten konnten. Heute dagegen benutzt man die Wendung vom Altenteil auch oft, wenn man sich ganz zur Ruhe setzt und gar nicht mehr arbeitet.

Sich die Hörner abstoßen

Wer sich die Hörner abstößt, der begeht eine ganze Reihe von Jugendtorheiten, zieht aber irgendwann die Lehren daraus, gibt dergleichen auf und wird erwachsen. Das passt nicht recht zu der Tatsache, dass Tieren die Hörner erst wachsen, wenn sie auch erwachsen werden. Zwar stoßen manche wie die Hirsche in jedem Herbst ihr Geweih ab, doch es wächst ihnen im Frühjahr neu und meist größer wieder nach. Man nimmt deshalb an, dass die Redewendung von einem Studentenbrauch aus dem 18. Jahrhundert kommt. Neulinge in einer Burschenschaft mussten sich als Bock verkleiden und sich symbolisch die Hörner an einem Türstock oder der Wand abstoßen. Das sollte ein Zeichen dafür sein, dass sie das „tierische" Leben hinter sich lassen und nun ein gebildeter Mensch werden. Vermutlich finden auch viele Eltern angesichts des „bockigen" Verhaltens ihrer Kinder in den wilden Jugendjahren den Begriff „Hörner" ganz passend.

Sich einen Ast lachen

„Lach dir'n Ast, setz dich druff und wackel mit de Beene", endet ein alter Poesiealbumspruch. Doch ein solcher Ast ist gar nicht gemeint. Der Begriff Ast wurde früher auch für andere knorrige, bucklige Auswüchse aus dem Baumstamm verwendet. „Ast" konnte dementsprechend auch für einen Buckel stehen

und die Redewendung bedeutete eigentlich, sich krumm und bucklig lachen.

Sich einen faulen Lenz machen

Lenz ist ein anderes Wort für Frühling und so scheint es klar, dass diese Wendung eigentlich aussagt, jemand verbringe das Frühjahr mit wenig Arbeit. Aber warum gerade das Frühjahr? Das war früher eine besonders fatale Sache, denn wer im Frühjahr nichts anpflanzte, konnte auch den Rest des Jahres vergessen, da er nichts zu ernten hatte. Doch höchstwahrscheinlich hat die Wendung gar nichts mit der Jahreszeit zu tun. Denn früher sagte man auch: „Der faule Lenz." Lenz ist hier eine Abkürzung für Lorenz und die Redensart ist vermutlich genauso entstanden wie der „freche Oskar", der „flotte Otto" und viele ähnliche Ausdrücke, in denen geläufige Vornamen mit bestimmten Eigenschaften kombiniert wurden. Erst später, als Lenz kein Modename mehr war, wurde aus „Ein fauler Lenz sein" „Sich einen faulen Lenz machen".

Sich etwas auf die Fahne schreiben

Fahnen und Standarten bilden häufig nicht nur Symbole ab, sondern enthalten auch Wahlsprüche. Gerade auf Vereinsfahnen ist meist ein Motto zu finden, dem sich die Gemeinschaft verpflichtet hat. Wer sich also etwas „auf die Fahne geschrieben hat", hat es zu seiner Lebensmaxime gemacht.

Sich etwas aus den Fingern saugen

Im Nibelungenlied taucht der Held Siegfried seinen Finger in Drachenblut und leckt ihn dann ab. Anschließend kann er die Sprache der Vögel verstehen. Auch in anderen germanischen Sagen kommen die Helden zu Weisheit und besonderen Fähigkeiten, nachdem sie ihre in Blut oder einen Zaubertrank getauchten Finger abgeleckt haben. In Schriften aus dem 16. Jahrhundert taucht die Wendung „Aus den Fingern saugen" dann für frei erfundene Behauptungen auf.

Sich gebumsfiedelt fühlen

Diese launige Umschreibung von „sich geehrt fühlen" hat ihren Ursprung in den musikalischen Ständchen, die Jubilaren und anderen Menschen, die geehrt werden, oft dargebracht werden, früher noch mehr als heute. Der „Bums" spielt auf Pauken und andere Schlaginstrumente an, die Fiedel auf Streichinstrumente. Heute wird die Wendung oft auch mit einem sexuellen Kontext verwendet, doch mit dem Vulgärwort „bumsen" für Geschlechtsverkehr hat sie eigentlich überhaupt nichts zu tun.

Sich grün und gelb ärgern

Grün und gelb sind die Farben des Gallensaftes und ein Zuviel an „gelber Galle“, so die antike Viersäftelehre des berühmten Arztes Hippokrates (um 460–370 v. Chr.), führt zu cholerischen Ausbrüchen und Ärger. Diese Vorstellung hat sich auch in zahlreichen anderen Redensarten über das Ärgern gehalten, wie z. B. „Ihm geht die Galle über“ oder „Gift und Galle spucken.“

Sich in einer Zwickmühle befinden

Wer das Brettspiel Mühle beherrscht, der weiß, was eine Zwickmühle oder zweifache Mühle ist. Als Mühle bezeichnet man es, wenn drei Steine in einer Reihe liegen. Gelingt es einem Mitspieler, eine solche Dreierreihe oder Mühle zu schließen, dann darf er dem anderen einen Stein wegnehmen. Besonders fatal ist es, wenn ein Spieler eine zweifache Mühle aufbauen kann, bei der er durch das Hin- und Herschieben eines einzigen Steins immer gleichzeitig eine Mühle öffnet und die andere schließt. Schon Martin Luther (1483–1546) bezeichnete deshalb eine Situation, in der jede Entscheidung zu einem negativen Ergebnis führt und man nur abwägen kann, welches Übel das Geringere ist, als eine Zwickmühle.

Sich in Morpheus' Arme begeben

Morpheus wird häufig als der antike Gott des Schlafes bezeichnet, weswegen diese Wendung als blumige Umschreibung für „schlafen gehen“ verwendet wird. Doch das stimmt nicht ganz. Der griechische Gott des Schlafes war eigentlich Hypnos, während sein Sohn Morpheus für die Träume zuständig war. Wer sich in Morpheus' Arme begibt, sollte also damit rechnen, mit reichlich Traumbildern versorgt zu werden. Übrigens: Die Hypnose, nach der man sich an nichts erinnern kann, ist nach Hypnos benannt, das Morphin, das zu Halluzinationen führen kann, dagegen nach Morpheus.

Sich keinen Reim auf etwas machen können

Normalerweise pflegt man seine Erkenntnisse nicht unbedingt in Reime zu verpacken. Aber die mittelalterlichen Bänkel- und Moritatensänger taten das sehr wohl. Sie trugen unerhörte Begebenheiten in Versen vor, oft begleitet von einem Instrument und illustrierenden Bildtafeln. Aber um sie in Reime fassen zu können, mussten sie die Geschichte natürlich erst einmal selbst verstanden haben und über die wichtigen Informationen verfügen. Allerdings haben sich diese fahrenden Sänger, auch wenn sie nur ungefähr Bescheid wussten, sicher so einiges „zusammengereimt“.

Sich nicht einfach abspeisen lassen

Abgespeist wurden früher Bettler, denen man zwar etwas zu essen gab, ansonsten aber versuchte, sie möglichst schnell wieder loszuwerden. Das Abspeisen beinhaltete auch, dass sie keine richtige Mahlzeit erhielten und nicht an den Esstisch gebeten wurden, sondern nur schnell eine Kleinigkeit zwischen Tür und Angel bekamen. Darüber hinaus gab es in vielen Gegenden auch den Brauch, dass ein junger Mann auf Brautwerbung zu seinen auserkorenen Schwiegereltern zum Essen kam. Wurde er nur schnell abgespeist, dann hieß das, dass seine Werbung abgeschlagen wurde, während eine ordentliche Bewirtung für eine Aufnahme in die Familie stand. Die Bräuche waren dabei sehr unterschiedlich: In der Schweiz war eine Bewirtung mit Käse ein positives Zeichen, während in anderen Gegenden Fleischwaren auf den Tisch kommen mussten und nur missliebige Bewerber mit Käse abgespeist wurden.

Sich nicht lumpen lassen

Wer sich nicht lumpen lässt, zeigt sich äußerst großzügig, was eigentlich nicht zu dem Wort „Lumpen" passt. Das Ganze ist mit der Zeit auch etwas verkürzt und damit entstellt worden. Eigentlich sagte die Wendung aus, dass sich jemand nicht als geizigen Lumpen bezeichnen lassen will und deshalb spendabel ist.

Sich seine Sporen verdienen

Wenn im Mittelalter ein Knappe zum Ritter geschlagen wurde, dann bekam er sein Schwert umgegürtet und goldene Sporen angelegt. Beides waren Zeichen seines neuen Standes. Als Knappe hatte er ohne diese Sporen auskommen und sein Schwert am Sattel befestigen müssen. Die Ritterwürde wurde jedoch anfangs nicht automatisch in einem bestimmten Alter erteilt, sondern erst, wenn der Knappe sich genügend Verdienste erworben hatte. Sporen und Schwertgurt musste man sich also verdienen.

Sich verfranzen

Diese flapsige Umschreibung für „verirren" stammt aus dem Ersten Weltkrieg. Im Code der deutschen Luftwaffe bezeichnete man damals die Piloten als „Emil", die Navigatoren als „Franz". Der „Franz" war also für den richtigen Kurs verantwortlich, und wenn er sich geirrt hatte, dann „verfranzte" sich die Maschine. Auch heute noch nennt man in der Fliegersprache eine einfache Art der Navigation „franzen".

Sich vom Acker machen

Gut möglich, dass diese Redensart auch schon auf Bauernhöfen benutzt wurde, wenn sich jemand vor der Arbeit auf dem Feld drücken wollte und heimlich den Acker verließ. Vor allem aber benutzten Soldaten diese Redewendung, wenn jemand sich vom Truppenübungsgelände – salopp „Acker" genannt – davonzustehlen versuchte. Heute geht es weniger heimlich zu. Die Bemerkung wird gerne leicht entschuldigend benutzt, wenn man auf Arbeit oder in der Kneipe als Erster geht und quasi „die Truppe verlässt". Die grobe Aufforderung „Mach dich vom Acker!" bedeutet dagegen meist einen – zumindest vorübergehenden – Ausschluss aus einer Gemeinschaft.

***

Sich wie ein Backfisch benehmen

Was heutzutage die Pubertät ist, wurde früher bei den Mädchen als „Backfischalter" bezeichnet. Die Redewendung kam um 1900 auf und entstammt dem Fischereislang. Dort waren Backfische Fische, die noch so jung waren, dass man sie wieder zurück (engl. back) ins Meer warf, weil sie noch keinen Nutzwert hatten. „Mit 14 Jahren und sieben Wochen ist der Backfisch ausgekrochen", reimte man damals. Obwohl die Bezeichnung eigentlich einen ziemlich despektierlichen Ursprung hat, waren die Mädchen früher oft ziemlich stolz auf dieses Datum. Immerhin bedeutete das Erreichen des Backfischalters, kein Kind mehr zu sein, sondern eine – wenn auch noch unreife – junge Dame. „Mit 17 Jahr'n und Monat zwei ist die Backfischzeit vorbei", lautete der Reim weiter. Wer sich danach noch wie ein Backfisch benahm, galt als ähnlich peinlich wie Erwachsene, die sich pubertär benehmen. All dies galt allerdings nur für höhere Töchter. Mädchen aus der Arbeiterschicht gestand man in der Regel keine „Backfischflausen" zu – und so lange schon gleich gar nicht.

***

Sich wie ein Lauffeuer verbreiten

Unter Lauffeuer verstand man früher tatsächlich ein laufendes Feuer. Um nämlich eine Pulverladung zu entzünden, benutzte man nicht immer eine Lunte, sondern schüttete oft einfach eine dünne Linie Pulver auf die Erde. Diese zündete man dann am einen Ende an. Das Feuer fraß sich dabei sehr schnell die Pulverlinie entlang, schneller als bei einer Zündschnur.

Sich wie ein Schneekönig freuen

Schneekönig ist ein anderer Name für den Zaunkönig. Im Gegensatz zu vielen anderen Singvögeln bleiben die Zaunkönige nicht nur im Winter in Europa, sondern singen auch den ganzen Winter über, um ihr Revier zu verteidigen. Die Gesänge des Zaunkönigs klingen mit viel Trillern und Rollern sehr fröhlich. Außerdem steigern die Vögel mit zunehmendem Alter die Komplexität ihrer Lieder.

Sich wie gerädert fühlen

Auch wenn man am ganzen Körper Schmerzen und Verspannungen hat – der Zustand, den man heute als „gerädert" beschreibt, ist doch wirklich ausgesprochen harmlos im Vergleich zu dem, was er ursprünglich bedeutete: Etwa vom 13. bis zum 19. Jahrhundert war Rädern eine Hinrichtungspraxis bei besonders schwerwiegenden Verbrechen. Dabei wurden dem Verurteilten zuerst alle Glieder mit einem schweren Wagenrad zerschmettert. Dann wurde das Rad waagrecht auf einen Pfahl gestellt und der Todeskandidat darauf festgebunden. Wenn er nicht schon unter den Schlägen gestorben war, verendete er auf dem Rad. Zur Abschreckung ließ man oft auch noch den Leichnam auf dem Rad verfaulen.

So ein Heckmeck!

Heckmeck ist eine Kurzform von „Gehacktes und Gemengtes". Als Heckmeck wurde ursprünglich Unzusammenhängendes und Verwirrtes bezeichnet, vor allem wirre Berichte und Reden. Heute versteht man darunter meistens hysterisches Getue: viel Aufwand, der aber zu keinem Ergebnis führt, da planlos agiert wird.

So sicher wie das Amen in der Kirche

Mit dem hebräischen Wort Amen (so soll es sein) enden nicht nur viele christliche Gebete. Auch im Gottesdienst kommt es an vielen Stellen vor. Und selbst die längste Predigt pflegt irgendwann zwangsläufig mit einem Amen zu enden. Das Amen in der Kirche ist also wirklich etwas, auf das man sich ganz sicher verlassen kann.

Spießrutenlaufen

Ein Spießrutenlauf war eine militärische Strafe. Der Verurteilte musste durch eine Gasse gehen, die die Soldaten seiner Einheit bildeten, und wurde dabei von jedem geschlagen. Da die Verurteilten oft mehrmals eine Gasse von mehreren Hundert Schlägern entlanggehen mussten, kam das Spießrutenlaufen oft der Todesstrafe gleich. In vielen Fällen war es auch Brauch, dass ein Offizier mit gezogenem Bajonett vor den Verurteilten herging, um zu verhindern, dass diese wirklich laufen konnten, um die Strafe schneller hinter sich zu bringen. Im übertragenen Sinn muss jemand Spießruten laufen, der von seiner Umgebung derart gequält wird, dass er der Schikane nicht entgehen kann, egal wohin er sich auch wendet. Allerdings geht es dabei meist nicht um körperliche Gewalt, sondern um seelische.

Stein und Bein schwören

Die Kombination „Stein und Bein" war schon in der frühmittelalterlichen Dichtung bekannt, wobei Bein für Knochen steht. In einem besonders kalten Winter etwa „friert Stein und Bein" oder starke Schläge „brechen Stein und Bein". Das Schwören „auf Stein und Bein" verlieh einem Schwur besondere Bedeutung, da es sich bei beiden Dingen um heilige Gegenstände handelte, in christlicher Zeit etwa Reliquien und steinerne Altarplatten. Zwar konnte man auch auf andere heilige Gegenstände wie Kruzifixe oder die Bibel schwören, aber offenbar wurde ein Eid auf zwei so harte, dauerhafte Gegenstände wie Steine und Knochen als besonders stabil angesehen. Aber auch die Wendung „Stein und Bein fluchen" gab es früher.

Stielaugen machen

Stielaugen gibt es in der Natur tatsächlich. Vor allem viele Krebsarten, aber auch Schnecken und Fische, haben Augen, die auf langen Stielen sitzen. Die Krebse können sich auf diese Weise gut im Sand oder Schlick eingraben, während ihre Augen wie das Periskop eines U-Bootes die Umgebung beobachten. Davon wusste man zu Beginn des 20. Jahrhunderts, als der Begriff „Stielaugen" für besonders begehrliche, neidische Blicke aufkam. Vor allem unter den Soldaten des Ersten Weltkriegs scheint er besonders populär gewesen zu sein.

Stiften gehen

Der Ausdruck wurde vor allem unter Soldaten für abhauen benutzt. Woher er kommt, darüber streiten sich die Sprachforscher noch. Eine Möglichkeit ist eine Ableitung von dem alten Wort „stieben" (wie Staub umherfliegen), das sich noch in „davonstieben" erhalten hat. Eine andere ist die, dass man unterstellte, dass Stifte, wie man junge Rekruten nannte, besonders oft abhauen.

Stoische Ruhe

Die Stoa war eine antike Philosophenschule, die um 300 v. Chr. entstand. Ihren Namen hatte sie von der Athener Markthalle, wo sich die ersten Anhänger trafen. Für die Stoiker waren Selbstbeherrschung und Gelassenheit das Wichtigste im Leben. Da unglückliche Umstände wie Krankheit, Streit und Tod nicht durch Aufregung, Ärger oder Trauer gebessert werden, schlossen sie, dass diese Gefühlsregungen sinnlos und deshalb vernünftigerweise zu unterlassen seien. Die Stoiker waren deshalb keine Fatalisten, denen alles egal war. Sie bemühten sich jedoch, Dingen, die nicht zu ändern waren, mit absoluter Ruhe und Gleichmut zu begegnen. Diese stoische Gelassenheit erregte oft die Bewunderung ihrer Zeitgenossen, etwa die Art, wie Seneca (um 4 v. Chr.–65 n. Chr.) sein Todesurteil durch Kaiser Nero (37–68) hinnahm. Allerdings warf man den Stoikern oft auch Gefühlskälte vor, etwa wenn sie über den Tod von Familienangehörigen keine Trauer zeigten oder keine intensiven Liebesbeziehungen eingingen.

Streiten wie die Kesselflicker

Kesselflicker gehörten früher zum fahrenden Volk, sie zogen also umher, um ihre Dienste anzubieten. Die meisten von ihnen waren Roma. Diese waren vermutlich nicht streitsüchtiger als andere Menschen auch. Allein die sowieso vorhandenen starken Vorurteile gegen alle „Zigeuner" und die Tatsache, dass sie in einer fremden Sprache stritten, dürften dazu ausgereicht haben, ihre Streitigkeiten in den Ohren des deutschsprachigen Bürgertums als besonders heftig erscheinen zu lassen.

Sturmfreie Bude haben

Eigentlich geht es oft ziemlich stürmisch zu, wenn jemand „sturmfreie Bude" hat, also alleine in der Wohnung ist, auf niemanden Rücksicht nehmen muss und es deshalb so richtig krachen lassen kann. „Sturmfrei" kommt eigentlich aus der Soldatensprache. Da war eine sturmfreie Festung eine, die nicht gestürmt bzw. eingenommen werden konnte. Bei sturmfreier Bude besteht also nicht die Gefahr, dass sie von Menschen gestürmt wird, die dem Treiben dort ein Ende machen wollen. Meist liegt das aber nicht daran, dass die Wohnung uneinnehmbar wäre, sondern dass gerade keine potenziellen „Angreifer" wie Eltern oder Vermieter vor Ort sind.

Süßholz raspeln

Süßholz ist die Pflanze, aus der Lakritze hergestellt wird. Um ihren süßen Saft zu gewinnen, muss man die Wurzeln raspeln. Wer Süßholz raspelt, stellt also einen klebrigen, süßen Brei her – entweder real oder im übertragenen Sinn. Früher kaute man den süßen Saft auch direkt aus den Wurzelstücken heraus. Deshalb war bereits im

Spätmittelalter die Wendung „Süßholz in den Mund nehmen" als Umschreibung für schmeicheln bekannt. Ähnlich ist „Honig ums Maul schmieren". Eine Wendung mit Zucker bot sich noch nicht an, denn Zucker war im Mittelalter ein absolutes Luxusgut der Reichen, das nur in kleinen Mengen aus Asien importiert wurde.

Tacheles reden

Tacheles ist ein jiddischer Ausdruck, der von dem hebräischen Wort „Tachlit" (Ziel, Zweck) stammt. Wer Tacheles redet, der redet also mit einem bestimmten Ziel. In der Regel wird die Wendung mit einem deutlich drohenden Unterton verwendet: Wer Tacheles reden will, möchte eine strittige Sache ansprechen und – natürlich in seinem Sinne – regeln.

Tantalusqualen

König Tantalos, so erzählt die griechische Mythologie, wurde von den Göttern zum Festmahl in den Olymp gebeten. Doch anstatt sich aufgrund dieser Ehre als besonders gesitteter Gast zu erweisen, stahl er die Götterspeisen Nektar und Ambrosia. Noch schlimmer verhielt er sich beim Gegenbesuch der Götter: Um deren Allwissenheit auf die Probe zu stellen, schlachtete er seinen jüngsten Sohn Pelops, ließ ihn kochen und setzte ihn den Göttern vor, gespannt, ob diese bemerken würden, was sie aßen. Die Götter merkten es natürlich und dachten sich als Vergeltung eine besonders schwere Strafe aus. Sie verurteilten Tantalos dazu, nach seinem Tod in der Hölle ewige Qualen zu erleiden. Rund um ihn herum wuchsen Bäume mit den schönsten Früchten und es sprudelte frisches Wasser. Doch immer wenn Tantalos – von Hunger und Durst gepeinigt – danach greifen will, versiegt das Wasser und ein Sturm weht die Früchte aus seiner Reichweite.

Todschick sein

Mit dem Tod hat eine besonders schicke Aufmachung nichts zu tun. Vielmehr leitet sich das „tod" vom französischen „tout" (ganz) ab. Todschick ist also ganz schick. Übrigens: Schick stammt nicht vom französischen „chic", sondern umgekehrt.

Toi, toi, toi

Im Volksglauben herrschte früher die Vorstellung, ein Glückwunsch könne böse Geister verleiten, diese gut gemeinten Worte bewusst ins Gegenteil zu verkehren und Unglück über den Beglückwünschten zu bringen. Um das zu verhindern, gab es allerlei Abwehrzauber, zum Beispiel das Hinzufügen des Wortes „unberufen", das dreimalige Klopfen auf Holz oder ein dreimaliges Ausspucken. Bei der Silbe „toi" könnte es sich entweder um eine lautmalerische Umschreibung für das zunehmend als unappetitlich verpönte Spucken handeln oder um eine verkürzte Anrufung des Teufels (Teu, Teu, Teu). Auf jeden Fall geriet die eigentliche Bedeutung in Vergessenheit und der frühere Schutzzauber, der eigentlich nur Ergänzung zu einem Glückwunsch war, wurde selbst zum Wunsch für ein gutes Gelingen.

Toilette machen

Wer Toilette macht, richtet sich her. Aber was hat das mit der Toilette zu tun, auf der man sich seiner Verdauungsüberreste entledigt? Toile heißt im Französischen Leinwand oder Tuch und eine „toilette" ist demzufolge eigentlich ein kleines Tuch, speziell ein Tuch, auf dem Bürsten, Kämme und Schminksachen ausgebreitet wurden, um sie anschließend zu benutzen. Das Wort „Toilette" ging zunächst auf diese Tätigkeiten inklusive des Ankleidens über (Toilette machen), dann sowohl auf Möbelstücke, die dem Herrichten dienten (Toilettentische), als auch auf Kleidungsstücke, die man trug, wenn man sich auch sonst zurechtmachte (Festtagstoilette). Später, als man Badezimmer hatte, in die man das Kämmen und Schminken verlegte, wurden auch diese zur Toilette, und schließlich umschrieb man den Gang aufs Klo schamhaft damit, man müsse mal eben ein bisschen Toilette machen.

Tomaten auf den Augen haben

Wer Tomaten auf den Augen hat, der sieht zweifellos nichts. Aber wann ist je jemand mit Tomaten vor den Augen herumgelaufen? Vermutlich kommt die Wendung daher, dass die roten, verquollenen Augen eines übernächtigten Menschen eine gewisse Ähnlichkeit mit Tomaten haben. Und mit solchen Augen sieht man zumeist nicht allzu gut.

Treppenwitz der Weltgeschichte

Dies ist der Titel eines Buches, das 1882 erschien. Darin sammelte der Autor William Lewis Herslet Anekdoten, mit denen geschichtliche Ereignisse im Nachhinein ausgeschmückt wurden, die aber wohl nie so stattgefunden haben. Doch ursprünglich war mit dem Treppenwitz wohl ein Witz gemeint, der einem erst beim Nachhausegehen auf der Treppe einfällt, also z. B. eine schlagfertige Antwort für das Gespräch auf der Party, die leider nicht mehr schlagfertig ist, weil sie einem eben nicht „schlagartig", sondern erst eine halbe Stunde später gekommen ist. Das Wort prägte der französische Schriftsteller Denis Diderot (1713–84), der von „l'esprit de l'escalier" sprach. Heute versteht man unter einem Treppenwitz eher eine Ironie des Schicksals, keinen Witz also, der einem zu spät einfällt, sondern einen, der seine Wirkung erst später entfaltet. Etwa die Tatsache, dass ein römischer Kaiser einen kleinen religiösen Aufrührer in Palästina hinrichten ließ und dessen Nachfolger 300 Jahre später vor Abbildern von dessen Kreuz knieten, könnte man in diesem Sinn als Treppenwitz bezeichnen. Aber es ist, wie gesagt, weder die ursprüngliche Bedeutung noch jene, die Herslet bei seinem Buch vorschwebte.

Treu wie Gold

Gold ist ein besonders beständiges Metall, das sich unter Umwelteinflüssen nicht verfärbt oder korrodiert. Diese Materialechtheit galt früher als Sinnbild für emotionale Beständigkeit, also für Treue. Eine ironische Erweiterung lautet: „… nur nicht so echt", und mokiert sich über Leute, die zwar treu und anhänglich tun, dabei aber eigene Interessen im Auge haben.

Treulose Tomate

Nun sind Tomaten nicht gerade die haltbarsten aller Früchte, doch so leicht verderblich sind sie auch wieder nicht, als dass es logisch erscheinen würde, sie zum Symbol für einen besonderen Mangel an Beständigkeit und Treue zu machen. Die Redewendung ist etwa seit 1920 bekannt und die Forscher vermuten, dass sie mit dem Ersten Weltkrieg zusammenhängt. Während Russland und Frankreich bereits vor dem Krieg als „Erbfeinde" betrachtet wurden, erwarteten große Teile der deutschen Bevölkerung weder von den Engländern noch von den Italienern ernsthaft, sie im Krieg zum Feind zu haben. Deshalb waren wahrscheinlich ursprünglich entweder die Tomaten essenden Italiener oder die „Tommys" genannten Briten mit dieser Beschimpfung gemeint.

Trick 17

Wer zu Trick 17 greift, hat eine tolle und ungewöhnliche Lösung für ein Problem parat. Die Lösung, woher diese Redewendung stammt, wurde jedoch noch nicht gefunden. Eine gehandelte Erklärung lautet, dass in manchen Regeln des Kartenspiels Whist ein Stich (engl. trick) mit 17 Punkten eine große Rolle spielt. Eine andere ist, dass die Franzosen im Zweiten Weltkrieg einen „Plan 17" gehabt hätten. Aber dieser Plan ist weder belegt noch kann er besonders toll gewesen sein, da Frankreich schließlich besetzt wurde. Angesichts dieser Spekulationen griff ein Scherzkeks vor einigen Jahren zu Trick 17 und erfand in einem Leserbrief an die *taz* einfach eine Erklärung. Sie macht im Internet mittlerweile eifrig die Runde und

geht so: Als im Jahr 1924 der Zauberer Carlos Luminoso starb, entdeckte man in seinem Nachlass ein Buch mit seinen 17 besten Tricks. Aber leider fehlten die letzten Seiten und damit gerade die Krönung des ganzen Buches, der Trick 17.

Trübsal blasen

Was hat die Trübsal mit „blasen" zu tun? Vermutlich rührt die Redewendung weder von den Wimmerlauten her noch von Rotzblasen, die entstehen können, wenn Trübsal mit starken Heulkrämpfen einhergeht. Früher sagte man auch: „Trauer blasen", und das kommt vermutlich von der trüben Blasmusik, die bei Todesfällen oft gespielt wird.

Über den Berg sein

Wer bei einer Krankheit über dem Berg ist, hat die Krise überwunden. Nun drohen keine Gefahren mehr. Es ist nur noch eine Frage der Zeit, bis er geheilt ist. Eine ähnliche Erfahrung machten die Menschen früher, als Wege meist noch zu Fuß zurückgelegt wurden. Waren erst mal die Berge überwunden, war das Schlimmste geschafft.

Über den grünen Klee loben

So ganz geklärt ist es nicht, woher diese Umschreibung für höchstes, mitunter sogar übertriebenes Lob kommt. Sicher ist, dass grüner Klee früher etwas sehr Positives war. Eine fette, saftige Kleewiese war nämlich das beste Grünfutter für das Vieh. Etwas noch mehr als grünen Klee loben, stellte also wirklich einen Superlativ dar. Möglicherweise sind auch die Minnesänger schuld, die den grünen Klee in ihren Liedern als Frühlingsboten feierten. Eine andere Deutung: Auch Gräber wurden mit Klee bepflanzt und über diesem Klee bekam der Tote oft mehr Lob und schöne Worte ab als zu Lebzeiten.

Über den Jordan gehen

Wer über den Jordan geht, der stirbt. Die Wendung geht zurück auf die biblische Geschichte vom Auszug aus Ägypten. Dort stirbt Moses allerdings am Ufer des Jordan und nur die Überlebenden überqueren den Fluss und erreichen das Gelobte Land. Vermutlich liegt es an einer gewissen Gleichsetzung des Gelobten Landes des Alten Testaments mit dem christlichen Paradies, dass der Jordan später als Schwelle zwischen Leben und Tod begriffen wurde, wie z. B. auch der griechische Unterweltfluss Styx. Heute verwendet man die Redewendung meist nicht nur für Menschen, sondern auch für Dinge, die kaputtgegangen sind.

Über den Löffel balbieren

Eigentlich heißt es statt balbieren barbieren und steht dafür, betrogen zu werden, ähnlich wie „Über den Tisch ziehen". Doch zugrunde liegt kein betrügerisches

Tun. Barbiere pflegten früher alten Männern mit erschlafften Wangen beim Rasieren einen Löffel in den Mund zu stecken. Über dem Löffelrücken konnten sie die Haut straffen und so ordentlich rasieren. Möglicherweise fühlten sich die Kunden mit dem Löffel im Mund besonders hilflos und bekamen vom Barbier oft noch allerlei aufgeschwatzt, ohne sich dagegen wehren zu können, sodass diese Technik eine negative Bedeutung bekam.

***

Über den Tisch ziehen

Pate für diese Redewendung stand der bayerische Brauch des Fingerhakelns. Dazu setzen sich die Kontrahenten gegenüber an einen Tisch und haken die Finger ineinander bzw. haken beide ihre Finger in eine kleine Lederschlaufe. Wer den anderen dann als Erster so weit zu sich herübergezogen hat, dass dieser über dem Tisch liegt, hat gewonnen. Obwohl dies ein ehrlicher Wettkampf ist, der auf Stärke, nicht auf List beruht – wobei es natürlich ein paar Tricks gibt –, wurde das „Über den Tisch ziehen" zum Synonym für Betrug.

Über die Stränge schlagen

Wer über die Stränge schlägt, ist übermütig und rebelliert gegen Normen und Vernunft. Auch bei übermütigen jungen Kutschpferden kann es passieren, dass sie rebellieren und nach hinten ausschlagen. Wenn sie dabei mit den Hufen über die Stränge der Anspannung kommen, kann es passieren, dass sie sich verheddern, was zu einer äußerst gefährlichen Situation für Kutsche und Pferde wird.

Über die Wupper gehen

Diese Redensart kann mehrere Bedeutungen haben: sterben, Pleite machen oder verschwinden. Entsprechend gibt es auch mehrere Erklärungen dafür. Für das Sterben: Es gab früher ein Gefängnis in Wuppertal, dessen Todestrakt getrennt vom Hauptgebäude jenseits der Wupper lag und nur über eine Brücke verbunden war. Hinrichtungskandidaten wurden also über die Wupper geführt. Für das Pleitegehen: Noch heute liegt das Amtsgericht von Wuppertal auf einer Insel inmitten der Wupper. Wer also Insolvenz anmelden will, muss über die Wupper gehen. Für das Verschwinden: Im 18. Jahrhundert flohen junge Männer aus der zu Preußen gehörenden Grafschaft Mark vor den preußischen Zwangsrekrutierern über die Wupper in das Herzogtum Berg. Welche dieser Varianten die älteste und ursprüngliche ist, ist nicht sicher.

Um des Kaisers Bart streiten

Wer um des Kaisers Bart streitet, zankt sich um Nichtigkeiten. In einem Gedicht von Emanuel Geibel (1815–84) streiten sich drei Burschen derart, welche Farbe der Bart des Kaisers hat, dass sie sich schlussendlich prügeln. „Ihr Brüder, lernt das eine", beendet Geibel sein Gedicht, „aus dieser schlimmen Fahrt / Zankt, wenn ihr sitzt beim Weine / nicht um des Kaisers Bart." Aber vermutlich ist die Redewendung schon älter und lautete wahrscheinlich, um der Geißen Haar streiten, denn im antiken Rom, aber auch in anderen europäischen Sprachen gab und gibt es die Redewendung „Um die Wolle der Geiß streiten". Gemeint ist damit die völlig frucht- und sinnlose Diskussion, ob man das Haar der Geiß auch als Wolle bezeichnen muss wie das der Schafe, obwohl es als Wolle ziemlich wertlos ist.

Um die Ecke bringen

Wer jemanden um die Ecke bringt, der bringt ihn um. Man kann sich die Entstehung dieser Redewendung lebhaft ausmalen: Der Mörder zerrt sein unschuldiges Opfer hinter eine Hausecke in eine Nebengasse und macht dort dessen Leben ein Ende. Doch die Sache stimmt so nicht. Das Wort Ecke kommt von dem germanischen „agio", das Schärfe oder Kante bedeutet und im frühen Mittelalter bezeichnete man die Schneide eines Schwertes oder auch das ganze Schwert als „ecka". Es hat sich noch gehalten in Namen wie Eckhart (hart/stark mit dem Schwert). Jemanden um die Ecke bringen hieß also ursprünglich, das Schwert in ihn hineinzustoßen.

Umgekehrt wird ein Schuh draus

Wenn man die Sache genau andersherum angeht oder ansieht, ergibt sie plötzlich Sinn. Ursprünglich meinte die Redewendung jedoch etwas anderes: Beim Nähen von Schuhen wurde das Leder erst noch gewendet, damit die Nähte, die die einzelnen Teile zusammenhielten, nicht mehr zu sehen waren. Das hieß, dass man manche Sachen erst noch gründlich umkehren musste, bevor sie Sinn ergaben. Beim Schuhmachen war das aber eine zwangsläufige Umkehrung, während man heute mit diesem Sprichwort sagen will, dass jemand völlig falsch liegt.

Unter aller Kanone

Dieses Verdikt bedeutet einen heftigen Tadel. Mit Kanonen hat die Redewendung jedoch nichts zu tun, denn unterhalb des Schussfeldes einer Kanone ist eigentlich ein guter Platz. Zugrunde liegt vielmehr die lateinische Beurteilung „sub omni canone" (unterhalb aller Maßstäbe). Das bedeutet, dass eine Arbeit so schlecht ist, dass sie sich jeder Bewertung entzieht. Der normale Notenkanon kann nicht darauf angewendet werden: eine 6 mit einem dicken Minus also.

Unter aller Sau

Auch in dieser derberen Variante von „unter aller Kanone" ist der Maßstab nicht wirklich eine Sau. Hier liegt eine Verballhornung des jiddischen Wortes „seo" vor, und dies bedeutet – ähnlich wie Kanon – Regel oder Maßstab.

Unter Dach und Fach bringen

Das heißt, eine bereits angefangene Sache zügig fertigzustellen. Gemeint waren damit ursprünglich das Ständerwerk (Fach) und das Dach eines Fachwerkhauses. Wenn dieser Rohbau stand, war der Neubau vor Regen geschützt und man konnte sich im Prinzip Zeit lassen, die weiteren Arbeiten an den Mauern und im Inneren zu erledigen. Aber besser war es natürlich, alles so schnell wie möglich unter Dach und Fach zu bringen und den Bau zu beenden.

Unter dem Pantoffel stehen

In der Frühgeschichte war es vielfach üblich, dass die Sieger den Besiegten den Fuß in den Nacken setzten. In den mittelalterlichen Volksbräuchen hat sich das insofern gehalten, als es teilweise üblich war, dass der Mann der Frau nach der Hochzeit als Zeichen seiner Herrschaft auf den Fuß trat. Später wurde in einigen Gegenden ein Wettspiel daraus, dass die Frischverheirateten versuchten, einander auf den Fuß zu treten. Derjenige, dem das als Erstem gelang, so die Deutung, der würde auch die Ehe dominieren. So wurde der Hausschuh der Frau, der Pantoffel, zum Symbol für eine Beziehung, in der der Ehemann von seiner Frau beherrscht wird.

Unter der Fuchtel stehen

Mit der Fuchtel ist der Degen eines Offiziers gemeint. Früher pflegten diese unbotmäßige Soldaten schon einmal mit der flachen Seite der „Fuchtel" zu schlagen. Allerdings nur bei kleineren Vergehen. Bei größeren standen weit schlimmere Strafen auf dem Programm (siehe: Spießrutenlaufen).

Unter die Haube kommen

Wie heute noch im islamischen Kulturbereich schrieb man früher auch in Europa dem weiblichen Haar eine sehr starke erotische Anziehungskraft zu. Den jungen, unverheirateten Mädchen allerdings gestand man zu, ihr Haar offen oder in Zöpfen zu tragen. Schließlich trug die Attraktivität der Bewerberinnen nicht unerheblich dazu bei, eine gute Partie zu machen. Eine verheiratete Frau jedoch hatte ihr Haar unter einer Haube zu verbergen. Diese Regelung galt für die meisten Gegenden während des Mittelalters und der frühen Neuzeit. Zu vielen ländlichen Trachten gehörten besonders prächtige Hochzeitshauben. Die Haube wurde dabei meist weniger als Zwang denn vielmehr als Privileg der erwachsenen, verheirateten Frau gesehen. Im 17. Jahrhundert begann sich das zu ändern. Der „Haubenzwang" begann vor allem in wohlhabenden Kreisen zu schwinden, während umgekehrt für junge Mädchen sittsame Häubchen üblich wurden. Nichtsdestotrotz ist „Unter die Haube kommen" bis heute ein gängiges Synonym für Heiraten.

Unter einen Hut bringen

Mehrere Leute unter einem Hut sind eine seltsame Vorstellung. Doch entweder war damit früher die symbolische Kopfbedeckung eines Herrschers gemeint, der versuchen musste, all seinen Untertanen gerecht zu werden. Oder es war gar kein Hut, sondern die Obhut gemeint, unter die diese Untertanen genommen wurden. Die Wurzel von Hut und Obhut ist sowieso dieselbe und die Obhut wurde früher oft auch nur als Hut bezeichnet – allerdings als „die", nicht „der".

Unter einer Decke stecken

Gemeinsam unter einer Decke stecken in der Regel Eheleute. In germanischen und frühmittelalterlichen Zeiten, in denen es noch keine kirchliche Eheschließung gab, galt das gemeinsame Unter-die-Decke-Schlüpfen vor Zeugen auch als Beginn einer Ehe. Möglicherweise wollte man mit der Wendung „Die stecken unter einer Decke" ursprünglich andeuten, dass zwei zusammensteckten wie ein Ehepaar und auch gemeinsame Geheimnisse hatten. Später wurde dann eher ein Spießgesellentum draus: Wer unter einer Decke steckt, heckt gemeinsam etwas aus, in der Regel eine Schandtat.

Unter ferner liefen

Mit dieser Floskel werden bei Pferderennen die Starter aufgeführt, die kein Preisgeld mehr bekommen und für alle Wettquoten uninteressant sind. Dinge oder Menschen, die „unter ferner liefen" erwähnt werden, nennt man wirklich nur aus Höflichkeit, sie haben aber keine wirkliche Bedeutung.

Unter Kuratel stellen

Kuratel ist ein alter Fachbegriff für Vormundschaft. Er leitet sich von dem lateinischen Wort „cura" (Sorge) her. Wer unter Kuratel gestellt wird, wird also so streng beaufsichtigt, dass er praktisch keine eigenständigen Entscheidungen mehr treffen kann.

Uriasbrief

Ein Uriasbrief ist ein Schriftstück, mit dem jemand verraten wird. Einen solchen schrieb auch der biblische König David. David, so erzählt das Alte Testament, entdeckte eines Tages die schöne Bathseba und fing eine Liebschaft mit ihr an. Als sie schwanger wurde, ließ er Bathsebas Mann Urias aus dem Krieg heimkommen. Der König hoffte, Urias würde mit seiner Frau schlafen und das Kind anschließend für seines halten. Urias jedoch wollte keine Vergünstigungen wahrnehmen, die seine Kameraden an der Front nicht hatten, und widerstand Bathsebas Verführungskünsten. Also schickte David Urias zurück und gab diesem einen Brief an dessen Vorgesetzten mit. Darin wurde der Offizier aufgefordert, Urias beim nächsten Kampf in die vorderste Linie zu stellen. Urias überlebte das natürlich nicht und David konnte dessen Witwe seinem Harem eingliedern.

Urlaub haben

Im Mittelhochdeutschen war ein „urloup" eine Erlaubnis. Wer also die Erlaubnis hatte, seiner Arbeit fernzubleiben, der hatte Urlaub. Das Wort Ferien dagegen kommt von einem lateinischen Ausdruck (feriae) für reguläre Festtage, an denen jeder frei hat.

Veräppeln

Dieser Ausdruck für ein harmloses Narren stammt aus dem Rotwelsch und hat jiddische Wurzeln. Entweder kommt er von „ewil" (Narr) oder von „eppel" (nichts).

Verballhornen

Johann Balhorn (um 1550–1604) war ein Buchdrucker, der im 16. Jahrhundert in Lübeck lebte. Im Jahr 1586 druckte er eine Neuauflage des Lübecker Stadtrechtes, die jedoch vor Fehlern nur so strotzte. Das war vor allem deshalb ein großes Problem, weil das nicht nur Lübeck betraf, sondern auch zahlreiche andere Städte, die nach dem Lübecker Stadtrecht urteilten. Auf diese Weise soll der arme Drucker zum Namensgeber für sinnentstellende Änderungen geworden sein, obwohl man inzwischen eher davon ausgeht, dass Balhorn gar nicht schuld war, sondern dass einige Juristen des Lübecker Stadtrates den alten Text „verschlimmbesserten".

Verflucht und zugenäht!

Was haben Flüche wie „verflucht", „verdammt" oder „verflixt" mit dem Nähen zu tun? Vermutlich ist ein altes Studentenlied schuld, eine anonyme Parodie auf Heinrich Heines *Im wunderschönen*

Monat Mai. Es widmet sich erst den Freuden der Liebe, schließt aber mit dem Reim: „Doch als mir meine Liebste der Liebe Frucht gesteht, da hab' ich meinen Hosenlatz verflucht und zugenäht."

Verhunzen

Wer etwas verhunzt, verdirbt es. Er bringt es gleichsam auf den Hund. Früher kannte man auch das Wort „hunzen", das bedeutete, jemanden wie einen Hund zu behandeln.

Verplempern

Wer Geld verplempert, der verschwendet es nicht im großen Stil, sondern gibt hier eine kleine Summe für eine sinnlose Sache aus und dort eine, verliert hier ein bisschen und verschenkt dort etwas. Plempern stand früher für eine baumelnde oder hin- und herschwingende Bewegung. Man verplemperte etwa Flüssigkeit, indem man ein Gefäß so unachtsam trug, dass bei jedem Schritt etwas rechts und links überschwappte. Oder: Kinder verplemperten ihr Essen, wenn sie so lustlos mit dem Löffel in der Suppe rumspielten, sodass sie überschwappte.

Verschossen sein

Früher sagte man: „Geschossen sein", denn schließlich spielte die Redewendung auf den römischen Liebesgott Amor an. In der Mythologie verliebt sich jeder, der von seinen Pfeilen getroffen wird. Amors Pfeile wurden zur Umschreibung für besonders heftige, plötzliche Verliebtheit, der man hilflos ausgeliefert ist. Mit der Zeit glich sich das ungewöhnliche „geschossen" – erschossen konnte man ja nicht sagen, da man nicht tot war – sprachlich dem „verliebt" an, obwohl ein verschossener Pfeil Amors in der mythologischen Symbolik gerade nicht für Liebe stehen würde.

Verzetteln

Wer mit Notizzetteln arbeitet, auf die er sich wichtige Dinge aufschreibt, verzettelt sich eigentlich nicht so leicht. Die Redewendung kommt auch nicht daher, dass jemand zu viele Zettel hat, um den Überblick zu bewahren. Vielmehr war „zetten" ein mittelalterliches Wort für ausstreuen. Im 16. Jahrhundert wurde verzetteln für fallen lassen oder verlieren verwendet. Aber auch ein misslungenes Anzetteln (siehe dort) der Kettfäden auf seinem Webstuhl könnte als Verzetteln bezeichnet worden sein. Der Vergleich mit dem Webstuhl passt deshalb besonders gut, weil man bei falschem Aufspannen sehr leicht die Übersicht verlieren und ein ziemliches Fadenwirrwarr bekommen konnte.

Verzopfte Ansichten

Diese inzwischen selbst unmodern gewordene Redewendung stand früher für extrem unmoderne Ansichten. Sie kam im 19. Jahrhundert auf. Die Zöpfe, von denen hier die Rede ist, hingen an den Perücken, die damals von staatlichen Beamten getragen wurden. Und diese Beamten standen im Dienst absolutistischer Fürsten, die alles taten, um die freiheitlichen Bestrebungen ihrer Untertanen zu unterdrücken. Aber auch beim Volk war es üblich, die Haare zu pudern und im Nacken zu einem Zopf zu binden, wenn man anständig aussehen wollte. In der ersten Hälfte des 19. Jahrhunderts jedoch, der Vormärzzeit, wurde es zum Ausdruck revolutionärer Gesinnung, die Haare ungepudert und ungebunden zu tragen. Auf dem Wartburgfest 1817 verbrannten die aufsässigen Studenten deshalb auch einen Perückenzopf. Entsprechend steht die Redensart „Alte Zöpfe abschneiden" dafür, Althergebrachtes radikal zu beenden.

Viel Aufhebens machen

Das Aufheben ist ein Zeremoniell in Fechtduellen. Die Kontrahenten ergriffen ihre Waffen und grüßten dann mit diesen sowohl den Gegner als auch das Publikum mit vorgeschriebenen Gesten. Vor allem in den schlagenden studentischen Verbindungen wurde um solche Rituale wie das Aufheben der Waffen „viel Aufhebens gemacht".

Viele Wege führen nach Rom

Rom war im Mittelalter der größte Wallfahrtsort und selbstverständlich führten viele Wege aus allen Himmelsrichtungen dorthin. Im übertragenen Sinne gebrauchte man die Wendung entweder, wenn man sagen wollte, dass es viele Wege gibt, in Rom kirchliche Karriere zu machen, oder dass es viele Wege gibt, um zum Glauben zu kommen. Heute steht die Wendung generell dafür, dass es in einer Sache viele verschiedene Herangehensweisen gibt.

Voll wie eine Eule

Eulen sind eigentlich nicht für exzessiven Alkoholkonsum bekannt und pflegen auch nicht torkelnd zu fliegen. Die Redewendung bezieht sich ursprünglich auch gar nicht auf das Tier, sondern auf einen Aule genannten Steinkrug.

Volles Rohr

Etwas, das „volles Rohr" geschieht, ereignet sich mit größtmöglicher Kraft. So war es auch bei der Artillerie. Der Befehl „Volles Rohr!" besagte, dass mit der größtmöglichen Ladung, die in die Geschützröhre passte, geschossen werden sollte.

Vom Hundertsten ins Tausendste kommen

Wer das tut, redet zusammenhanglos. Irgendein unwichtiges Detail bringt ihn dazu, auch noch zu dieser Sache irgendwelche Randbemerkungen zu machen, bis er sich völlig in Nebensächlichkeiten verloren hat und auch nach einer endlos langen Rede noch nicht das gesagt hat, worum es eigentlich geht. Martin Luther (1483–1546) drückte es so aus: „Sie haben eine seltsame Weise zu reden, als die keine Ordnung halten, sondern das Hundert in das Tausend werfen." Er verglich solche Redner also mit Buchhaltern, die so unordentlich schrieben, dass sie sich in ihren Zahlenkolonnen nicht mehr auskannten und von der Reihe mit den Hunderterstellen plötzlich in die mit den Tausendern kamen.

Vom Leder ziehen

Zieht heute jemand vom Leder, dann gerät er meist so richtig ins Schimpfen. Früher verstand man darunter etwas Gefährlicheres. Wer vom Leder zog, zog da nicht nur mit Worten in den Kampf, sondern zog sein Schwert aus der ledernen Scheide.

Vom Regen in die Traufe kommen

Die Traufe ist die Tropfkante eines Daches. Heute hängt dort in der Regel eine Dachrinne, die das vom Dach rinnende Regenwasser auffängt. Früher war das eher selten der Fall. Über die Traufe floss das Wasser von der gesamten Dachfläche ab. War unter dem Dach, unter dem man Schutz vor dem Regen gesucht hatte, also nicht genug Platz, sodass man das Traufwasser abbekam, war man weit schlechter dran als im Regen.

Von der Hand in den Mund leben

Früher, als noch die meisten Leute Bauern waren, ging es den Armen tatsächlich so. Was sie gerade mit der Hand produziert hatten, wurde im nächsten Augenblick schon wieder gegessen. Sie konnten gerade mal das Allernötigste herstellen und keine Vorräte für schlechte Zeiten anlegen. Heute benutzt man die Redewendung für Menschen, die keine finanziellen Rücklagen bilden können.

Von der Pike auf lernen

Wer etwas von der Pike auf lernt, der lernt es gründlich von Anfang an. Von der Pike auf konnte man früher das Kriegshandwerk lernen, denn die Pike war zwischen dem 15. und dem 17. Jahrhundert die Waffe der einfachen Soldaten. Mit ihren Piken, langen, spitzen Spießen, sollten sie die Pferde der Ritter abwehren. Wer im Heer als Pikenier begann, fing also ganz unten an. Wenn er Glück hatte, konnte er aufsteigen. „Bist du von der Piken auf zum Hauptmannsstand gestiegen", heißt es in einem Gedicht von 1638. Wer aus besseren Verhältnissen kam, wurde gleich mit einer besser angesehenen Waffe ausgestattet. Aber ihm fehlte vielleicht die Erfahrung, Disziplin und Kaltblütigkeit, die man als einfacher Pikenier in vorderster Front gelernt hatte.

Von echtem Schrot und Korn

So werden Männer gelobt, die noch traditionelle Werte verkörpern, etwa ein Handwerker von echtem Schrot und Korn. Der Vergleich klingt nach Bäckerhandwerk, doch der Gelobte wird nicht mit gutem, traditionellem Vollkornbrot verglichen. Der Ursprung ist das Münzwesen. Dort war eine Münze von echtem Schrot und Korn, eine mit dem richtigen Gewicht (Schrot) und dem richtigen Gehalt an Edelmetall in der Legierung (Korn). Ähnliches ist mit der Wendung „Von altem Schlag" gemeint. Auch hier wird der Gelobte mit einer Münze verglichen, die auf traditionelle (und damit richtige) Weise geschlagen ist.

Von etwas Wind bekommen

Viele Wildtiere verfügen über äußerst sensible Nasen. Sie können den Geruch eines feindlichen Tieres oder auch eines Menschen über große Entfernungen wittern, wenn der Wind so steht, dass er die entsprechenden Duftmoleküle in ihre Richtung weht. Deshalb versuchen Jäger, sich gegen den Wind an ihre Beute heranzuschleichen. Doch auf Luftbewegungen ist kein Verlass. Eine kleine Änderung und schon bekommt das Reh mit dem Wind auch die Witterung seines Feindes in die Nase und ist auf und davon. Wer von etwas Wind bekommt, erfährt also durch irgendeinen Zufall von einer Sache, von der er eigentlich nichts wissen sollte.

Von reinstem Wasser sein

Unter Juwelieren ist „Wasser" ein Fachausdruck für die Klarheit von Edelsteinen. So unterscheiden sie zwischen Diamanten ersten, zweiten oder dritten Wassers. Von reinstem Wasser sind also die allerbesten Diamanten. Und so steht die Wendung schon seit dem 16. Jahrhundert nicht nur für besondere Klarheit, sondern auch für außergewöhnliche Schönheit und Qualität.

Vor die Hunde gehen

Wer vor die Hunde ging, war nicht nur auf den Hund gekommen (siehe dort), sondern so elend, dass es eigentlich keine Rettung mehr für ihn gab. Doch mit richtigen Hunden hat die Redewendung diesmal nichts zu tun. Die Hunde waren vielmehr die Förderwagen in einem Bergwerk. Diese Arbeit gehörte zu den schlimmsten, die es gab. Die voll beladenen Wagen waren immens schwer, die Stollen eng, dunkel und so niedrig, dass man nicht aufrecht stehen konnte. Wer keine Alternative mehr hatte, als diese Hunde zu ziehen, musste damit rechnen, kurz- oder höchstens mittelfristig an diesen Strapazen zugrunde zu gehen.

Vorsicht ist die Mutter der Porzellankiste

Sinnsprüche vom Typ „x ist die Mutter/der Vater von y" waren früher weitverbreitet. Etwa „Der Krieg ist der Vater aller Dinge", „Der Wunsch ist der Vater des Gedankens", „Die Erde ist die Mutter des Reichtums" oder „Vorsicht ist die Mutter der Weisheit". Letzteres kombinierten vermutlich die Berliner irgendwann mit dem Kistenaufdruck „Vorsicht Porzellan!".

Was das Zeug hält

Die Rede ist vom Zaumzeug der Zugtiere, das auch in der Redensart „Sich ins Zeug legen" vorkommt. Häufig wird „Was das Zeug hält" als Umschreibung für „mit aller Kraft" gebraucht. Wer arbeitet, was das Zeug hält, der arbeitet mit allen verfügbaren Kräften. Aber eigentlich sagt die Wendung aus, dass nicht die Kraft der Zugtiere der limitierende Faktor ist, sondern die Qualität des Zuggeschirrs. Die Tiere ziehen also so viel, wie die Riemen des Geschirrs verkraften. Eigentlich ist die Bedeutung von „Was das Zeug hält" deshalb: was die äußeren Umstände/die Werkzeuge/die Materialien erlauben.

Was dem einen sin Ul, ist dem anderen sin Nachtigall

Dieses Sprichwort umschreibt die unterschiedlichen Vorlieben und Lebensweisen der Menschen. Doch mit der „Ul" (Eule) und der Nachtigall werden nicht einfach nur zwei verschiedene Vögel gegenüber gestellt. Die Eule galt im Volksglauben als Unglücksbringer und Totenvogel, die Nachtigall mit ihrem besonders schönen Gesang dagegen stand für Romantik und Angenehmes. Die Wendung sagt also, dass Dinge, die für den einen richtig schrecklich sind, dem anderen gefallen.

Was für ein Affentheater!

Affentheater gab es früher auf den Jahrmärkten wirklich. Schausteller ließen dressierte Meerkatzen oder andere Äffchen Theaterstücke aufführen. Das Ganze war natürlich vor allem eine Belustigung für Kinder und das einfache Volk. Gebildete Leute rümpften über das Affentheater meist die Nase. Qualifiziert man heute etwas als Affentheater ab, meint man in der Regel, dass viel Aufhebens um eine nichtige Angelegenheit gemacht wird, die mit etwas Vernunft eigentlich einfach zu regeln wäre.

Was für ein Schlamassel!

Bei einem Schlamassel geht alles drunter und drüber und nichts funktioniert. Schlamassel ist eine Verballhornung des jiddischen Wortes „Schlimasl", das aus dem deutschen „Schlimm" und dem hebräischen „Masl" (Glück oder Schicksal) zusammengesetzt ist. Ein Schlamassel ist also nicht nur ein einzelnes Unglück, sondern eine Situation, in der ein Unglück zum anderen kommt.

Was für eine Mischpoke!

Mischpoke ist ein jiddisches Wort für eine Gruppe, Gesellschaft oder Bande und wurde auch für die eigene Sippschaft benutzt, wobei oft ein sarkastischer Unterton angesichts der Größe und Verschiedenheit der weitverzweigten Verwandtenschar mitschwang – besonders, wenn man alle auf einmal am Hals hatte. Daraus wurde eine ziemlich abwertende Bezeichnung für eine dubiose Gesellschaft, vor allem wenn diese aus sehr unterschiedlichen Menschen und Charakteren besteht, also nicht eindeutig in eine andere Schublade gesteckt werden kann.

Was läuten hören

Wenn jemand etwas läuten hört, dann erfährt er nur, dass etwas passiert sein soll, bekommt aber keine oder nur ungefähre Details. Genauso war das früher oft mit Kirchenglocken. Zu den verschiedensten Anlässen wie Hochzeiten, Beerdigungen, Bränden usw. wurden die Kirchenglocken geläutet. Auf den Feldern hörten die Menschen oft auch die Glocken mehrerer Nachbargemeinden. Wenn es läutete, wussten sie also, dass etwas passiert sein musste, aber nicht, was. Allenfalls konnten sie noch Totenglocken von Festtagsgeläut oder Alarmläuten unterscheiden.

Weg vom Fenster

Man kennt das: Alte Leute, die nicht mehr sonderlich mobil sind, sitzen oft gerne am Fenster und beobachten das Treiben auf der Straße, um noch am Leben teilzuhaben. Früher auf dem Dorf kam es dabei zum ein oder anderen Plausch und jedem fiel es auf, wenn ein alter Mensch plötzlich nicht mehr an seinem Stammfenster zu sehen war. Dann lag die Vermutung nahe, dass er gestorben ist. Heute wird der Begriff grundsätzlich verwendet, wenn jemand wie von der Bildfläche verschwindet, wenn ihm etwas gekündigt wurde, er einen Posten verloren hat oder im Streit eine Gruppe verlassen hat.

Weitab vom Schuss

Wer sich heute darüber beklagt, dass er weitab vom Schuss ist, äußert meist seine Unzufriedenheit, dass er sich so weit weg von allen interessanten Dingen befindet. Früher dagegen konnte es ganz ratsam sein, sich fernab vom Schuss zu befinden, denn mit „Schuss" ist der Ort gemeint, wo geschossen wird, also ein Schlachtfeld. Ein Soldat, der ab vom Schuss war, war also fern jeder Gefahr. Andererseits nutzte eine Armee, die sich „ab vom Schuss" befand, auch nicht viel.

Wie angegossen sitzen

Der Vergleich stammt tatsächlich aus der Gießtechnik, wo sich die flüssige Gießmasse vollkommen der Form anpasste. Er gilt als höchstes Lob für perfekt sitzende Kleider. Früher verwendete man ihn bevorzugt für Stiefel, wo eine perfekte Passform eine noch größere Kunstfertigkeit verlangte als im Schneiderhandwerk.

Wie bei Hempels unterm Sofa

Die Redensart soll sich auf einen Schausteller namens Hempel beziehen, der um die Wende vom 19. zum 20. Jahrhundert lebte. Sein Wohnwagen war wohl so legendär dreckig und unordentlich, dass er wiederholt des Platzes verwiesen wurde, weil die anderen Schausteller nicht wollten, dass er ihren ganzen Berufsstand (noch mehr) in Verruf brachte. Manche Sprachforscher meinen aber, die Hempel-Geschichte sei nachträglich erfunden worden, um die Wendung zu erklären. Eigentlich rühre der Spruch daher, dass Hampel oder Hempel früher einen primitiven, unordentlichen Menschen bezeichnet habe.

Wie die Vandalen hausen

Namensgeber des Vandalismus war ein germanischer Stamm, der während der Völkerwanderungszeit von seiner Heimat im südöstlichen Odergebiet nach Frankreich, Spanien und schließlich nach Nordafrika zog. Von dort aus überfielen sie im Jahr 455 Rom. Kurz zuvor war Kaiser Valentinian III. (419–455) gestorben. Darauf machte sich ein Offizier namens Petronius Maximus (396–455) zum neuen Kaiser, zwang Valentinians Witwe zur Ehe und verheiratete deren Tochter, die mit dem Sohn des Vandalenkönigs verlobt war, mit seinem eigenen Sohn. Die Vandalen betrachteten dies als Kriegserklärung. Sie überfielen Rom, plünderten es systematisch, entführten zahlreiche Handwerker und zudem die Kaiserin mit ihrer Tochter. Ansonsten schonten sie die Stadt und deren Bewohner. Es gab weder größere Massaker noch blindwütige Zerstörung. Während der Französischen Revolution jedoch verglich ein französischer Bischof das Wüten der radikalen Jakobiner mit der Plünderung Roms durch die Vandalen und machte diese so zum Namensgeber für sinnlose Zerstörungswut. Dabei interessierten den Bischof vermutlich weniger die wahren historischen Details dieser Plünderung als die Tatsache, dass das katholische Rom von einem Volk angegriffen worden war, das dem arianischen Christentum anhing. Nach Auffassung der Katholiken waren die Vandalen damit Ketzer und zu jeder unzivilisierten Schandtat fähig.

Wie ein begossener Pudel

Nasse Hunde geben einen traurigen Anblick ab und schon in Texten aus dem 17. Jahrhundert findet man den Vergleich, dass Verlierer wie begossene Hunde abziehen. Den Pudel hat es dann im Besonderen getroffen, weil dieser für die Jagd auf Wassergeflügel gezüchtet wurde. Die Pudel mussten die angeschossenen Vögel apportieren und wurden dabei natürlich zwangsläufig nass. Selbst ihr Name kommt vom alten Wort puddeln, das im Wasser planschen bedeutet. Deswegen bezieht sich der Ausdruck „pudelwohl“ vermutlich auch nicht auf die Hunde, sondern auf das Planschvergnügen.

Wie ein Berserker wüten

Die Berserker tauchen gelegentlich in den alten skandinavischen Sagas auf. Sie werden dort als Krieger beschrieben, die über die Fähigkeit verfügen, sich in einen Kampfrausch zu versetzen, der sie angeblich unverwundbar macht. Die Berserker kämpfen dort ohne Rücksicht auf Verluste und mit übermenschlicher Stärke, verfallen aber auch oft in einen regelrechten Tötungswahn, in dem sie alles zerfleischen, was ihnen in den Weg kommt. Auch in den älteren Sagas gelten sie schon als unheimliche Wesen, später werden sie zunehmend negativ gesehen. Woher das Wort kommt, weiß man nicht genau. Es könnte seine Wurzeln darin haben, dass sich die Berserker entweder mit einer Bärenhaut bedeckten oder „bar“, d. h. nackt kämpften.

Wie ein Bürstenbinder

Wer wie ein Bürstenbinder raucht oder trinkt, der frönt diesen Lastern in besonderem Maße. Der Vergleich kommt jedoch nicht daher, dass man Bürstenbindern eine besondere Affinität zu Alltagsdrogen zusprach, sondern daher, dass „bürsten“ früher auch als „trinken“ verstanden wurde. Die Bürstenbinder hatten den Alkoholkonsum also schon im Namen und mussten deshalb als launige Umschreibung besonderer Trinkfreude herhalten.

Wie es im Buche steht

Wer etwas macht, wie es im Buche steht, macht seine Sache absolut perfekt. Das Kompliment lässt sich allerdings nicht für Angelegenheiten verwenden, bei denen Kreativität gefragt ist, sondern nur für brave, mustergültige Pflichterfüllung. Das Buch, auf das man sich dabei bezog, war früher mit ziemlicher Sicherheit die Bibel, das Buch der Bücher, das ja die Zehn Gebote und andere grundlegende moralische Vorschriften enthält. Später mag man dann auch Lehrbücher oder Ratgeber im Kopf gehabt haben, wenn man dieses Kompliment machte.

Wie Graf Koks von der Gasanstalt

In Berlin waren früher noch eine Menge andere Namen für Menschen, die besonders hochnäsig taten, im Umlauf, etwa Graf Rotz von der Popelsburg. Beim Grafen Koks ist umstritten, ob der Name von den Kohlen (Geld) kommt oder vom Bowlerhut, auch Melone oder Koks genannt (nach seinem ersten Träger Thomas William Coke, Earl of Leicester). Manche Quellen meinen, die Gasanstalt sei mit dem Grafen Koks kombiniert worden, weil die Schuldeneintreiber der Berliner Gaswerke solche Hüte trugen. Es kann sich aber auch um einen bewussten Gegensatz zwischen Koks (Kohlen) und Gas handeln.

Wie im Tran

Als Tranfunzel wird ein langsam agierender, langsam begreifender und auch ansonsten ziemlich espritarmer Mensch bezeichnet. Das kommt daher, dass Lampen, die mit aus Walfett gekochtem Tran brannten, nur ein ziemlich trübes Licht gaben. Auch mit der Wendung „im Tran" werden ziemlich langsame, begriffsstutzige Menschen bezeichnet, doch die Wurzel ist eine andere. Tran ist ein altes Wort für Tropfen und steht für alkoholische Tropfen. Wer sich wie im Tran fühlt, der ist so benebelt, als wäre er angetrunken.

Wie Kraut und Rüben

Kraut und Rüben waren im Mittelalter Bauernnahrung. Die Bessergestellten aßen wenig Gemüse und wenn, dann vielleicht Bohnen oder Fenchel, aber kaum Kraut und Rüben. Mit „Kraut und Rüben" wurde also ein Bauerngarten abgetan, im Gegensatz zu den wohl gepflegten Rosenbeeten der Herrenhäuser. Heute steht „Kraut und Rüben" allerdings nicht für Minderwertiges, sondern für ein Durcheinander. Damit tut man den alten Bauerngärten und ihren Besitzern jedoch unrecht. In der Regel waren sie sehr akkurat und ordentlich angelegt. Schon alleine, weil das die Arbeit erleichterte. Kaum jemand pflanzte Kraut und Rüben durcheinander an.

Wie Pech und Schwefel zusammenhalten

Pech ist wirklich sehr klebrig. Schwefel dagegen nicht. Doch Pech und Schwefel sind in der christlichen Mythologie die beiden Elemente der Hölle. Der Prophet Jesaja schilderte, dass sich bei Gottes Strafgericht das Land in Schwefel und brennendes Pech verwandeln werde, und in der Offenbarung des Johannes wird die Hölle als Feuer- und Schwefelsee geschildert. Außerdem wird bei der Herstellung von Teer aus Holz meist auch Schwefelsäure frei, die sich durch ihren charakteristischen Gestank bemerkbar macht. Pech und Schwefel gehörten also als höllische Mischung in der allgemeinen Vorstellung seit Langem fest zusammen. Möglich, dass in der Redensart ursprünglich auch noch mitschwang, dass zwei, die wie Pech und Schwefel zusammenhalten, auch im Bösen zusammenhalten, also gemeinsam Unrecht begehen bzw. Unrecht des anderen decken.

Wie Phönix aus der Asche

Im alten Ägypten gab es die Sage vom Vogel Benu, der sich alle 500 Jahre in den Sonnenstrahlen selbst verbrannte und dann aus seiner Asche lebendig und verjüngt wiederauferstand. Im antiken Griechenland wurde die Sage übernommen und der Vogel Phönix (der Leuchtende) genannt. Wie Phönix aus der Asche steigt also jemand auf, der von seinen Zeitgenossen schon abgeschrieben worden war und sich plötzlich wieder jung, dynamisch und erfolgreich präsentiert.

Wie von Furien gehetzt

Die Erinnyen der griechischen Mythologie, bei den Römern Furien (die Rasenden) genannt, waren schrecklich aussehende Rachegöttinnen. Sie schlugen ihre Opfer mit Wahnsinn und verfolgten sie dann auf Schritt und Tritt, egal wohin und wie weit diese flohen. Besonders hatten sie es auf Verwandtenmörder und Meineidige abgesehen. Das bekannteste Opfer der Furien aus der antiken Mythologie ist Orestes, der seine Mutter umgebracht hatte, die vorher wiederum seinen Vater Agamemnon getötet hatte. Orestes wurde jedoch von der Göttin Athene verteidigt und gerettet.

Wie zu Olims Zeiten

Ein Olim hat nie gelebt. Olim ist ein lateinisches Wort, das einst bedeutet. „Wie zu Olims Zeiten" heißt also: „Weit in der Vergangenheit", ohne dass man genau weiß, wie weit.

Wieder auf dem Damm sein

Mit dem Damm kann ein Wall oder Deich gemeint sein, aber auch einfach ein befestigter Weg. Im Fahrdamm hat sich diese Bezeichnung noch gehalten. Wer wieder auf dem Damm ist, ist also wieder auf der Straße zu sehen. Er befindet sich wieder in der Spur oder auf dem Weg und kann seine Aufgaben angehen, während jemand, der „nicht auf dem Damm" ist, sich sozusagen abseits der Straße befindet und nicht am normalen Leben teilnimmt.

Wink mit dem Zaunpfahl

Unter einem Wink mit dem Zaunpfahl versteht man heute einen so deutlichen Hinweis, dass ihn auch der Begriffsstutzigste verstehen muss. Ursprünglich war es eine massive Drohung, denn der Zaunpfahl war nichts anderes als ein Holzknüppel, den man aus dem nächstbesten Zaun gerissen hat, um einer Forderung Nachdruck zu verleihen. Ein Wink mit dem Zaunpfahl hieß also nichts anderes als: „Gib nach oder ich schlag zu!"

Winkeladvokat

Der Begriff „Winkel" stand früher für versteckte Winkel, in denen keine anerkannten Handwerker lebten, sondern nur dubiose Gestalten, die illegal und heimlich agierten oder sich das Gewerbe, das sie betrieben, irgendwie selbst angeeignet hatten und nicht auf dem offiziellen Ausbildungsweg, also z. B. durch ein Studium oder eine Lehre gemäß der Zunftverfassung. Winkeladvokaten waren also Menschen, die als Anwälte auftraten, ohne einen juristischen Abschluss gemacht zu haben, Winkelschulen (siehe: Klippschulniveau) solche, an denen keine ausgebildeten Lehrer unterrichteten, Winkelärzte Quacksalber („geschwätzige, quakende Salbenverkäufer") ohne medizinische Ausbildung, Winkelagenten dubiose Geschäftemacher und Winkelarbeiter ungelernte Kräfte. Heute ist die Tätigkeit von Winkeladvokaten (Winkelschreiberei) als „unerlaubte Rechtsberatung" gesetzlich verboten. Verwendet wird das Wort deshalb meist für die dubioseren Charaktere unter den ausgebildeten Juristen, denen man nachsagt, dass sie es nicht so genau mit dem Ehrenkodex nähmen, die aber auch nicht allzu viel Erfolg damit haben. Es gibt nur kleine Winkeladvokaten, keine großen und erfolgreichen. Wer zu Geld und Renommee kommt, befindet sich nicht „im Winkel", egal wie fragwürdig seine Geschäftspraktiken sind.

Winkelzüge machen

Auch diese Redewendung bezieht sich auf das Agieren „im Winkel" (vergleiche: Winkeladvokat), also das heimliche, dubiose, wenn nicht illegale Vorgehen. Heute werden Winkelzüge oft auch mit Ausweichmanövern gleichgesetzt. Dahinter steckt die Vorstellung, dass jemand nicht geradlinig handelt, sondern quasi ums Eck herum oder im Zickzack, um sich selbst einen Vorteil zu verschaffen bzw. um unangenehme Konsequenzen zu vermeiden.

Wir werden das Kind schon schaukeln!

Schaukeln ist oft eine effektive Maßnahme, brüllende Säuglinge zu beruhigen. Deshalb lagen kleine Kinder früher auch nicht in Betten, sondern in einer Wiege, die sich während der Arbeit mit dem Fuß schaukeln ließ, bis das Kind eingeschlafen war. Das dauerte zwar oft einige Zeit, aber am Ende hatte man das Problem mithilfe des Schaukelns gelöst.

Wir werden die Sache schon deichseln

Deichseln bedeutet, einen Wagen an der Deichsel rückwärts zu rangieren. Das ist nicht ganz einfach. Deshalb steht das Deichseln für das Erledigen einer Sache, die auch nicht ganz trivial ist.

Wissen, was die Glocke geschlagen hat

Wer weiß, was die Glocke geschlagen hat, ist sich des Ernstes seiner Lage bewusst. Mit den Kirchenglocken wurden früher auch oft ziemlich ernste Angelegenheiten angezeigt. Es gab etwa die Totenglocke, die geläutet wurde, wenn jemand gestorben war. Es gab ein Geläut, das warnte, dass ein Brand ausgebrochen war, und zum Löschen aufforderte. Und natürlich zeigten die Kirchenglocken den einfachen Menschen, die keine Uhr hatten, an, wie viel Uhr es war, was auch ziemlich ernst sein konnte, wenn man etwa einen Termin einhalten musste und die Zeit knapp wurde. Immerhin ist der, der weiß, was die Glocke geschlagen hat, über seine Umgebung informiert und erlebt keine böse Überraschung – etwa weil er das Signal der Glocke überhört hat.

Wissen, wie der Hase läuft

Das ist tatsächlich nicht einfach, denn gejagte Hasen versuchen, ihre Verfolger durch einen scheinbar planlosen Zickzackkurs abzuschütteln. Wer aber Erfahrung mit der Hasenjagd hat – ob nun Jäger oder Jagdhund –, der entwickelt ein gewisses Gespür für die Fluchtversuche des Tieres. Im Endeffekt will der Hase nur entkommen, strebt demzufolge beispielsweise dem Waldrand zu und nicht aufs freie Feld. Doch auch die Gegenseite, nämlich der Hase, wird manchmal herangezogen, um etwas Ähnliches auszudrücken. Wer z. B. „kein heuriger Hase“ ist, also kein ganz junger Hase mehr, der hat Erfahrung und lässt sich nicht so leicht kriegen – oder im übertragenen Sinn über den Tisch ziehen.

Wolke Nummer sieben

Die „Wolke sieben“ dürfte eine Kombination der Redewendung „Auf Wolken schweben“ mit dem „siebten Himmel“ sein. Die Vorstellung von sieben Himmelszonen, von denen die siebte die höchste

und beste ist, findet sich sowohl beim griechischen Philosophen Aristoteles (384–322 v. Chr.) als auch in der jüdischen, christlichen und islamischen Mythologie. Im Englischen sagt man übrigens „Wolke 9“, da 1896 ein sehr populäres wissenschaftliches Werk über Wolken erschien, das die am höchsten schwebenden Wolken als „Typ 9“ bezeichnet.

X-beliebig

Vermutlich war René Descartes (1596–1650) der Erste, der den Buchstaben „X“ für eine unbekannte Zahl in einer mathematischen Gleichung benutzte. In der Mathematik kann ein X also im Prinzip jede beliebige Zahl ausdrücken. In eine Gleichung eingebaut, ist x allerdings eine ganz konkrete Zahl, während die Redewendung x-beliebig aussagt, dass es ganz besonders egal ist, welche Sache oder welche Person konkret gewählt wird – so wie auch die Wahl des X durch Descartes x-beliebig war: Er hätte auch jeden anderen Buchstaben für diese Funktion benutzen können.

Zappenduster

Es gibt zwei Vermutungen, woher die Wendung „zappenduster“ für besonders dunkel kommt. Die eine ist, dass sie sich vom Zapfenstreich (siehe dort) herleitet. Zappenduster ist es zum bzw. nach dem Zapfenstreich, der relativ spät am Abend erfolgte. Die andere These ist, dass „zappen“ auf ein jiddisches Wort für Mitternacht namens „Zophon“ zurückgeht. Heute wird die Wendung oft nicht nur für tatsächliche Dunkelheit gebraucht, sondern auch für eine besonders hoffnungslose Lage, etwa wenn jemand total pleite ist.

Zeter und Mordio schreien

Wer Zeter und Mordio schreit, macht viel Spektakel um eine Sache. In der Regel zu viel. Auf jeden Fall wird die Redewendung meistens als Vorwurf gegenüber einem hysterischen Schreihals gebraucht. Im Mittelalter war das anders. Wer ein Verbrechen beobachtete, war verpflichtet, laut zu schreien, um Zeugen oder auch Hilfe herbeizurufen. „Zeter und Mordio“ war dabei eine gängige Formel, aber es gab auch andere. Auch zu Beginn einer Gerichtsverhandlung wurde – so steht es z. B. im *Sachsenspiegel* – über den Angeklagten „Zeter“ geschrien. Während Mordio klar auf Mord verweist, kann man bei Zeter über die Herkunft nur rätseln. Einige Sprachforscher meinen, es sei eine Verballhornung von „Ze æchte her“ (herbei zur Vergeltung).

Zieh Leine!

Dies ist eine Aufforderung zum Verschwinden, wobei eine Leine eigentlich dazu dient, den Hund am Abhauen zu hindern. Gemeint ist aber nicht die Hundeleine, sondern eine Leine, an der die Schiffe früher auf dem Treidelpfad flussaufwärts gezogen wurden. Zu Beginn des Treidelns wurde meist der Schiffsjunge aufgefordert, mit dem einen Ende der Leine abzuhauen und diese an dem Treideltier bzw. später der Treidellok zu befestigen, die das Schiff dann an der Leine gegen die Strömung zogen.

Zittern wie Espenlaub

Die Espe ist eine Verwandte der Pappel und wird auch als Zitterpappel bezeichnet, weil ihr Laub an so dünnen Stielen hängt, dass es beim leisesten Lufthauch zu zittern beginnt. Das ist besonders im Herbst ein eindrucksvoller Anblick, wenn das Laub goldgelb getönt ist. Der Vergleich mit dem Espenlaub liegt also nahe, wenn jemand stark zittert. Auch ständige Unruhe wurde früher mit dem Espenlaub verglichen. Später spielten Bäume dann im Alltag eine weniger große Rolle und man benutzte auch andere Vergleiche. Unruhe etwa wurde mit Quecksilber verglichen und starkes Zittern mit Wackelpudding.

Zu Buche schlagen

Was zu Buche schlägt, das zählt und verschwindet nicht mehr spurlos. Die angesprochenen Bücher sind die Geschäftsbücher eines Kaufmanns, in denen dieser Posten notiert wird und damit nicht mehr unterschlagen werden kann.

Zu Paaren treiben

Wer ankündigt, jemanden zu Paaren treiben zu wollen, der plant, hart durchzugreifen. Man verwendete diese Drohung vor allem im Krieg. Man kann sich auch gut ausmalen, wie die geschlagenen Kriegsgefangenen in langen Reihen paarweise abgeführt wurden, so wie auch eine aufmüpfige Schulklasse nach einer solchen Prozedur brav in Zweierreihen das Klassenzimmer verlässt. Doch damit hat die Redewendung ursprünglich gar nichts zu tun. Sie geht auf „barn" zurück, ein Wort, das im Deutschen früher Futterkrippe hieß und sich im Englischen in der Bedeutung von Scheune gehalten hat. Es ging also eigentlich darum, ausgerissene Tiere nach Hause zurückzutreiben.

Zu Potte kommen

Nicht von einem Kochpott ist die Rede, sondern von einem Nachttopf bzw. einem Kindertöpfchen. Auf dem sitzen die lieben Kleinen mitunter recht lange, bis sie endlich „ihr Geschäft" erledigt haben. Dementsprechend verbirgt sich hinter der Aufforderung, „nu mal zu Potte zu kommen", die ziemlich eindringliche Bitte, eine Sache endlich zu erledigen und zu beenden.

Zum Barras müssen

Der französische Politiker und Förderer Napoleons Paul de Barras (1755–1829) zeichnete Anwerbungsplakate mit seinem Namen. Wer also zur Armee ging, meldete sich bei Barras. Doch sicher ist es nicht, ob daher die Bezeichnung der Armee als Barras kommt. Denn in Frankreich, wo sich das Ganze abspielte, kennt man die Redewendung nicht. Deshalb gibt es auch die Deutung, dass die französischen Soldaten, die zur napoleonischen Zeit in den besetzten deutschen Ländern Dienst tun mussten, ihren „Embarras", ihren Verdruss, zum Ausdruck brachten und dieser Ausdruck von den deutschen Soldaten für den Militärdienst an sich übernommen wurde.

Zur Ader lassen

Wer einen anderen zur Ader lässt, nimmt ihn finanziell aus. Sei es, dass er überhöhte Preise verlangt, weil der andere auf ihn angewiesen ist, oder dass sogar Betrug im Spiel ist. Früher verlor jemand, der zur Ader gelassen wurde, ein noch lebenswichtigeres Gut als sein Geld, nämlich sein Blut. Der Aderlass galt seit der Antike als Heilmittel gegen alle möglichen Krankheiten, hinterließ die Patienten aber sehr geschwächt. Nicht wenige Menschen starben sogar daran, während die Kur in den seltensten Fällen wirklich half. Im 19. Jahrhundert geriet der Aderlass in Kreisen aufgeklärter Mediziner allmählich in Verruf. Er galt fortan als Mittel rückständiger Ärzte, die ihre Patienten – auch finanziell – bluten ließen, ihnen aber nicht helfen konnten.

Zur Minna machen

Minna ist die Kurzform des Namens Wilhelmine. Aber damit hat diese Redewendung vermutlich nichts zu tun. Wahrscheinlich kommt sie von dem alten jiddischen Wort „meane" für Folter und Demütigung. Aber auch die Tatsache, dass Minna früher als typischer Dienstbotenname galt, könnte zur Entstehung der Redensart beigetragen haben. Das ging sogar so weit, dass eine Minna im Sprachgebrauch allgemein eine Köchin oder Küchenmamsell war. Der Ausdruck „grüne Minna" für die Gefangenentransporter der Polizei geht dagegen mit ziemlicher Sicherheit nicht auf die Küchenmamsell zurück.

Zur Strecke bringen

Die Strecke ist die Tagesausbeute eines Jägers. Alles Wild wird sortiert, nach den verschiedenen Arten der Reihe nach aufgereiht, sodass alle Teilnehmer der Jagdpartie sehen können, welchen Erfolg der Einzelne vorzuweisen hat. Wild zur Strecke zu bringen bedeutet also, es erst einmal zu erlegen. Im allgemeinen Sprachgebrauch wird die Wendung allerdings eher scherzhaft verwendet, etwa, wenn es sich um nicht allzu eindrucksvolle Beute handelt, wie beispielsweise erschlagene Mücken.

A

B

G

H

T